갈릴리

김광남 장편소설

갈릴리

비전북

콘텍스트 속에서 텍스트의 좀더 정확한 의미를 밝히는 일을 수십 년 감당해 온 전문번역가답게 그의 소설《갈릴리》도 성경, 특히 사복음서를 배태한 콘텍스트의 풍성함으로 독서의 포만감을 느끼게 한다. 콘텍스트의 풍성함은 성경과 신학 관련 책 50여 권을 오랜 세월 성실하게 번역해 온 작가의 내공에 기인함은 두말할 필요가 없다. 이 책들을 번역하기 위해 또 얼마나 많은 참고 서적들을 섭렵했을까.

사복음서 기록의 재구성 작업을 통해 그동안 쌓아온 신학 지식들이 적재적소에 녹아들게 하여 진정한 혁명을 소망했던 '청년 예수의 초상'이 총체적으로 부각되도록 했다. 그동안 별로 주목을 받지 못했던 갈릴리와 유대의 이질성, 예수와 제자들이 갈릴리 출신이라는 사실의 함의(含意) 등이 설득력 있게 기술되고 있어 새로운 각성에 이르게 한다.

무엇보다 사복음서에서 존재감이 거의 없던 제자 안드레의 시점으로 전개해 나간 착상이 참신하게 다가오고, 제자들과 예수의 대화, 제자들 상호 간의 대화, 예수와 제자들의 반대 세력과의 대화 들이 '철과 철이 부딪히듯' 생생하게 열기를 띠고 불꽃을 튀기기도 한다.

오랜만에 읽을 만한 유익한 '예수 소설'이 출간되어 반갑고, 작가가 계획하고 있는 '소설 바울'도 건강관리를 잘하는 가운데 완성되기를 기대한다.

—조성기 | 소설가, 숭실대 문예창작학과 은퇴교수

김광남은 소설 《갈릴리》를 통해 경전 속에 있는 예수에 숨결을 불어넣어 역사 속에서 살아 숨 쉬는 인간으로 우리 앞에 소개하고 있다. 안드레의 1인칭 시점으로 전개되는 이야기가 핍진성 있게 느껴지는 까닭은 1세기 팔레스타인의 사회, 경제, 문화, 역사, 종교적 현실에 대한 깊은 연구 결과를 토대로 하고 있기 때문이다. 복음서 내러티브의 빈틈을 상상력으로 채워가면서도 그것이 과도하게 느껴지지 않는 것은 작가의 절제 덕분이다. 이 소설은 가장 아름다우면서도 뜨거웠던 한 사람의 삶 곁으로 우리를 초대하고 있다.

—김기석 | 문학평론가, 청파교회 원로목사

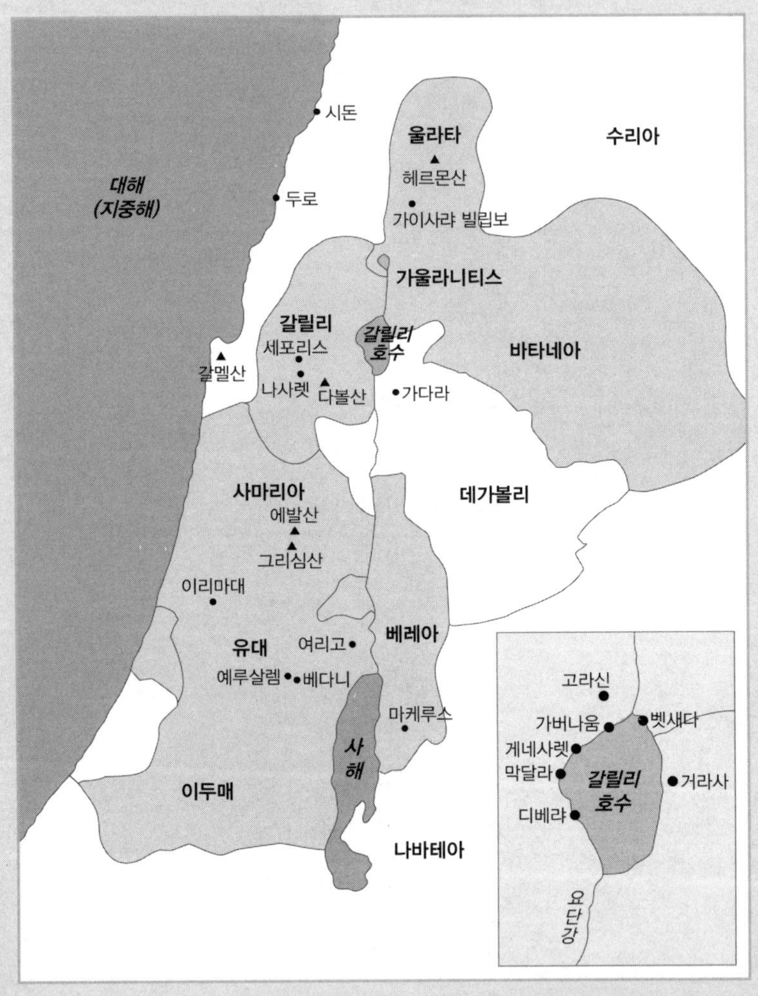

대해
(지중해)
시돈
두로
울라타
헤르몬산
가이사랴 빌립보
수리아
가울라니티스
갈릴리
세포리스
갈멜산
나사렛
다볼산
갈릴리
호수
가다라
바타네아
데가볼리
사마리아
에발산
그리심산
이리마대
유대
여리고
베레아
예루살렘
베다니
마케루스
사
해
이두매
나바테아
고라신
가버나움
벳새다
게네사렛
막달라
갈릴리
호수
거라사
디베랴
요
단
강

가버나움

I

사람들이 몰려왔다. 대부분 병자였다. 다리 저는 이, 보지 못하는 이, 말 못 하는 이, 악창에 걸린 이, 간질에 걸린 이, 하혈하는 이, 정신이 나간 이······.

병자와 그들을 데려온 이들은 모두 지칠 대로 지쳐 있었다. 병자들은 할 말이 많았다. 어쩌다 병을 얻었는지, 병을 얻은 후에 어떻게 살았는지, 사람들이 자기를 얼마나 모질게 대했는지 하염없이 주절거렸다. 선생은 누구의 말도 허투루 듣지 않았다. 선생이 병자들을 고치는 능력은 그들의 말을 귀담아듣는 데서 오는 것 같았다.

선생의 경청이 길어질수록 마당에서 차례를 기다리는 이들은 조바심이 났다. 병자들을 자리에 앉히고 순서를 정하는 일은 우리의 몫이었다. 시몬은 선생이 있는 방과 마당을 오가며 상황을 살폈다. 야고보와 요한은 마당에서 차례를 기다리는 병자나 보호자

들과 수다를 떨었다. 수다스러운 그들 형제가 선생에 대해 말할
때마다 마당에서는 기대감과 조바심이 섞인 탄성이 올라왔다. 나
는 마당과 부엌을 오가며 요깃거리를 날랐다.

이런 상황을 받아들이기가 쉽지는 않았다. 솔직히 나는 우리가
무언가 그럴듯한 일을 하게 될 거라고 여겼다. 평소에는 접촉할
일이 없는 신분 높은 이들을 만나거나, 산속 깊은 곳에 있는 열심
당 은신처를 찾아가거나, 디베랴 주막에서 누군가의 대화를 엿듣
거나, 하다못해 로마군 막사 근처를 어슬렁거리며 군인들의 동향
이라도 살필 줄 알았다. 아니었다. 우리는 벌써 며칠째 가버나움에
서도 가장 어려운 처지에 놓인 병자들이나 상대하고 있을 뿐이다.

부엌에서 보리빵 소쿠리를 받아 들고 마당으로 나서자, 마당에
모여 있던 눈들이 일제히 나에게 쏠렸다. 빵이 부족해서 한 사람
에게 한 조각을 나눠 주기도 어려웠다. 부엌의 빵가루 단지는 이
미 바닥을 드러냈다. 빵을 나눠 준 후 방문 앞에 있는 시몬에게 다
가가 나직이 말했다.

"형님, 기다리는 이가 너무 많아요. 선생님께 조금만 서두르시
라고 해요."

시몬이 고개를 좌우로 저었다.

"이미 말씀드렸지만 소용이 없어. 누가 말을 하면 끊는 법이 없
어."

슬쩍 방 안을 들여다보았다. 벽을 등지고 문 쪽을 향해 앉은 선
생은 정신이 나가 횡설수설하는 아들을 데려온 어느 여자의 하소
연을 듣고 있었다. 아들은 열다섯 살 전후, 여자는 서른 살 전후로

보였다. 귀를 기울여 보니 여자가 늘어놓는 말들은 아들의 증상만큼이나 앞뒤가 없었다. 할 말은 많은데 어디부터 어떻게 말해야 할지 모르는 눈치였다. 그동안 다른 이에게 자신의 속사정을 한 번도 속 시원히 말해 본 적이 없는 것 같았다. 선생이 새삼 놀라워 보였다. 도대체 저런 횡설수설을 어찌 저렇게 끈질기게 들어 줄 수 있을까.

여자의 말이 끝날 것 같지 않자 시몬이 한마디 했다.

"아주머니, 선생님이 충분히 알아들으셨으니 인제 그만하세요. 마당에 기다리는 사람들이 많아요."

여자는 시몬에게 면박을 듣고 나서야 겨우 말을 그쳤다.

그제야 선생이 자리에서 일어났다. 선생은 오른손으로는 아들의 손을, 왼손으로는 여자의 손을 잡고 기도를 올렸다. 선생의 기도는 짧지만 강렬했다.

"아버지, 이 모자를 불쌍히 여기소서. 세상에 의지할 데가 서로뿐인데, 어머니는 과부이고 아들은 정신이 온전치 못합니다. 아들이 회복되게 하소서. 아들이 어머니를 봉양하고, 가정을 이루고, 자손을 낳고 살아가게 하소서."

그러더니 아들의 얼굴을 노려보며 외쳤다.

"아들을 사로잡고 있는 마귀에게 명한다! 당장 그에게서 나오고 다시는 얼쩡거리지 말라!"

선생이 기도를 끝내자, 여자의 아들이 벌렁 뒤로 자빠지더니 경련을 일으키기 시작했다. 아들의 경련이 이어지는 동안 여자가 하늘을 향해 두 손을 들어 올리고 외쳤다.

"주여! 도와주소서!"

그렇게 얼마간 시간이 흐르자 경련이 멈췄다. 아들은 숨을 고른 후 눈을 떴다. 두 눈이 총기로 반짝거렸다. 머리와 옷을 매만진 후 선생 앞에 앉은 아들은 의연하고 단정했다.

선생은 여자와 아들을 위로하고 권면했다. 선생의 말이 끝나자 모자가 자리에서 일어나 허리를 숙여 인사한 후 방에서 나왔다. 그들의 이전 상태를 보았던 이들 사이에서 탄성이 터져 나왔다.

"오, 주님! 영광 받으소서!"

2

선생에게 병 고치는 능력이 있다는 사실이 알려진 것은 나흘 전이다. 그날은 우리 넷, 시몬과 야고보와 요한과 내가 선생의 제자가 된 후에 처음 맞이하는 안식일이었다. 사실 우리에게 안식일 예배 참석은 아주 드문 일이었다. 다음 날 아침에 납품할 물고기를 얻으려면 안식일에도 바다로 나가야 했기 때문이다. 한데 선생은 이제 막 제자가 된 우리에게 회당에 가자고 했다.

우리는 예배 시간에 맞춰 회당을 찾아갔다. 회당은 해변에 인접한 시몬의 집과 마을 뒤편 구릉 사이에 있었다. 가버나움에 회당이 세워진 것은 마을에 주둔하는 로마군 백부장 덕분이었다. 백부장은 유대교로 개종하지 않았으나 유대교의 하나님을 믿었다. 그는 마을에 회당이 없어 아쉬워하다가, 자기가 주동하여 회당을 세

왔다. 가버나움 장로들이 자의 반 타의 반 꽤 많은 돈을 대기는 했다.

우리가 찾아간 날 회당에는 오륙십 명이 모여 있었다. 회당을 그득 채웠으나 많은 숫자는 아니었다. 그들은 마을에서 그냥저냥 먹고살 만한 이들인지라, 안식일에 회당 예배에 참석하는 일이 어렵지 않았다. 하지만 하루하루 끼니를 걱정하는 가난한 이들에게 안식일 예배는 사치스러운 문화생활이나 다름없었다. 가버나움 주민 대다수는 안식일을 지키지 못했다.

시몬과 나도 그랬다. 우리 형제는 가버나움 옆 동네 벳새다 출신이다. 아버지가 죽은 후 우리 형제가 작은 고깃배를 타고 바다에 나가 잡아 오는 물고기로는 다섯 식구 입에 풀칠하기도 어려웠다. 세금 압박이 커서였다. 어쩌다 고깃배 가득 물고기를 잡아 와도 그중 절반이 세금으로 나갔다. 우리 가족은 모두가 힘들게 일하면서도 늘 굶주렸다. 시몬과 나는 가족을 먹이기 위해 안식일에도 고깃배를 몰고 바다로 나가야 했다.

형편이 나아진 것은 시몬이 혼인하고부터였다. 시몬의 처가는 가버나움에서 큰 배 세 척을 부리고 있었다. 시몬이 장가간 이듬해에 그의 장인이 죽었다. 장인은 시몬에게 재산을 물려주면서 남은 식구들을 부탁했다. 시몬은 장인의 유산을 잘 활용했다. 그는 나를 가버나움으로 불러들이고 다른 어부들까지 고용했다. 마을의 다른 가족들과 협력해 어획량을 크게 늘렸다. 세금으로 뜯기는 양도 많았으나, 벳새다 시절에는 꿈도 꾸지 못할 정도로 늘어난 어획량 덕분에 전보다는 형편이 훨씬 나았다. 시몬은 가버나움의 처가 식구들은 물론이고 벳새다에 있는 어머니와 누이 둘까지 먹여 살리고 있었다. 그럼에도 제때 납품할 물고기를 잡아야 하는 처지라서 매번 안식일을 지키기란 불가능했다. 우리 형제는 명절 같은 특별한 경우에만 예배에 참석했다. 갈릴리에서 회당은 단순히 예배처가 아니라 마을의 모든 중요한 논의가 이루어지는 곳이었기에 아예 발을 끊기는 어려웠다. 덕분에 회당이 아주 낯설지는 않았다.

회당 맨 안쪽 벽 앞에는 나무로 짠 토라 상자가 놓여 있었다. 그것은 평일에는 회당에 딸린 작은 방에 보관되어 있다가 안식일이 되면 회당으로 운반되었다. 토라 상자 앞에는 돌을 깎아 만든 의자 몇 개가 자리하고 있었다. 그중 가운데 의자가 다른 것들보다 크고 팔걸이도 높았다. 회당 사람들이 '모세의 자리'라고 부르는 율법학자 지정석이었다. 어촌 가버나움에는 아직 율법학자가 없었기에 대개 비어 있었고 가끔 세포리스나 디베랴에서 율법학자가 찾아올 때만 사용되었다. 모세의 자리 양옆은 장로들이 앉는 지정석이었다. 장로들은 바리새인들로, 회당의 실질적인 지도자들이었다. 회당 안 양쪽 벽면을 따라 회중이 둘러앉는 돌층계가 놓여 있었다.

예배는 회당장이 지목한 이가 쉐마를 선창하면서 시작되었다. 지목받은 이가 외쳤다.

"이스라엘아 들으라! 우리 하나님 여호와는 오직 유일한 여호와이시니 너는 마음을 다하고 뜻을 다하고 힘을 다하여 네 하나님 여호와를 사랑하라."

선창을 따라 회중 전체가 쉐마를 읊조렸다. 쉐마는 유대인들이 태어나 자라면서 배우는 첫 문장이자 죽을 때 읊조리는 마지막 문장이었다.

쉐마 다음에는 열여덟 개의 기도문을 낭독했다. 낭독은 선창자가 기도문 한 조항을 읽으면 회중이 "아멘"이라고 화답하는 식으로 이루어졌다. 선창자가 외쳤다.

"찬양받으소서, 여호와시여. 아브라함의 하나님, 이삭의 하나님, 야곱의 하나님이시여. 지극히 크신 하나님, 하늘과 땅의 창조주, 우리의 방패요 선조들의 방패이시니이다. 찬양받으소서, 아브라함의 방패시여!"

그러자 회중 전체가 "아멘!"이라고 응답했다.

그렇게 기도문 낭독이 끝나자 토라 강독이 이어졌다. 상석에 앉은 장로 중 하나가 회당 중앙 연단 위로 올라가 거기에 놓인 토라 두루마리 한 부분을 읽었다. 그가 읽은 본문은 레위기 중 화목제를 드리는 방식에 관한 구절이었다.

"사람이 만일 화목제의 제물을 예물로 드리되 소로 드리려면 수컷이나 암컷이나 흠 없는 것으로 여호와 앞에 드릴지니……."

그가 세 구절을 읽자 다른 이가 일어나 그다음 세 구절을 읽었다. 토라 강독은 오래도록 이어졌다.

오랜만에 참석한 예배는 지루하고 갑갑했다. 하루 벌어 하루 먹기도 힘든 이들이 저런 제사 규정까지 알아야 하나 싶었다. 더구나 당시 모든 제사는 오직 유대 땅에 있는 예루살렘 성전에서만 가능했다. 유대교 경전의 가르침과 전통이 그랬다. 갈릴리에서 소와 양을 잡아 제사를 지내는 일은 없었다. 레위기 본문은 이스라엘 사람들이 애굽을 탈출한 뒤 광야에서 유목 생활을 하던 때를 배경으로 하고 있는데, 유대인들은 그 본문을 예루살렘 성전 제사에 적용했다. 듣자 하니, 실제로 성전에서는 지금도 소와 양을 잡아 제사를 지낸다고 했다. 우리 같은 어부들로서는 이해되지 않는 일이었다.

선생은 모든 예배 절차를 묵묵히 지켜보았다. 그렇다고 예배에 열정을 보이는 것 같지도 않았다. 문득 의문이 들었다. 그동안 선생도 우리만큼이나 예배와 상관없이 살아온 듯한데 오늘 왜 이 예배에 참석하자고 한 걸까?

토라 강독 다음은 예언서 강독이었다. 토라와 달리 예언서는 회중 가운데서 누구든 자원해서 강독할 수 있었고, 강독자가 읽고 싶은 부분을 찾아 읽을 수도 있었다. 심지어 자신이 읽은 본문에 간단한 설명이나 해석을 덧붙일 수도 있었다.

선생이 자리에서 일어나 강독 의사를 표명했다. 회당장이 승낙하자 선생이 연단 위로 올라섰다. 회당장이 선생에게 넘겨준 두루마리는 이사야서였다. 선생이 그중 한 구절을 찾아 읽었다.

"여호와께서 말씀하시되 너희의 무수한 제물이 내게 무엇이 유익하뇨. 나는 숫양의 번제와 살진 짐승의 기름에 배불렀고 나는 수송아지나 어린 양이나 숫염소의 피를 기뻐하지 아니하노라. 너희가 내 앞에 보이러 오니 이것을 누가 너희에게 요구하였느냐. 내 마당만 밟을 뿐이니라. 헛된 제물을 다시 가져오지 말라."

우연이었을까? 앞서 강독한 토라는 제사 절차를 상세하게 소개했는데, 선생이 읽은 예언서는 제사에 대한 하늘의 혐오를 드러냈다. 상충하는 본문이 등장한 것만으로도 회당 안에 묘한 긴장이 흘렀다. 강독을 마친 선생이 회중을 둘러보며 말했다.

"유대의 예언자 이사야는 누구보다도 성전과 성전 제사를 소중히 여겼던 이로 알려져 있습니다. 그럼에도 오늘 우리가 읽은 본문에서 그는 제사에 대한 여호와의 혐오에 대해 말합니다. 당대의 성전 제사가 본래 목적에서 벗어났다고 보았기 때문입니다. 유대의 예언자조차 부정적으로 보았던 성전 제사를 왜 갈릴리 사람인 우리가 드려야 합니까?"

아무도 물음에 답하지 않았다. 그러나 회당 안에 감도는 분위기만으로도 회중 다수가 선생 말에 공감하고 있음을 느낄 수 있었다. 선생의 말이 이어졌다.

"이사야를 비롯한 유대의 예언자들이 강조했던 것은 제사가 아니라 공평하고 정의로운 삶이었습니다. 혹시라도 우리가 유대인들에게 배워야 할 것이 있다면, 율법의 제사 조항이 아니라 예언자들의 정신입니다."

선생이 하는 말에는 무엇이라고 표현하기 어려운 권위가 있었다. 그것은 억지스럽지 않았고 물이나 공기처럼 자연스럽게 흘러나와 사람들에게 영향을 주었다. 회당 사람들은 새로운 무언가를 접하는 설렘 때문인지 눈을 반짝이고 귀를 세웠다. 지루했던 회당 예배가 갑자기 흥미로워지기 시작했다.

반면에 회당장을 비롯해 상석에 앉은 이들은 얼굴이 급속하게 어두워졌다. 그들은 자신들의 권위와 힘이 도전받고 있다는 사실

을 알았다. 하지만 선생의 말이 워낙 설득력 있었기에 아무도 선
뜻 반박하고 나서지 못했다.

그때 소동이 일어났다. 그날 회중 가운데 정신이 오락가락하는
이가 하나 있었다. 완전히 정신이 나갔다면 회당 예배에 참석할
수 없었겠으나 상태가 그렇게까지 나쁘지는 않았다. 같은 마을 사
람이어서 나도 그의 형편을 조금 알았다. 그는 평소에는 멀쩡하다
가 갑자기 통제하기 어려울 정도로 화를 내거나 깊은 슬픔에 잠겼
다. 그의 상태를 아는 이들은 그와의 접촉을 피하려 했고 어쩔 수
없이 만나야 할 때는 심기를 건드리지 않으려고 조심했다.

선생의 강독과 해설이 끝나자 그가 고래고래 소리를 질렀다.

"왜 나를 쫓아내려고 합니까? 나는 당신이 누구인지 압니다. 당
신은 하나님이 보내신 거룩한 자입니다."

선생이 미간을 찌푸렸다. 선생이 그를 쏘아보며 말했다.

"허튼소리 하지 말고 그 사람에게서 썩 나오라!"

선생의 말에 그 사람이 벌렁 뒤로 넘어져 몸을 부르르 떨기 시
작했다. 그러다가 죽은 듯 움직이지 않았다. 회당 사람들의 숨도
함께 멎었다. 선생이 넘어진 자에게 다가가 손을 잡았다. 넘어진
자가 눈을 뜨더니 일어나 앉았다. 조금 전까지도 사납게 긴장되었
던 그의 얼굴이 평온해졌다. 그가 앉았던 자리에서 일어서더니 선
생을 향해 무릎을 꿇으며 절을 올렸다. 아무도 그렇게 말하지 않
았음에도 사람들은 그가 치유되었다고 믿었다.

회중 가운데서 수군거림이 일어났다. 저가 누구기에 귀신이 그
의 말에 복종하는가?

갈릴리

안식일 예배는 어수선하게 끝났다. 회당장이 간신히 예배의 나머지 순서를 진행했으나 회중은 이미 관심이 없었다. 예배가 끝나고 선생이 회당을 빠져나오자 많은 이들이 선생을 따라 나왔다. 그들은 선생에게 자신들의 병자를 고쳐 달라고 청했다. 선생은 그들에게 병자를 시몬의 집으로 데려오라고 했다.

3

아픈 이들이 너무 많았다. 그동안 어딘가에 유폐되거나 방치되어 보이지 않았을 뿐이다. 아픈 이를 돌보지 않는 이들을 비난하거나 나무랄 수도 없었다. 멀쩡한 이들도 살아가기 힘든 시절 아닌가. 병자는 자기만 고통스러운 게 아니라 제 몸 하나 건사하기도 어려운 가족들까지 괴롭히는 무거운 짐이 되어 있었다.

선생이 병을 고친다는 소문은 쓸모없는 짐짝처럼 숨겨져 있던 병자들을 밖으로 끌어냈다. 우리는 의아했다. 그리고 두려웠다. 어째서 우리가 꿈꾸는 일이 이런 쓸모없는 자들과 함께 시작되어야 하는가. 이렇게 시작된 일은 어떤 결말에 이를 것인가. 혹시 선생이 첫발을 잘못 내디딘 것은 아닐까. 무엇보다도 우리는 끝도 없이 밀려오는 병자들을 상대하고 수발을 들어야 하는 상황이 귀찮고 싫었다.

우리와 달리 선생은 몰려오는 병자들을 귀찮아하지 않았다. 모든 병자를 따뜻하게 맞이했고 그들 하나하나를 세상에 둘도 없이 귀한 존재처럼 대했다. 그들과 눈을 맞추고 귀를 열어 그들의 말을 들었다. 그들이 말하는 고통에 매몰되지는 않았으나 초연하려고 하지도 않았다. 오히려 선생은 고통 안으로 들어갔다. 자신이 직접 고통을 겪지 않으면 치유가 불가능하기라도 한 것처럼.

하혈하는 이십 대 중반의 여자를 고칠 때였다. 여자는 선생에게 증상이 나타나게 된 원인에 관해 말했다. 세포리스 출신인 그녀는 열다섯 살 때 마을에 주둔하던 로마 군인 세 놈에게 몹쓸 짓을 당했다. 하혈은 그때부터 시작되었다. 어미의 지극정성으로 겨우 병이 낫자 가족 전체가 세포리스를 떠나 게네사렛으로 이주했다. 이웃의 눈을 피해 평범한 삶을 살고 싶어서였다. 그녀는 그곳에서 어느 상인과 결혼했다.

평온한 결혼 생활을 이어 가던 어느 날, 세포리스 사람 하나가 게네사렛에 왔다가 그녀를 알아보았다. 주막에서 술을 마시던 그가 사람들에게 그녀의 이야기를 흘렸다. 이야기는 돌고 돌아 결국 남편 귀에 들어갔다. 이 사실을 알게 된 날, 그녀는 다시 하혈을 시작했다. 얼마 후 남편이 그녀를 버렸다. 그녀는 낯선 땅 가버나움으로 갔다. 부모까지 죽은 후여서 홀로 살아가려면 몸을 파는 수밖에 없었다.

그녀는 지난 몇 년간 여러 남자를 만났다. 하지만 모든 사내가 하혈을 혐오하며 그녀를 내쳤다. 남자에게 버림받을 때마다 몸은 점점 더 나빠졌다. 흑단처럼 치렁거리던 머리칼은 가늘고 듬성듬성해졌고, 백옥 같던 피부는 마른 나무껍질처럼 거칠어졌으며, 눈이 부실 정도로 가지런했던 이도 몇 개 빠져서 입을 열면 치열에

서 검은 구멍이 보였다. 더는 아무런 희망이 없다고 여겼던 그녀
는 죽을 결심을 했다. 그러다가 선생의 소문을 들었다. 그녀에게
선생은 삶의 마지막 보루였다. 선생을 찾아와 자신의 이야기를 털
어놓는 동안 그녀는 계속 울었다.

이야기를 듣는 동안 선생은 계속 코를 훌쩍거리고 어깨를 들썩
거렸다. 옷소매로 눈시울을 훔치기도 했다. 여자가 말을 마치고 제
설움에 겨워 흐느낄 때 선생은 무릎을 꿇고서 여자의 두 어깨를
끌어당겨 품에 안았다. 여러 사람 앞에서 저래도 되나 싶었으나
선생은 아랑곳하지 않았다. 마침내 여자가 울음을 그치고 선생이
그녀 머리에 손을 얹고 기도하자 하혈이 멈췄다. 병에서 해방된
여자가 거듭 절을 하며 물러간 후에 보니 선생의 얼굴이 푸석거리
고 반쪽이 되어 있었다.

선생의 치유는 마술사가 지팡이를 휘둘러 상황을 바꾸는 식으
로 이루어지지 않았다. 크든 작든 선생이 고통에 참여하지 않은
채 누군가를 치유한 적은 없었다. 우리가 선생의 치유를 제지하지
못하면서도 우려를 제기했던 이유다. 우리의 우려에도 불구하고
선생은 물러서지 않고 병자들을 만났다.

훗날 사람들은 선생의 치유에 관해 온갖 말을 했다. 그중 하나
가 선생의 치유가 사람들을 끌어모으기 위한 수단이었다는 것이
다. 그의 진짜 목적은 사람들에게 하나님 나라를 전하는 일이었는
데, 그것을 위해 우선 병자들을 고침으로써 사람들을 끌어모았다
는 것이다. 틀린 말이다. 선생에게 치유와 축귀는 다른 목적을 위
한 수단이 아니라 목적 자체였다. 내가 알기로 그가 사람들의 관

심을 끌기 위해 병자를 고친 적은 한 번도 없었다. 선생은 주변에 다른 이들이 있든 없든 자기를 찾아오는 병자들 말을 듣고 그들의 몸에 손을 얹었다.

그러나 내가 아는 한 선생은 전능한 신이 아니라 우리와 같은 한계를 지닌 인간이었다. 선생 자신이 스스럼없이 인정한 사실이다. 한 번은 양쪽 겨드랑이에 목발을 짚은 사내가 선생을 찾아왔다. 오른쪽 다리가 정강이 부근에서 잘려 나간 상태였다. 말을 들어 보니, 목수였던 그는 디베랴에서 어느 귀족의 집을 짓다가 다리를 다쳤는데 제때 치료받지 못해 상처가 덧나면서 살이 썩기 시작했다. 목숨을 부지하기 위해 다리를 잘라야 했다.

그가 찾아왔을 때 모두가 숨을 죽이며 선생을 주목했다. 이 난감한 상황을 어떻게 할 것인가? 선생의 대응은 의외로 간단했다.

"안타깝지만, 나는 마술사가 아니오. 없어진 다리가 생기게 할 수는 없소."

사내가 묘한 웃음을 흘리며 물었다.

"그렇다면 선생은 나에게 무엇을 해줄 수 있소?"

선생이 답했다.

"중요한 것은 내가 무엇을 해줄 수 있는지가 아니라 당신이 무엇을 하고 싶은지가 아니겠소? 내가 당신을 위해 할 수 있는 일은 당신의 바람을 응원하고 지지하는 것뿐이오. 약속하리다. 당신을 기억하며 아버지께 기도하겠소."

사내가 고개를 끄덕였다.

"선생이 되지도 않는 마술사 흉내나 내는 허풍선이가 아니어서 다행이오. 선생의 응원과 지지를 믿고 돌아가겠소."

선생의 치유는 자연의 질서와 법칙에 맞서지도 않았다. 언젠가 어떤 사내가 늙은 어머니를 손수레에 태우고 찾아왔다. 노모는 이미 기력이 다해 며칠을 넘기지 못할 것처럼 보였다. 무엇보다도 그녀 자신이 삶에 여한이 없어 보였다. 그러나 아들은 아직 어머니를 보낼 준비가 되어 있지 않았다. 아들은 선생에게 어머니가 다시 일어설 수 있게 해달라고 간청했다. 그러자 선생이 말했다.

"당신의 어머니는 그동안 잘 살아오신 듯하오. 그리고 이제 왔던 곳으로 돌아가실 준비가 된 것 같소. 어머니 자신이 그것을 원하고 계시오. 하나님이 정하신 삶의 순리를 따르는 것은 아름다운 일이오."

선생이 그렇게 말하는 동안 노모가 손을 내밀어 아들의 손을 잡았다.

"얘야, 선생님 말씀이 옳다. 이제 나를 보내다오."

선생은 손수레에 앉은 노파의 머리에 손을 얹고 기도했다.

"아버지, 당신의 딸이 이 세상에서의 삶을 마치고 돌아가려 합니다. 이 힘든 세상을 잘 살아오게 하신 것에 감사합니다. 딸이 당신께 돌아가는 과정을 편안하게 하시고 남은 자들의 마음을 위로하소서."

노파는 아들과 함께 집으로 돌아갔다. 며칠 후 그녀는 편안히 세상을 떠났다.

4

우리 넷 중 선생의 첫 번째 제자가 된 사람은 나와 내 친구 요한이었다. 우리는 유대 광야에서 선생을 처음 만났다. 갈릴리 벳새다 출신인 나는 선생을 만났을 무렵에 시몬과 함께 옆 동네 가버나움에서 물고기를 잡으며 살고 있었다.

로마 황제 디베료가 재위한 지 십오 년째 되던 해°에 갈릴리 전역이 술렁거렸다. 유대 광야에서 들려온 느닷없는 예언 때문이었다. 과거 우리 조상들은 오랫동안 이방의 큰 나라들의 지배를 받아 왔다. 이 땅은 바벨론에 의해 정복당한 후 바사와 헬라 사람들이 다스렸으며, 애굽 왕들이 차지했다가, 수리아 왕들 손에 넘어갔다. 마카베오 가문이 봉기해 나라를 세웠지만, 그마저도 로마에 의해 무너지고 말았다. 역사상 가장 강대한 제국으로 알려진 로마는 지금도 이 땅을 다스리고 있다.

오랜 기간 계속된 군사적 억압, 강제 노역, 경제적 수탈은 우리 민족의 삶을 고통 그 자체로 만들었다. 그러나 일상이 된 고통보다 절망스러웠던 것은 이 땅에 예언이 그쳤다는 현실이었다. 우리 민족에게는 역사 초기부터 예언자들이 존재했다. 출애굽 시절 모세, 가나안 정복 전쟁 시절 여호수아, 사사 시대의 드보라, 기드온, 입다, 삼손, 사무엘, 그리고 다윗 통일 왕국 시절 나단 등은 모

°서력기원 29년이다. 이 소설은 예수가 그해 초에 요한의 제자가 되었고, 이후 몇 개월간 독자적으로 활동하다가, 이듬해인 30년 봄에 죽었다고 상정한다.

두 하나님이 그분의 백성 이스라엘에게 뜻을 전하기 위해 세우신 예언자들이었다. 예언자들은 특히 다윗 왕국이 북과 남으로 갈라져 살아가던 시절에 두드러지게 활동했다. 북왕국 전역이 바알 숭배에 빠졌을 때는 전설적인 예언자 엘리야와 엘리사가 등장했다. 앗수르가 온 세상을 위협하던 시절에는 호세아, 아모스, 이사야, 미가 같은 걸출한 예언자들이 나타나 자기 목소리를 냈다. 남왕국 말기에는 예레미야와 에스겔이 애통과 희망을 섞어 하나님의 말씀을 전했다.

심지어 바벨론에게 망해서 나라가 없어졌을 때와 바벨론을 멸망시킨 바사의 왕 고레스 덕분에 유대인 한 무리가 예루살렘으로 돌아와 살아가던 곤궁하기 짝이 없던 시절에조차 예언은 그치지 않았다. 우리 민족은 고통 가운데서도 줄기차게 들려오는 예언을 하나님이 우리를 버리지 않으셨다는 증거로 여겼다. 그런데 수백 년 전 예루살렘 귀환 공동체 안에서 희미하게 들렸던 말라기의 예언을 끝으로 모든 예언이 그쳤다. 그 후에 이어진 여호와의 침묵은 강고했다. 유대 백성은 여호와가 마침내 자기들을 버리셨다고 여겼다. 질타보다 무서운 게 방임이고, 채찍보다 무서운 게 침묵이었다.

한데 그 침묵이 깨졌다. 캄캄한 굴속 같았던 유대 땅 위로 느닷없이 한 줄기 빛이 비쳤다. 황량한 유대 광야에서 북왕국의 전설적인 예언자 엘리야의 풍모를 지닌 세례자 요한이 나타나 외쳤다.

"회개하라. 하나님 나라가 가까이 왔다!"

세례자 요한의 예언 앞에서 유대인들이 동요하기 시작했다. 많은 사람이 그의 음성을 듣기 위해 광야로 몰려갔다. 아무도 드러 내 놓고 말하지 않았으나 모두가 비슷한 생각을 했다. 하나님이 움직이기 시작하셨다! 구원이 다가오고 있다!

요한의 소식은 갈릴리에도 이르렀다. 유대 사람들보다 훨씬 더 반항적인 갈릴리 백성이 그 소식에 술렁거렸음은 말할 것도 없다. 사실 갈릴리 사람 대다수는 유대에 별 관심이 없었다. 먼 옛날 다 윗 왕국이 북과 남으로 갈라진 이후 갈릴리와 유대는 각자 살아 왔다. 갈릴리가 속한 북왕국과 유대로 대표되는 남왕국은 함께 산 세월보다 따로 산 세월이 훨씬 길었고, 함께 살았던 시절에도 둘 은 관계가 좋지 않았다. 남왕국 사람들은 달리 생각할지 모르나, 북왕국 사람들은 다윗 왕국에 대한 향수가 없었다. 없는 정도가 아니라, 다윗과 그의 아들 솔로몬을 이방인 못지않은 사악한 압제 자로 여겼다. 오죽하면 솔로몬이 죽자마자 북쪽의 열 지파가 일치 단결해 독립을 선언했겠는가.

그럼에도 우리 갈릴리 사람들이 유대에서 들려오는 예언에 술 렁거렸던 이유는 하나였다. 좋든 싫든 유대의 운명이 갈릴리와 연 결되어 있었기 때문이다. 당시 갈릴리와 유대는, 이 주변 땅들 전 체가 그러했듯이, 모두 로마의 식민지였다. 갈릴리와 유대는 이미 오랫동안 남이었으나 유감스럽게도 처지가 같았다. 갈릴리 상황 이 유대에 영향을 주듯이 유대 상황도 갈릴리에 영향을 줄 수밖에 없었다.

시몬과 나는 유대에서 들려오는 소식에 귀를 기울였다. 세베대 의 아들들인 야고보와 요한도 마찬가지였다. 우리 넷은 틈만 나면 세례자 요한 이야기를 했다. 태어나서 한 번도 나라가 주는 혜택을 받아 본 적이 없는데도 우리는 늘 우리의 비참한 상황이 바뀌기를 바랐고, 변화의 기회가 하늘로부터 올 거라고 여겼다. 하나님에 대해 남다른 믿음이 있어서가 아니었다. 솔직히 우리는 회당 사람들이 말하는 하나님을 잘 몰랐다. 그저 사방이 꽉 막힌 상황에서 기댈 데라고는 하늘밖에 없으니 거기에 기대었을 뿐이다. 그런데 유대 광야에서 우리가 기다려 왔던 바로 그 소리가 들려왔다. 하나님 나라가 가까이 왔다!

유대를 다녀온 이들에게 귀동냥하며 지내던 어느 날, 시몬이 나에게 말했다.

"안드레, 네가 가서 요한을 만나 보고 오너라."

시몬은 많이 배운 사람은 아니었으나 마음이 투명하고 심지가 굳었다. 무엇보다도 그는 불의를 참지 못했다. 당시 그의 눈에 보였던 가장 큰 불의는 단연코 로마였다. 우리 형제의 아버지는 오 년 전, 그러니까 시몬이 열여덟 살이고 내가 열다섯 살이었을 때 죽었다. 아버지는 갈릴리 바다 북편의 어촌 주민들이 벌였던 납세 거부 운동의 주모자 중 하나였다. 로마가 갑자기 해세(海稅)를 올려, 배를 소유하고 있거나 고기잡이하는 어민들로부터 어획물의 거의 절반을 세금 명목으로 가져가려 했을 때, 아버지는 옆 동네 가버나움의 어부들과 함께 납세 거부 운동을 벌였다.

납세 거부 운동이 시작되자 안디바는 곤경에 빠졌다. 뱃멀미하는 그의 병사들로는 바다에서 잔뼈가 굵은 어민들을 제압할 수 없어서였다. 납세 거부가 장기화되고 로마의 독촉이 심해지자 안디바는 수리아 총독에게 도움을 청했다. 총독은 해전에 능한 로마 군인들을 갈릴리 북편으로 파견했다. 대해(大海)를 누볐던 로마 군인들이 갈릴리 바다에서 어부들을 상대로 싸우는 일은 식은 죽 먹기였다. 그때 가버나움과 벳새다의 어부 중 상당수가 죽었다. 우리 아버지도 그때 죽었다.

시몬은 아버지의 죽음으로 어쩔 수 없이 가장이 되었다. 막중한 책임감 때문에 자제하고는 있었으나 시몬의 가슴에는 로마에 대한 분노가 자리 잡고 있었다. 그는 늘 가버나움의 어부들과 무언가를 꾸미고 있었다. 시몬이 훗날 그의 장인이 된 가버나움의 어부 마길을 알게 된 것도 바로 그 모임에서였다. 마길은 시몬을 사위로 맞았고 병들어 죽게 되었을 때 시몬에게 가족을 부탁했다. 두 가족을 부양할 책임을 맡은 시몬은 이전보다 고기잡이에 열중할 수밖에 없었다. 그럼에도 그의 가슴에는 늘 뜨거운 불이 일어나고 있었다. 시몬은 갈릴리와 유대의 정치적 상황에 촉각을 곤두세웠다. 세례자 요한의 소식을 접한 시몬이 나에게 유대로 내려가 직접 그를 만나 보라고 했던 것은 그런 맥락에서였다.

내가 요한을 만나러 간다고 귀띔하니 동료 어부이자 동갑내기 친구인 세베대의 아들 요한이 자기도 가겠다고 했다. 그와 그의 형 야고보 역시 우리 형제만큼이나 피가 끓는 갈릴리 청년들이었다. 게다가 요한은 호기심도 많고 샘도 많아서 내가 자기를 놔두고 혼자서 유대로 가는 모습을 그냥 보고만 있지 않았다. 요한은 형 야고보와 아버지 세베대를 조르고 설득한 끝에 기어코 나를 따라나섰다.

우리 둘은 남쪽으로 사흘 길을 걸어 유대 광야에 이르렀다.

<h2 style="text-align:center">5</h2>

유대 광야는 황량했다. 뜨거운 햇살이 내리쬐는 황갈색 바위로 가득한 광야는 거칠고 적막했다. 갈릴리에서 내려오는 요단강이 없다면 광야는 어떤 가능성도 없는 죽음의 땅이었을 것이다.

요한을 찾기는 어렵지 않았다. 그는 요단강을 따라 남북을 오르내리며 활동했는데, 그가 가는 곳마다 사람들이 몰렸기 때문이다. 우리가 찾아갔을 때 요한은 여리고 동편에서 임박한 하나님의 심판에 대해 가르치고 있었다.

세례자 요한의 첫인상은 광야 그 자체였다. 메마른 광야에서 광야처럼 살아가는 사내였다. 그는 낙타 가죽으로 만든 질기고 튼튼한 옷을 입고 있었다. 몸의 털은 어느 것도 자르거나 밀지 않았다. 광야에서 얻을 수 있는 메뚜기와 석청만 먹었다.

요한은 세상이 곧 끝날 것이라고 했다. 하나님이 불의한 세상을 의롭게 심판하는 날이 머지않았다는 이야기였다. 그가 말하는 하나님 나라는 심판 이후에 찾아올 나라였다. 그것이 어떤 나라인지는 분명하지 않았으나 사람들은 이 불의한 세상이 끝나고 새로운 세상이 올 것이라는 요한의 말에서 위안을 얻었다.

우리는 요한을 만나 가르침을 받은 후 요단강에서 세례를 받고 그의 제자가 되었다. 이왕에 찾아왔으니 몇 마디 듣고 돌아가기보다 당분간이라도 곁에 머물며 배우는 게 좋을 것 같았다. 당시 유대 광야에서 요한을 따라다니며 가르침을 받는 제자의 수는 백여 명에 이르렀다.

요한의 제자 무리에 들어간 직후 한 사내가 눈에 들어왔다. 나이는 서른 중반으로 보였다. 나와 요한이 스무 살이었으니 우리보다는 한참 위였다. 행색을 보면 우리와 다름없는 촌뜨기인데 어딘지 모르게 범접하기 어려운 구석이 있었다. 그렇다고 격식을 차리거나 권위를 내세우는 사람은 아니었다. 종종 그는 무리에서 떨어져 요한과 둘이 긴밀하게 이야기를 나눴는데, 그들이 이야기를 나누는 모습을 보면, 요한도 그를 평범한 제자로 대하는 것 같지는 않았다.

그러던 어느 날부터 제자 무리에서 사내가 보이질 않았다. 궁금해서 다른 이에게 물었더니 그가 요한의 곁을 떠났다고 했다. 두 사람이 어떤 문제를 두고 의견을 달리했다고 했다. 의견 차이가 둘을 완전히 갈라놓지는 않았지만, 서로 좁히기 어려운 간격을 확인한 이상 각자의 길을 가는 편이 낫다고 여겼다고 했다. 두 사람은 헤어지는 순간까지 서로를 존중하며 예의를 지켰다고 했다. 나는 사내와 이야기를 나눠 보지 못한 게 못내 아쉬웠다.

다시 며칠이 지나갔다. 그날 우리 제자들은 요한에게 특별한 가르침을 받고 있었다. 그즈음 유대인 중에는 요한을 메시아로 여기는 이들이 많았다. 우리 민족이 생각하는 메시아는 우리를 제국의 압제에서 벗어나게 해줄 강력한 민족 지도자였다. 쉽게 말해, 오래전 우리 조상들을 이집트에서 끌어낸 모세나 통일 왕국을 세워 민족의 황금기를 이끌었던 다윗 같은 이를 의미했다. 지난 수백 년 간 식민지 백성으로 살아온 이들이 그런 지도자의 등장을 꿈꾸며 기다리는 것은 이해할 만한 일이었다. 갈릴리 사람들 역시 같은 기대를 품고 있었다. 다만 갈릴리 사람들에게 메시아는 유대 출신 왕이었던 다윗보다는 출애굽을 이끌었던 모세에 가까웠다.

그날, 요한이 제자들에게 말했다.

"나는 메시아가 아니오. 나는 그분의 신발 끈을 풀 자격도 없소."

신발 끈을 푸는 것은 종이 하는 일이었다. 해서 제자들은 그 말을 믿지 않았나. 그서 선생이 조심스러워하거나 겸손을 보이는 것이라 여겼다.

요한이 그 말을 하고 있을 때 멀리서 사내가 다가왔다. 오랜만에 만나는 스승에게 인사를 하려는 것 같았다. 그가 가까이 오자 요한은 마치 제자가 스승을 대하듯 공손하게 그를 맞이했다. 사내 역시 마찬가지였다. 인사를 나눈 두 사람은 잠시 무리에서 떨어져 밀담을 나눴다.

나는 곁에 있는 이들에게 사내에 관해 물었다. 이름은 예수이고, 우리와 같은 갈릴리 사람이라고 했다. 나는 갈릴리 사람이라는 말에 귀를 쫑긋했다. 갈릴리 사람 중에서는 우리가 요한의 첫 번째 제자일 거라고 여겼는데 사내가 우리보다 빨랐던 셈이다.

밀담이 끝나자 예수라는 사내는 요한에게 인사를 하고 다시 무리를 떠났다. 그가 멀어지는 것을 보며 요한이 제자들에게 말했다.

"본인은 아직 확신하지 못하는 것 같은데, 내 생각에는 저분이 메시아가 아닐까 하오!"

　제자들은 이 말을 믿지 못했다. 그럴 만도 했다. 그동안 사내가 이렇다 할 만한 말이나 행위를 한 적이 없었기 때문이다. 무엇보다도 사내는 유대인들이 은근히 혹은 대놓고 멸시하는 갈릴리 출신이었다. 대부분 유대 사람이었던 요한의 제자들은 갈릴리 사람이 메시아일 가능성을 받아들이려 하지 않았다.

　갈릴리 출신인 나와 세베대의 아들 요한은 그들과 생각이 달랐다. 우리도 메시아가 갈릴리에서 나오리라고 믿지는 않았지만, 그렇다고 반드시 유대에서 나올 것이라는 유대인들의 의식에 동조하지도 않았다. 유대인들과 접촉해 보니, 그들의 자의식은 이해하기 어려울 정도로 자기중심적이었다. 솔직히 우스운 느낌도 들었다. 갈릴리가 속한 북왕국보다 나중이기는 했으나 유대가 속한 남왕국도 이미 오래전에 망해서 역사 속으로 사라졌다. 당시에 갈릴리는 명목상으로나마 왕이 다스리는 국가였으나, 유대는 로마 총독이 관할하는 명실상부한 식민지였다. 갈릴리는 물고기들이 뛰노는 바다와 푸른 숲과 맑은 강을 가진 아름다운 땅이었지만, 유대는 대부분 지역이 황량한 광야와 민둥산으로 이루어진 척박한 땅이었다. 유대인들이 갈릴리 사람들보다 도덕적으로 우월한 것도 아니었다. 나의 빈약한 역사 지식으로도, 남왕국의 역사는 북왕국만큼이나 불의하고 부도덕했다. 그런 까닭에 나는 유대인들이 자신들을 인간 역사의 중심으로 여기면서 메시아가 자기들에게서 나오리라고 확신하는 것을 이해할 수 없었다.

　내가 눈짓하자 세베대의 아들 요한이 세례자 요한에게 말했다.

갈릴리

“선생님께서 그렇게 말씀하시니 저희는 저분을 따르겠습니다.”

요한이 잠시 우리를 바라보더니 고개를 끄덕였다.

우리는 요한과 작별하고 사내가 떠난 방향으로 돌아섰다. 그러나 사내는 이미 우리의 시야에서 사라진 뒤였다. 우리는 서둘러 그가 간 방향으로 내달렸다.

점점 뜨거워지는 광야의 황갈색 바위산을 하나 넘어서자 사내가 크고 작은 동굴들이 밀집한 곳을 향해 걷고 있는 모습이 보였다. 우리가 달려가며 소리쳤다.

“이보시오! 잠깐만 기다려 주시오!”

우리의 말에 그가 걸음을 멈췄다. 숨을 헐떡이며 다가가자 그가 물었다.

“무슨 일이오?”

“어디에 계십니까?”

그러자 그가 되물었다.

“내가 있는 곳에 가 보겠소?”

사내는 우리를 자신이 묵고 있는 동굴로 이끌었다. 요한의 무리를 떠난 후 마련한 임시 처소라고 했다. 그날 우리는 그곳에서 함께 밤을 지냈다. 그리고 긴 대화를 나눴다.

6

사내는 나사렛 출신이었다. 나사렛은 갈릴리 남부 산악 지대에 자리한 산촌으로, 내가 살던 가버나움의 남서쪽에 있었다. 걸어서 하루 만에 닿을 수 있는 거리였다. 갈릴리가 바다 주변 몇 개의 도시를 제외하고 대체로 시골이기는 하나, 나사렛은 그중에서도 외진 마을이다. 너무 작고 외져서 외지인들은 그 마을의 존재 자체를 알지 못했다. 하지만 갈릴리 지형에 익숙한 이들은 그 작은 마을이 얼마나 아름다운지 안다. 나사렛 구릉지 가장 높은 곳에 올라서면 발아래로 기름진 이스르엘 평원이 펼쳐진다. 왼편에는 사사 드보라가 가나안 왕 야빈이 끌고 온 병거에 맞서 진을 쳤던, 시편 기자가 북쪽 헤르몬산과 더불어 "주의 팔의 능력"이라고 찬양했던 다볼산이 우람하게 서 있다. 산 오른편으로는 엘리야가 바알 사제들과 맞서 혈투를 벌였던 갈멜산의 능선들이 대해를 향해 가파르게 굽이친다. 이스르엘 평원에서 나사렛 고지대로 올라가는 협곡에는 겨울비를 가둔 암석들이 늘어서 있다. 암석들이 품고 있는 물 덕분에, 나사렛에는 언제나 녹색 빛이 감돈다. 나사렛은 산과 들만으로도 충분히 풍요로운 곳이다.

그런 환경에서 자라서였는지 사내는 초라한 행색에도 불구하고 어딘지 모르게 여유로웠다. 오랫동안 막노동을 해온 까닭에 손은 거칠고 얼굴은 그을렸으나 입가에는 늘 미소가 있었고 눈은 맑고 깊었다. 몸가짐은 여느 노동자처럼 민첩하고 단단했으나 학자처럼 단정하기도 했다. 사내의 말은 쉬운 듯 어려웠고 어려운 듯 쉬웠다. 그날 사내는 주로 세례자 요한의 가르침에 대해 말했는데, 요한에게 대체로 동의하는 듯하다가 어느 면에서 다른 견해를 드러냈다. 무엇보다도 요한이 하나님 나라를 지나치게 심판의 측면에서 말하는 것에 동의하지 않았다.

나는 사내의 말을 들으면서 요한과 그의 의견 차이가, 그들이 나고 자란 환경의 차이 때문일 수도 있겠다고 생각했다. 요한이 나고 자란 유대 산지는 거칠고 메마른 곳이다. 그런 곳에서 성장한 이들은 생각이 견고하고 바를지언정 풍요로워지기는 어렵다. 반면에 나사렛과 같이 풍요로운 곳에서 성장한 이들은 견고하지는 않을 수 있으나 상상력으로 가득한 생각을 할 수 있다. 어쩌면 이런 차이가 같은 하나님 나라를 두고 서로 다른 꿈을 꾸게 한 것일 수도 있겠다 싶었다.

그날 나와 요한은 그 사내에게 매료되었다. 물론 우리는 불과 얼마 전까지 세례자 요한에게 끌렸다. 하지만 사내에 대한 끌림은 요한에 대한 끌림과는 분명 달랐다. 요한의 경우가 얼마간 의지적이었다면, 사내의 경우는 거의 불가항력적이었다.

<h1 style="text-align:center">7</h1>

이튿날부터 우리는 사내와 함께 움직였다. 우리는 그가 조만간 요한처럼 자기 제자를 이끌면서 새로운 일을 도모하리라고 여겼다. 그러면 우리도 기꺼이 따를 생각이었다. 사실 우리는 이미 그를 따르고 있었다. 그를 부르는 호칭도 '선생님'으로 바뀌어 있었다!

하지만 어쩐 일인지 선생은 적극적이지 않았다. 무언가를 도모할 생각은 있는데 아직 준비가 덜 된 것 같았다. 그래서인지 가끔 우리를 남겨 둔 채 혼자서 광야 깊은 곳으로 들어가 며칠씩 머물다 왔다. 그 기간에 음식을 먹지 않아서인지 나올 때마다 얼굴이 수척했다.

선생이 광야 깊은 곳으로 들어가면 우리는 세례자 요한을 찾아갔다. 그의 곁을 떠나기는 했으나 우리는 그를 배반한 게 아니었기 때문이다. 요한도 우리를 마다하지 않았다. 가끔 우호적인 눈빛을 보내거나 선생과 우리의 안부를 묻기도 했다.

요한의 말은 갈수록 강경해졌다. 그는 바리새인들과 사두개인들의 위선을 꼬집었다. 특히 성전과 율법 중심의 유대교가 민중의 삶과 유리된 채 자기들만의 체계로 나아가는 것을 비판했다. 요한은 성전과 율법을 부정하지 않았으나 그것을 운영하는 이들은 강하게 부정했다.

언젠가 요단강 동편 베레아 지역에서 요한은 갈릴리와 베레아의 분봉왕인 안디바를 거칠게 비판했다. 안디바는 헤롯의 여섯 번째 부인인 사마리아 여자 말타케의 소생이다. 그는 베레아 남쪽에 있는 왕국 나바테아의 공주와 결혼한 상태였다. 한데 가이사를 만나러 로마에 갔다가 마침 그곳에 와 있던 헤로디아에게 홀딱 빠졌다. 헤로디아는 헤롯이 두 번째 부인 마리암 1세에게서 얻은 아들인 아리스도불로의 딸로, 안디바에게는 이복 조카였다. 게다가 그녀는 이미 헤롯의 또 다른 아내 마리암 2세가 낳은 아들인 빌립, 즉 안디바의 이복형제와 결혼한 상태였다. 그럼에도 안디바는 헤로디아에게 청혼했다. 세속적 욕망이 강했던 헤로디아는 안디바가 아내와 파혼한다면 청혼을 받아들이겠다고 답했다. 욕정에 눈이 먼 안디바는 아내와 파혼하고 헤로디아를 궁으로 불러들였다.

요한은 안디바의 행동을 맹비난했다. 그가 형제의 아내를 취한 것은 율법에 어긋날 뿐 아니라, 정욕을 채우기 위해 나라를 전쟁 위기에 빠뜨리는 무책임한 짓이라는 것이다. 실제로 얼마 후 나바테아가 안디바에 맞서 전쟁을 일으키면서 갈릴리 백성은 큰 고통을 겪었다.

요한이 사람들에게 거듭 강조한 것은 바르고 경건한 삶이었다. 부패하고 부도덕한 삶을 사는 이들에 대한 그의 경고는 섬뜩했다. "도끼가 이미 나무뿌리에 놓였으니 좋은 열매를 맺지 못하는 나무마다 찍혀서 불에 던져질 것이오!" 종종 그는 임박한 하나님 나라에 대해 말했는데 그 나라는 무서운 심판과 더불어 다가왔다. 그가 바르고 경건한 삶을 강조하는 이유가 거기에 있었다.

나는 요한의 말을 들을 때마다 마음이 복잡해졌다. 심판으로 다가오는 하나님 나라. 분명 그것은 불의로 가득 찬 세상이 귀를 기울일 만한 메시지였다. 세상이 변화하기 위해 꼭 필요한 경고라고 할 수 있었다. 하지만 그런 심판 이후에 세상은 어떤 모습으로 바뀌게 될까. 무엇보다도 그런 심판에서 살아남을 이가 몇이나 될까. 강한 자들은 강한 대로 악하고, 약한 자들은 약한 대로 악하다. 우리 중에 하나님의 의로운 심판을 견뎌 낼 이가 도대체 얼마나 되겠는가.

광야 깊은 곳으로 들어가 머물던 선생이 돌아왔다. 선생은 전보다 훨씬 수척해 보였다. 한편으로는 훨씬 더 차분하고 견고해진 것 같기도 했다. 이제 준비가 끝난 걸까. 우리는 이제나저제나 선생이 결단하기를 기다렸다. 그러나 선생은 움직이지 않았다.

그러던 어느 날, 불길한 소식이 들려왔다. 요한이 안디바가 보낸 자들에게 체포되어 베레아에 있는 마케루스 요새로 압송되었다고 했다. 체포 소식이 들리자 그를 따르던 유대인들은 목자 잃은 양처럼 뿔뿔이 흩어졌다. 군중의 습성이 그렇다. 당장 온 세상을 뒤집어엎을 듯 들끓다가도 바람 앞에서 등불이 꺼지듯 순식간에 사라진다. 한때 떠들썩했던 유대 광야가 다시 적막해졌다. 메시아에 대한 유대인들의 열광은 너무 하찮았다.

사람들이 찾아오지 않는 광야에서 할 수 있는 일은 아무것도 없었다. 물론 선생이 요한의 자리를 대신할 수도 있었을 것이다. 하지만 그것은 너무 위험했다. 안디바가 요한을 잡아들인 이유는 군중을 움직이는 힘 때문이었다. 안디바는 자기 영토에서 소요가 일어나는 것에 아주 예민했다. 자칫 잘못하면 겨우 유지하고 있는 분봉왕 지위마저 빼앗길 수도 있었다. 안디바가 소요가 두려워 사람들에게 추앙받는 요한을 체포했다면, 아직 무명인 선생을 잡아가는 일쯤은 아무것도 아닐 것이다. 선생도 우리도 그 정도는 알고 있었다.

우리는 광야를 떠나기로 했다. 갈릴리 출신인 우리가 돌아갈 곳은 당연히 갈릴리였다.

유대 광야에서 갈릴리 접경까지 이르는 데 사흘이 걸렸다. 이틀이면 갈 수 있는 거리였으나 우리는 일부러 슬렁거리며 걸었다. 걸으면서 꽤 많은 대화를 나눴다. 대화를 통해 나는 선생이 나사렛으로 돌아갈 생각이 없음을 알게 되었다. 여섯 달 전에 선생은 요한을 찾아 유대 광야로 나서면서 이미 가족에게 출가를 선언했다. 그때 선생의 홀어머니가 많이 울었다고 했다. 선생은 다시 고향으로 돌아가 어머니와 동생들에게 헛된 희망을 주고 싶지 않았다. 어차피 다시 떠나야 할 것이 분명했기 때문이다.

그렇다고 당장 갈 만한 곳도 없었다. 애초에 선생은 요한 곁에 오래 머물 계획이었다. 한데 그 계획은 무산되었다. 갈릴리 접경에 이르렀을 때 선생의 얼굴에서 고민이 엿보였다.

다볼산이 보이는 곳에서 내가 말했다.

"선생님, 우리와 함께 가버나움으로 가시지요."

세베대의 아들 요한이 거들었다.

"그래요. 함께 가세요. 어촌이기는 하나 안드레의 집도 우리 집도 그 동네에서는 꽤 사는 편입니다. 잠시 묵으실 곳은 마련할 수 있을 겁니다."

잠시 고민하던 선생이 제안에 응했다. 다른 선택을 할 여지도 없었지만, 어쩌면 그곳에서 자신이 꿈꿨던 일을 시작할 수도 있겠다 싶었던 것 같았다.

우리 셋은 나사렛과 다볼산 사이에 난 길로 접어들었다. 고향

앞을 지나가는 선생의 표정이 복잡해 보였다.

우리는 다시 슬렁거리며 걸어서 가버나움에 도착했다. 나와 요한이 그곳을 떠난 지 석 달 만이었다. 떠날 때는 선선한 겨울의 끝자락이었는데 어느덧 늦은비로 촉촉해진 언덕에서 빨갛고 노랗고 파란 봄꽃들이 피어오르고 있었다.

나는 선생에게 시몬을 소개했다. 시몬은 강하고 듬직한 뱃사람이다. 갈릴리 해풍에 그을린 구릿빛 얼굴에서 맑은 눈이 빛나는 사내다. 내가 그를 믿고 따르는 것만큼이나 그 역시 나를 믿었다. 설명을 들은 시몬이 선생에게 말했다.

"편히 지내십시오."

갈릴리 사람들은 감정 표현에 서툴기는 하나 한번 인사를 나누고 친해지면 끈끈한 친구가 되기도 한다. 첫 대면에도 선생과 시몬은 서로가 꽤 마음에 드는 눈치였다.

그러나 당시 내가 얹혀살았던 시몬의 집에는 남는 방이 없었다. 내가 없는 사이에 시몬의 처사촌 둘이 들어와 살게 되었기 때문이다. 다행히 시몬에게는 집 한 채가 더 있었다. 그 집은 가까운 다른 주거지에 있었다. 작은 집들이 벌집처럼 닥지닥지 붙어 있는 그 주거지는 사방이 길로 둘러싸여 주민들은 그곳을 '길 사이에 갇힌 섬'이라고 불렀다. 집에 별것은 없었다. 흔하디흔한 현무암을 대충 다듬어 벽을 쌓고 그 위에 진흙과 짚을 섞어 말린 엉성한 지붕을 씌운 게 전부였다. 그럼에도 시몬 덕분에 선생은 섬 안에 작지만 아늑한 그만의 공간을 마련할 수 있었다.

나는 가버나움에 도착한 다음 날부터 시몬과 함께 바다로 나갔

갈릴리

다. 고기잡이는 주로 밤에 이루어졌다. 밤새 그물을 던지고 돌아오면 배에 물고기가 한가득 실려 있었다. 갈릴리는 나사렛 같은 산지뿐 아니라 바다도 풍요로웠다. 온갖 것에 세금을 물려 빼앗아 가는 자들만 없다면 자연이 주는 풍요만으로도 살아갈 수 있는 곳이었다.

시몬과 나 그리고 우리 곁에서 고기잡이하는 세베대의 아들들은 틈만 나면 선생 이야기를 했다. 우리 배에서는 내가, 세베대 집안의 배에서는 요한이 주로 떠들었다. 나의 형 시몬과 요한의 형 야고보는 우리 이야기를 듣다가 이런저런 질문을 했다. 질문은 주로 선생이 세례자 요한과 무엇이 다르며 선생의 무엇이 그보다 나으냐는 것이었다. 나와 요한은 보고 들은 것을 말했다. 종종 우리는 바다 위에 배를 잇대어 놓고 한쪽 배에 올라타 도시락을 먹었다. 그때도 화제는 주로 선생이었다.

우리가 고기잡이하는 동안 선생은 마을을 돌아다니며 형편을 살폈다. 가버나움은 디베랴 같은 도시가 아니라 허술한 어촌이다. 그럴듯한 건물은 거의 없다. 공공건물로는 세관, 백 명의 로마 군인을 위한 막사, 마을회관 역할을 하는 회당 하나가 전부다. 가버나움뿐 아니라 갈릴리 대부분은 푸른 산과 들 외에 볼만한 게 거의 없다. 우상숭배를 금하는 율법 때문에 예술적 감각이 발달하지 못해서일 것이다. 안디바가 갈릴리 백성을 쥐어짜 로마풍으로 건설한 세포리스와 디베랴 정도가 예외였는데, 갈릴리 토박이들에게 그런 도시들은 멋지기보다는 기괴해 보였다.

그럼에도 선생은 가버나움이 꽤 마음에 드는 것 같았다. 특히 주민 수가 많은 것을 가장 마음에 들어 했다. 가버나움은 거주지 후면 구릉지 아래에는 널찍한 농토가 보이고 전면에는 갈릴리 바다가 펼쳐져 농업과 어업이 어우러지는 마을이었다. 또한 남쪽 애굽부터 북쪽 수리아 다메섹까지 이어지는 국제 도로(비아 마리스)의 이면도로변에 있는 상업 도시였으며, 헤롯 안디바가 다스리는 갈릴리와 그의 이복형제 빌립이 다스리는 가울라니티스를 연결하는 경계 지역이기도 했다. 그로 인해 그 길은 늘 이리저리 오가는 사람들로 붐볐다.

선생이 하려는 일이 사람들에게 하늘의 뜻을 전하는 것이라면, 좋든 싫든 사람들이 많은 곳을 찾아다녀야 했다. 가버나움은 사람들을 만나기 좋은 곳이었다. 무엇보다도 가버나움에는 아직 때 묻지 않은 갈릴리 사람들이 남아 있었다. 갈릴리 옛 수도 세포리스와 현 수도 디베랴는 가버나움보다 훨씬 큰 도시이지만 주민 대부분이 로마화되어 있었다. 선생은 그들을 상대로는 일할 자신이 없는 듯 보였다. 선생은 자신의 한계와 사람들의 완고함을 알았다. 가버나움은 선생이 일을 시작하기에 가장 적합한 마을이었던 셈이다.

시몬과 나는 종종 선생을 식사에 초대했다. 간혹 세베대의 아들들을 함께 불렀다. 대화할 기회가 늘어날수록 우리 넷이 선생을 대하는 태도가 달라졌다. 선생은 볼수록 묘한 사람이었다. 때로 그는 흉허물이 없는 친구 같았다. 많이 먹고 마시며 유쾌하게 떠들었다. 그러나 때로는 범접하기 어려운 투사처럼 보였다. 로마 군인들과 안디바의 수하들이 갈릴리 주민에게 행하는 잔혹한 일을 거

 갈릴리

론할 때 더욱 그러했다. 눈에서 분노의 빛이 이글거렸다. 율법 규정을 내세워 동족을 괴롭히고 경멸하는 유대교 지도자들에 대해 말할 때는 얼굴에서 냉기가 느껴질 만큼 싸늘했다. 하지만 하나님에 관해 말할 때는 얼굴이 어린아이처럼 밝게 빛났다. 그는 하나님을 아버지라고 불렀는데 그럴 때면 꼭 자기 아버지를 부르듯 다정한 느낌이었다. 선생은 말이 많은 편이 아니었으나 일단 시작하면 듣는 이들을 집중시켰다. 단순히 말재주가 좋거나, 특정 주제를 많이 아는 사람이 하는 말과 달랐다. 선생의 말은 깊고 따듯했으며 풍요로웠다.

어느 닐 시몬과 나는 지녁 식사를 마친 후 선생과 힘께 달빛이 고요한 해변으로 나갔다. 우리 셋은 해변에 모닥불을 피우고 앉아 긴 이야기를 나눴다. 주로 우리 형제가 묻고 선생이 답하는 식이었다. 그날은 특히 시몬이 많이 물었다. 시몬의 질문이 많아지는 것을 보며 나는 차츰 입을 다물었다. 그가 무언가를 결심하려는 듯 보여서였다. 대화가 진행되는 동안 선생을 향한 시몬의 눈빛은 이전의 단순한 호기심에서 깊은 경외감으로 점차 바뀌어 갔다.

며칠 후 시몬과 나는 해변 가까운 곳에서 그물을 던지고 있었다. 시몬도 나도 고기잡이에는 별 관심이 없었다. 습관적으로 그물을 던졌다 올렸다 할 뿐 생각은 온통 다른 데 가 있었다.

그물을 들어 올리다가 뱃전을 스치는 갈매기 떼를 따라 해변에 눈길을 주었다. 누군가 우리에게 손짓하고 있었다. 이마에 손 그늘을 만들고 보니 선생이었다. 우리는 서둘러 배를 몰아 해변으로 갔다. 서로가 대화를 나눌 만큼 가까워졌을 때 선생이 뱃머리에 선 우리에게 앞뒤 없이 말했다.

"시몬! 안드레! 나를 따르겠소?"

시몬이 내 생각을 묻지도 않은 채 답했다.

"따르겠습니다."

나도 얼결에 답했다.

"따르겠습니다."

우리는 고기잡이 그물을 배에 놔둔 채 선생을 따라 걷기 시작했다. 해변을 따라 걷던 중 시몬이 손가락으로 앞을 가리켰다. 야고보와 요한이 아버지 세베대와 함께 해변에서 그물을 깁고 있었다. 우리가 다가가자 야고보와 요한이 선생을 향해 예를 갖췄다. 선생이 말했다.

"야고보! 요한! 나를 따르겠소?"

그들 형제가 기다렸다는 듯 답했다.

"따르겠습니다."

둘은 아버지에게 결심을 밝혔다. 세베대는 아들들이 내린 결정을 수긍하고 떠나는 길을 축복해 주었다. 예수는 세베대에게 감사를 표했다. 그리고 제자가 된 우리 네 사람과 함께 해변을 떠났다.

잔치

9

목수이자 석공이었던 선생은 거친 삶에 익숙했다. 선생의 손은 굳은살과 상처로 가득했다. 언젠가 강에서 함께 먹을 감다가 보았는데, 허리와 등에도 깊은 상처 자국이 있었다. 세포리스에서 석공으로 일할 때 지붕에서 떨어진 돌에 맞은 흔적이라고 했다. 목숨은 건졌으나 상처까지 피할 수는 없었다. 어릴 때 못 먹어서인지 키도 크지 않았다. 대신 몸매는 군살 하나 없이 다부졌다. 얼굴은 거친 노동에 익숙한 이들처럼 윤기 없는 구릿빛이었다. 겉모습만 본다면 어부인 우리와 별반 다르지 않았다.

그러나 선생의 말은 우리처럼 거칠지 않았다. 진지했으나 수다스럽지 않았으며, 우리만큼이나 배울 기회가 없었음에도 아는 게 많았다. 특히 유대인들의 성경에 대해 많이 알았다. 어릴 때 회당에서 들었던 성경 구절이 모두 머릿속에 들어 있는 듯했다. 그러면서도 선생은 회당 지도자들처럼 성경 지식을 자랑하지 않았다.

자랑은커녕 자신이 들어서 아는 성경 내용에 회의적이거나 비판적이었다. 선생은 알아듣기 쉽고 재미있게 말했다. 그럼에도 아주 강렬했다. 듣다 보면 늘 봐 왔던 현실이 새롭게 보였다. 선생이 하는 말을 듣고도 생각을 바꾸지 않기는 어려웠다. 그런 의미에서 그는 탁월한 선생이었다.

우리 넷이 선생의 제자가 된 것은 유대 젊은이들이 율법학자의 제자가 되는 길과는 양상이 달랐다. 유대에서는 주로 먹고살 만한 집안의 자제들이 율법학자를 찾아가 배움을 청했다. 그렇게 연을 맺은 선생과 제자의 목표는 오직 하나였다. 문서로 기록된 성경과 구전 자료를 연구해 율법을 해석하는 데 전문가가 되는 것이었다. 수년 동안 교육과정을 이수하고 서품을 받아 율법학자가 되었다. 학자단에 가입한 이들은 공식적으로 랍비라고 불렸다. 그들은 평소에는 백성들에게 율법을 해석해 주고 소송이 생길 때는 재판관 노릇을 했다. 탁월한 이들은 유대의 법원인 산헤드린의 구성원이 될 자격을 얻었다. 유대에서 젊은이가 율법학자의 제자가 된다는 것은 학자와 법률가로 출세하기 위해 첫발을 뗀다는 의미였다.

그러나 어부였던 우리 넷은 학자나 법률가가 되기를 꿈꾸지는 않았다. 무엇보다도 선생 자신이 공인된 학자가 아니었다. 잠깐 세례자 요한에게서 배운 것 외에는 어떤 공식적인 교육도 받은 적이 없었다. 요한 자신도 공식적인 랍비가 아니었으니 그에게 배웠다 한들 처지가 나아질 것도 없었다. 그러니 예루살렘 학자들이 우리를 보았다면, 아마도 그들은 제자인 우리는 물론이고 선생마저도 떠돌이 허풍쟁이로 여기며 비웃었을 것이다.

학문이나 출세에 뜻이 없던 우리는 어째서 선생의 제자가 되었는가. 가장 큰 이유는 그의 인간적인 매력이었다. 선생은 우리가 살면서 만났던 그럴듯한 이들, 이를테면 경험 많은 선배 어부, 마을의 장로, 매사에 율법을 지키며 사는 경건한 바리새인, 심지어 간혹 마을 회당을 찾아와 가르침을 베푸는 율법학자들보다도 훨씬 매력적이었다.

하지만 먹고사는 게 급선무였던 우리가 생업을 버리고 선생을 따라나선 것은 단순히 인간적인 매력 때문만은 아니었다. 선생에게는 인간적인 매력 이상의 무언가가 있었다. 그것은 선생이 말하는 새로운 세상을 향한 꿈이었다. 선생은 그 세상을 '하나님 나라'라고 불렀다. 우리가 알기로 이 표현을 선생보다 앞서 사용한 이는 세례자 요한이었다. 그러나 선생의 하나님 나라는 요한의 그것과는 달랐다.

솔직히 나는 선생의 제자가 되고서도 그가 말하는 하나님 나라가 무엇인지 정확하게 알지 못했다. 막연하게 어떠하겠거니 추측했을 뿐이다. 나만 그랬던 게 아니다. 우리가 제자가 되고 한 달쯤 지나서였다. 선생과 대화하던 중에 시몬이 불쑥 물었다.

"선생님이 말씀하시는 하나님 나라는 어떤 나라입니까?"

선생이 멈칫했다. 여태 그걸 모르고 있었냐는 표정이었다. 선생에게 하나님 나라는 너무도 자명한 것이어서 다른 이들에게 굳이 설명할 필요가 없었던 것 같았다.

"혹시 유대인들이 말하는 다윗의 나라 같은 건가요?"

시몬이 연이어 묻자 선생이 눈을 크게 뜨며 말했다.

"다윗의 나라? 도대체 왜 그런 생각을 하는가?"

시몬이 답했다.

"그 나라가 우리 민족이 경험한 가장 강성한 나라였다고들 하니……."

선생이 다시 물었다.

"다윗 나라의 형편이 지금 우리 상황보다 나았을 것 같은가?"

"그렇지 않았을까요? 적어도 그 시절에 로마 제국은 없었으니 말입니다."

"아닐세. 다윗의 나라는 전쟁하는 나라였네."

선생이 단호한 표정을 지었다.

"자신이 원했든 원하지 않았든 다윗은 평생 전쟁을 치르며 살았고, 덕분에 백성은 늘 전쟁에 동원되어야 했네. 물론 다윗의 백성으로 사는 것과 식민지 백성으로 사는 것 중에서 택해야 한다면, 나는 당연히 다윗의 백성 쪽을 택할 걸세. 그럼에도 내가 말하는 하나님 나라는 다윗의 나라가 아니네."

"다윗의 나라가 아니라면, 그의 아들 솔로몬의 나라는 어떻습니까?"

야고보가 물었다.

"자네는 어째서 솔로몬의 나라를 떠올렸는가?"

"회당 사람들이 그 시절을 우리 민족의 황금기라 하기에……."

선생 얼굴에 웃음이 스쳤다. 냉소였다.

"솔로몬이 죽은 직후에 다윗의 나라가 남과 북으로 갈라졌던 것을 모르는가? 그때 북쪽의 열 지파가 솔로몬의 아들 르호보암에게 반기를 든 것은 솔로몬의 통치가 너무나 고통스러웠기 때문이네. 물론 솔로몬의 나라와 지금의 식민지 중에서 택해야 한다면, 이번에도 나는 솔로몬의 나라를 택할 걸세. 그럼에도 내가 꿈꾸는 나라는 솔로몬의 나라와는 분명하게 다르네. 지금 우리 상황이 불만족스럽다고 해서 잘못된 과거를 미화해서는 안 되네."

거기까지 듣던 요한이 물었다.

"그렇다면 선생님이 말씀하시는 하나님 나라는 어떤 나라입니까?"

선생이 답했다.

"하나님의 통치가 이루어지는 나라일세."

"조금 막연하게 들리는데요."

"그런가? 쉽게 말하면, 예언자들이 꿈꿨던 나라일세."

"예언자들이요?"

"그렇다네. 이사야, 아모스, 미가, 예레미야, 에스겔 같은 이들이 꿈꿨던 나라……."

우리 넷의 눈이 동그라졌다. 우리가 어려서부터 접하고 배운 종교인 유대교는 율법의 종교였다. 오랜 세월 나라 없이 살아가는 백성에게 국법이 있을 리 없었다. 사실 나라가 있던 시절에도 우리에게는 국법이 존재하지 않았다. 예나 지금이나 우리 삶의 기준은 성경에 기록된 율법이었다. 백성 중에 성경을 읽는 이가 거의 없었기에 우리의 성경 지식은 대부분 성전과 회당에서 들은 것이었다. 회당 지도자들은 하나님이 우리를 사랑하신다고 가르쳤다. 하지만 그 사랑에는 아주 분명한 조건이 있었다. 우리가 그분의 율법을 지키는 것이었다. 하나님은 우리가 율법을 지키면 복을 내리지만 지키지 않으면 벌을 내리는 분이시다.

그동안 우리가 회당에서 들은 바에 따르면, 오래전 남왕국 유다가 바벨론에게 패망한 것도, 그리고 그보다 앞서 갈릴리가 포함된 북왕국 이스라엘이 앗수르에게 패망한 것도 모두 우리 조상들이 율법을 지키지 않아서였다! 그런데 남왕국이 패망한 후 바벨론을 무너뜨리고 세상의 새로운 주인이 된 바사 왕 고레스가 관용 정책을 편 덕분에 바벨론에 살던 유대인 일부가 예루살렘으로 돌아왔다. 그렇게 돌아온 이들은 자신들이 살길은 이제부터라도 율법을 지키는 것이라고 믿었다. 귀환 공동체 대표자였던 학사 에스라와 총독 느헤미야는 백성에게 율법 준수를 요구하고 강제했다. 그때부터 유대는 철저하게 율법의 나라가 되었다.

에스라 이후 유대인은 끊임없이 율법에 관해 듣고 배웠다. 그 과정에서 율법은 점점 더 정교해졌다. 성경에 기록된 성문법에 구전 율법들이 더해졌다. 대표적으로 안식일 규정이 있었다. 율법의 기본 중 기본인 십계명은 분명히 "안식일을 지키라"고 명령하는데, 그 안식일을 어떻게 지켜야 하는지는 분명하지 않았다. 그래서 유대인들은 오랜 숙고와 토론을 거쳐 안식일을 지키기 위한 금지 규범을 서른아홉 가지로 정했다. 이처럼 유대교에는 성경에 기록된 계명 외에도 수많은 법도와 규례가 더해졌다. 먹고살기도 힘든 사람들이 상세한 내용을 알 리 없었기에 율법을 연구하고 설명하는 일을 감당하는 율법학자라는 직업 아닌 직업이 나타났다.

물론 백성들은 성전과 회당에서 예언자들의 말도 들었다. 하지

                                         갈릴리

만 제사장과 율법학자들의 주된 관심사는 늘 제사와 정결례였다. 그들은 예언에 별로 관심을 두지 않았다. 그럴 만도 했다. 가끔 회당에서 낭독되는 예언자들의 말을 들어 보면 대체로 제사에 비판적이었으니 말이다.

모세가 제사를 더없이 절대적인 위치에 올려놓았다면, 예언자들은 제사를 상대화하거나 불필요하다고 여겼다. 예언자들은 율법이 규정한 제사보다 공평, 정의, 인애 같은 가치를 강조했다. 세상에 나오면서부터 불의와 압박에 시달려 왔던 우리 같은 식민지 백성들로서는 모세의 율법보다 예언자들의 말이 좋아 보일 수밖에 없었다. 언젠가 요한과 내가 안식일 예배에 함께 참석한 적이 있는데, 그날 우리는 회당을 나오면서 이렇게 불퉁거렸다. "도대체 왜 회당에서는 예언자들이 아닌 모세 이야기만 늘어놓는 거지?" 그런데 선생이 자신이 꿈꾸는 하나님 나라가 예언자들이 꿈꿨던 나라와 비슷하다고 했다! 우리로서는 눈이 동그라질 수밖에 없었다. 나는 선생이 좀 더 구체적으로 말해 주기를 바랐다. 그런데 유감스럽게도 요한이 먼저 물었다. 그는 늘 나보다 한발 빨랐다.

"예언은 듣기에는 좋으나 우리 민족의 역사에서 한 번도 성취된 적이 없지 않습니까? 지금 우리 상황은 예언자들이 활동했던 때보다 훨씬 더 나쁜데, 그런 꿈을 이루려면 다윗은 물론이고 모세보다도 강력한 지도자가 나와야 하지 않겠습니까?"

선생이 답했다.

"옳으이. 그런 꿈을 이루기 위해서는 사람들이 필요하네."

그러자 요한이 앞뒤 없이 물었다.

“혹시 선생님이 메시아이십니까?”

“내가?”

선생이 재미있다는 듯 눈을 동그랗게 뜨며 웃었다.

“어째서 그런 생각을 하는가?”

“전에 광야에서 요한 선생이 그러셨습니다. 선생님이 그분이시라고……”

“아! 그분이 그렇게 말씀하셨던가?”

“네.”

“글쎄…… 내가 그인지는 모르겠네. 분명한 것은 내가 모세나 다윗 같은 사람은 아니라는 걸세.”

“선생님이 메시아가 아니라면, 도대체 선생님이 말씀하시는 그 나라는 누구를 통해서 어떻게 오는 겁니까?”

선생은 미소를 지으며 우리 넷을 둘러보았다.

“그 나라는 자네들을 통해서 자라나게 될 걸세.”

“……”

그때 우리는 선생의 말에 어떻게 대응해야 할지 몰랐다. 선생 자신이라면 모르겠으나 우리는 정말 아니었다. 갈릴리 바다에서 고기나 잡는 우리가 뭐라고 그 대단한 나라가 우리를 통해서 온단 말인가. 얼떨떨해하는 우리의 표정을 살피던 선생이 다시 빙긋이 웃었다. 지금은 설명해도 알아듣기 어려울 거라고 여기는 듯했다. 실제로 우리가 선생의 말을 이해한 것은 꽤 오랜 시간이 흐른 후였다.

유대인들은 다윗과 솔로몬 시절을 민족의 황금기로 이상화하고, 자신들의 왕족과 종교 지도자들이 바벨론으로 끌려갔던 포로기를 암흑기로 여긴다. 사고의 중심에 왕실과 성전이 있는 이들로서는 그럴 수밖에 없을 것이다.

하지만 성경에 기록된 유대인들의 역사가 입증하듯이, 다윗 시절에 그의 백성은 늘 전쟁과 노역에 동원되어야 했다. 척박한 땅 유대에서 왕국이 존립하기 위해서는 다른 나라와 전쟁을 하거나 백성을 쥐어짤 수밖에 없었다. 솔로몬 이후 북쪽의 열 지파가 한꺼번에 떨어져 나간 후 유대 상황은 전보다 훨씬 나빠졌다.

유대를 멸망시킨 바벨론은 풍요롭고 개방적이며 문명화된 나라였다. 바벨론으로 끌려간 이들은 유대에서 누리던 지위는 잃었으나 노예처럼 생활하지 않았다. 그들은 정착할 토지와 재산을 얻었다. 제약이 많기는 했으나 자치와 자율도 어느 정도 허용되었다. 나라를 잃었다는 사실에만 눈을 감는다면 왕국 시절보다 나은 삶이었다. 고레스가 유대인 포로들의 예루살렘 귀환을 허용했을 때 많은 이가 살던 곳에 그대로 머물렀던 것은 그런 이유 때문이었다.

유대인들이 바벨론 자치구에서 형성한 제도 중 가장 두드러진 것은 회당이었다. 성전을 잃어버린 유대인들은 회당에 모여서 제사가 아닌 예배를 드렸다. 예배 모임을 통해 공동체를 운영하고 자식들을 가르쳤다. 포로 중 일부가 예루살렘으로 돌아왔을 때, 그들은 바벨론에서 형성한 회당 제도를 여전히 유지했다. 귀환한 자들이 무너진 성전을 재건한 후에도 회당 제도는 여전히 유용했다.

성전 제사를 위해서 제물과 제사장이 필요했다면, 회당 예배를 위해서는 성경과 찬송, 예배 인도자가 필요했다. 유대인의 성경과 찬송은 대부분 포로기에 쓰였다. 백성 중에 글을 아는 이가 거의 없었기에 성경과 찬송을 필사하고 해석하고 가르치는 이들이 나타났다. 대개 왕국 시절에 왕실이나 성전에 소속되어 일하던 서기관의 후손들이었다.

유대인들의 회당이 갈릴리에 뿌리를 내린 과정을 설명하려면 간략하게라도 이스라엘 역사를 되짚어 볼 필요가 있다.

갈릴리는 출애굽한 이스라엘이 가나안에 들어왔을 때 아셀, 스불론, 잇사갈, 납달리, 단 등 북쪽 지파들 일부가 정착한 곳이다. 오래전 유다 지파 다윗이 강력한 정치력을 발휘해 통일 왕국을 세웠을 때, 갈릴리는 그의 왕국의 영향 아래 들어갔다. 하지만 통일 왕국에서 갈릴리는 혜택을 받기는커녕 늘 무언가를 빼앗겼다. 다윗이 수도로 삼은 유대 예루살렘은 메마른 산간이어서 거의 모든 물자를 외부로부터 가져와야 했다. 갈릴리는 다윗의 나라에서 가장 풍요로운 곳 중 하나였다. 그로 인해 다윗 시절에 갈릴리는 자연스럽게 수탈의 대상이 되었다.

다윗의 아들 솔로몬은 더했다. 솔로몬은 장장 스무 해에 걸쳐 예루살렘에 성전과 왕궁을 건축했다. 모든 공사를 마친 후 그는 그동안 자신에게 건축용 물자를 제공해 온 두로 왕 히람에게 갈릴리 성읍 스무 곳을 선물로 제공했다. 덕분에 갈릴리 사람 중 일부는 어느 날 영문도 모른 채 두로의 백성이 되고 말았다. 자신이 지키고 보호해야 할 영토와 백성을 자발적으로 다른 나라에 넘기는 사악한 왕! 유대인들이 입이 마르고 닳도록 칭송하는 솔로몬은 갈릴리 사람들에게 그렇게 기억되었다. 솔로몬의 아들 르호보암 때 북쪽 지파가 일제히 들고 일어나 북왕국 이스라엘과 남왕국 유다로 분열된 것은 다윗 왕가에 대한 그런 불신 때문이었다.

북왕국 사람들은 그들의 수도 사마리아에 왕궁과 성소를 세웠다. 그들은 다윗 왕가도 예루살렘 성전도 인정하지 않았다. 그로 인해 북왕국과 남왕국은 줄기차게 싸웠다. 말이 같은 민족이지 실제로는 이방인들보다도 사이가 안 좋았다. 두 왕국은 지리적 거리보다 심리적 거리가 훨씬 컸다. 갈릴리는 북왕국 안에서도 위쪽에 있었다. 사마리아를 사이에 둔 갈릴리와 유대는 이미 서로 상관하지 않는 사이였다. 두 지역은 각자 살다가 각자 망했고, 각자 역사 속으로 사라졌다.

그렇게 사라졌던 갈릴리와 유대가 재결합한 것은 수리아 제국 말기에 유대의 마카베오 가문이 궐기해 독립을 쟁취하고 왕조를 세운 후였다. 마카베오 가문의 아리스도불로가 이스라엘 옛 영토를 회복한 것은 전적으로 수리아가 쇠약해진 덕분이었다. 아리스도불로는 영토 회복 과정에서 갈릴리를 정복했다. 그리고 다윗과 솔로몬 시절처럼 다시 갈릴리에서 무언가를 가져가기 시작했다. 왕실은 세금과 공물을 가져갔고, 성전은 성전세와 십일조와 각종 절기 예물을 거두었다. 오랜 세월 왕궁이나 성전과 무관하게 살아온 갈릴리 사람들로서는 터무니없는 요구였다. 하지만 왕궁이나 성전은 권력이었고, 우리는 굴복할 수밖에 없었다.

　왕궁과 성전의 요구는 칠십 년 전 마카베오 가문이 지리멸렬해지고 헤롯이 로마 원로원에서 유대의 왕 칭호를 얻은 때부터 더 강화되었다. 당시 이 땅의 주인은 수리아에 이어 세상의 지배자가 된 로마였고 헤롯은 로마를 등에 업고 있었다. 헤롯은 이두매 출신이었으나 유대 역사를 속속들이 꿰뚫고 있었다. 그는 유대에서 예루살렘 성전이 갖는 의미를 알았기에 통치 기간 내내 성전을 자신의 목적에 맞게 활용했다. 덕분에 성전은 왕가가 바뀌었음에도 같은 지위를 유지했다. 갈릴리를 향한 성전의 요구 역시 계속되었다.

　모든 권력은 늘 자신의 선의와 이로움을 선전한다. 성전도 성전세와 십일조와 제물을 바쳐야 하는 이유를 제시하며 선전했다. 그 이유란, 성전이 사람들에게 배타적으로 하늘의 복을 매개한다는 것이었다. 반복되는 선전의 힘은 놀랍다. 아무리 터무니없는 주장도 계속 듣다 보면 결국 믿는 이들이 나타나기 마련이다. 갈릴리 사람 중에서도 그런 이들이 나타났다. 그들은 유대의 예루살렘 성전에서 드리는 제사가 갈릴리 사람들에게도 하나님의 복을 매개한다고 믿었다. 그런 믿음 때문에 예루살렘까지 내려가서 제사를 지내고 오는 이들이 생겼다. 그러나 그런 이들은 소수였다. 식민지에서 하루 벌어 하루 먹기도 힘든 백성들에게 최소 이레, 보통 열흘이 걸리는 예루살렘 성전 순례는 꿈같은 일이었다.

　그런 점에서 갈릴리에서는 예루살렘 성전보다 회당의 영향력이 컸다. 갈릴리 사람 중 마카베오 시대부터 유대를 들락거린 이들이

　　　　　　　　　　　　　　　　　　　　　　　　　　　　갈릴리

언제부턴가 회당에 대해 말하기 시작했다. 유대의 것이라면 무엇이든 고개를 가로젓는 이들에게도 회당은 유익해 보였다. 무엇보다도 그들은 회당이 마을 주민의 구심점 역할을 하고 아이들에게 교육받을 기회를 제공하는 점에 주목했다. 예루살렘 성전에 비판적이었던 이들도 회당에 대해서는 고개를 끄덕였다. 성전 측도 회당의 존재를 환영했다. 좋든 싫든 율법을 매개로 자신들과 연결된 회당 지도자들을 통해 갈릴리에 영향을 줄 수 있었기 때문이다.

유대와의 교류가 재개되고 얼마 지나지 않아 갈릴리 곳곳에 회당이 설립되기 시작했다. 처음부터 회당 건물이 따로 있지는 않았다. 처음에 사람들은 마을 창고나 자연 동굴, 조금 넓은 주택 등을 회당으로 사용했다. 그러나 회당에 참여하는 이들과 헌금이 늘어나면서 회당은 점차 독립된 공간을 갖추었다. 그럴듯한 공간의 힘은 놀라웠다. 가난한 이들과 어울리기를 꺼리던 부유한 이들이 하나둘씩 회당 예배에 참여하기 시작했다. 회당은 결국 갈릴리 지역 공동체의 중심이 되었다.

도시나 큰 마을에서 회당의 중심에 있는 존재는 율법학자들이다. 그들은 예루살렘에서 공부하고 온 공인된 랍비들이다. 하지만 가버나움 같은 어촌에서 율법학자를 만나는 일은 드물었다. 마을 회당의 실제적 중심은 율법학자가 아니라 바리새인들이었다. 그들은 바리새파 율법학자들의 가르침을 철저하게 따랐다. 그 가르침은 주로 안식일과 각종 정결례 그리고 절기를 지키는 일과 연관되어 있었다.

II

사십 대 후반인 염장업자 요세는 마을 어부들이 잡아 오는 물고기를 소금에 절여 도시에 내다 팔았다. 마을 어부 중 상당수가 그와 거래하고 있었다. 그를 통하지 않고는 잡아 온 물고기를 처리하기 어려웠다. 염장에는 품이 많이 들었다. 물고기에 골고루 소금을 쳐야 했고, 건조할 것들은 한 번씩 뒤집어 주고, 저장할 것들은 그늘지고 시원한 창고로 옮겨야 했다. 사람들이 보통 갈릴리 바다라고 부르나 그것은 실제로는 아주 큰 민물호수다. 그런 까닭에 염장을 위한 소금은 유대에 있는 사해까지 가서 가져와야 했다. 가버나움에서 소금 운반을 업으로 하는 이들도 대부분 요세와 거래했다. 염장을 마친 물고기를 다른 지역으로 운반하는 일에도 사람이 필요했다. 주로 봇짐장수들이기는 하나 개중에는 마차를 이용해 제법 큰 규모로 장사하는 이들도 있었다. 그들도 규모를 유지하려면 요세와 거래해야 했다. 이래저래 가버나움에는 요세 덕분에 먹고사는 이들이 꽤 많았다.

요세는 염장업을 아버지인 느다넬에게서 물려받았다. 느다넬 때에 그 일은 가족이 겨우 먹고살 만한 정도였다. 한데 요세가 일을 물려받으면서부터 번성하기 시작했다. 느다넬이 바닷가와 창고 곁을 떠나지 않는 염장 전문가였다면, 요세는 사업가였다. 외모부터가 그랬다. 훤칠한 키에 단정한 몸가짐, 화려하지는 않으나 값비싼 옷과 장신구들. 무엇보다도 그는 계산이 빨랐고 말에 빈틈이 없었다. 무슨 말을 하든 다른 이들보다 한두 수를 미리 내다보았다. 염장 실무는 일꾼들에게 맡기고 자기는 외지로 나가 판로를 열었다. 염장업자였으나 그에게서는 생선 비린내가 아닌 값비싼 향유 냄새가 풍겼다. 그는 틈만 나면 세포리스, 디베랴, 예루살렘을 오가며 사람들을 만났다. 그가 사람들을 만나고 오면 굵직한 거래처가 하나씩 생겼다.

요세가 출장을 가서 만나는 이들 대부분은 큰 마을이나 도시의 유지들이었다. 특히 예루살렘에서는 일반 백성이 좀처럼 대면하기 어려운 성전의 고위급 제사장들을 만났다. 유대의 경제생활 중심지가 성전이었기에 고위급 제사장들을 만나는 것은 굉장한 기회였다. 원래 바리새인은 제사장들과 가깝지 않았으나 요세는 바리새인이면서 사업가였다. 요세가 성전 고위층과 연을 맺을 수 있었던 것은 예루살렘의 동료 바리새인들 덕분이었다. 바리새인들은 모세의 율법과 후대에 만들어진 여러 규례를 해석하고 준수하는 데 엄격한 기준을 적용했다. 마카베오 시절에 요나단이 오랜 전통을 어기고 왕과 대제사장직을 겸직하자 일부 엄격한 율법주의자들은 왕가에 등을 돌렸다. 그들은 경건한 사람들을 뜻하는 '하시딤'이라고 불렸는데, 그중 일부가 훗날 바리새파가 되었다. 애초에 바리새파는 왕가뿐 아니라 사두개파 제사장들에게도 비판적이었으나, 헤롯 왕조가 출신 가문에 상관없이 바리새파 사람들도 제사장직에 임명하면서부터는 제사장 세력과도 슬금슬금 연대하기 시작했다.

바리새파는 율법 특히 그중에서도 안식일과 정결례, 십일조 생활에 철저했다. 그들은 경건한 삶을 추구했다. 그들은 이스라엘이 이방인들에게 패망한 것은 그 백성이 경건하지 않아서였다고 여겼다. 거룩하신 하나님이 이스라엘에도 거룩한 행실을 요구하셨는데 백성이 부응하지 않아 벌을 받았다는 것이었다. 그들은 모든 면에서 거룩한 삶을 추구하는 자신들이야말로 이스라엘이 생존하고 번영하는 데 핵심적인 존재들이라고 여겼다.

바리새파는 견고한 공동체였다. 바리새파에 가입하고자 하는 이들은 일정 기간 검증을 거쳐야 했다. 자신들이 율법의 여러 규정을 철저하게 지키고 있음을 입증해야 했다. 검증 기간이 끝나면 기존 회원들 앞에서 공동체 의무를 철저히 이행하겠다고 맹세했다. 맹세는 주로 공동체에 속한 율법학자들 앞에서 이루어졌다. 유대와 갈릴리에는 6천여 명에 이르는 바리새인들이 있었다. 그들은 서로 밀어주고 당겨 주며 살았다. 성전에 영향력을 가진 예루살렘의 바리새인들이 가버나움의 바리새인 요세를 고위 제사장들에게 소개한 이유도 그런 맥락에서였다. 주민 대부분이 겨우겨우 살아가는 농부와 어부였던 가버나움에서 성전에 연줄을 대고 있는 요세는 막강한 지역 유지였다.

가버나움에는 요세 외에도 장로 몇 사람이 있었다. 농사꾼 엘리압은 갈릴리에서 보기 드문 지주였다. 그는 마을 북쪽 구릉지 아래에 기름진 포도원을 갖고 있었다. 농사꾼 중 대부분이 세금 압박을 이기지 못해 땅을 빼앗겼음에도 그는 자기 땅을 유지하고 있었다. 소문에 의하면 헤롯 왕가와 긴밀한 관계라고 했다. 그의 아버지가 헤롯 대왕 측근으로, 지금 분봉왕 노릇을 하는 헤롯 아들 안디바와 안면이 있다고 했다. 회당장 사밧 역시 마을 장로였다.

요세처럼 바리새인이었던 사밧은 가버나움 출신이 아니었다. 예전에는 막달라에서 회당 관리인 노릇을 했다. 십여 년 전 가버나움에 제법 큰 규모로 회당이 건축되었을 때 자리를 옮기면서 회당장이 되었다. 사밧은 회당을 잘 운영했기에 외지인임에도 마을 사람들에게서 신임을 얻고 있었다.

장차 장로가 될 이들도 몇 있었다. 하녹은 고깃배 다섯 척을 소유한 수산업자였다. 그는 배 한 척마다 어부 세 명을 고용하고 있었다. 엘리사반은 지주는 아니었으나 많은 일꾼을 고용한 청지기였다. 그는 디베랴에 있는 안디비 측근에게서 절대적인 신임을 받았다. 마지막으로 곡물상인 아비람이 있었다. 그는 가버나움 인근에서 재배되는 올리브와 무화과를 도시에 내다 파는 일을 했다. 그 무렵에 그는 요세에게 가르침을 받으며 바리새인이 되기 위한 절차를 밟고 있었다. 가버나움 사람들은 그를 요세의 심복으로 여겼다.

가버나움에서 이름깨나 알려진 유지들은 이 정도였다. 공인된 바리새인은 염장업자 요세와 회당장 사밧뿐이었으나 다른 이들에게도 한결같이 바리새파적 성향이 있었다. 이것은 가버나움만의 상황이 아니었다. 성전이 있는 예루살렘에서는 제사장과 귀족이 속한 사두개파의 영향력이 컸던 반면, 갈릴리 전역에서는 지역 유지 역할을 하는 바리새파의 영향력이 절대적이었다.

12

선생이 회당 예배에서 이사야서를 강독하고 귀신 들린 사람을 고친 안식일 다음 날, 요세가 아비람을 집으로 불러 저녁 식사를 함께했다. 마침 시몬의 처사촌이 식탁 시중을 들기 위해 그 자리에 있었던 덕분에 그날의 대화를 속속들이 전해 들을 수 있었다. 열네 살 먹은 여자아이인 시몬의 처사촌은 벌써 두 해나 요세의 집에서 부엌일과 잔심부름을 하고 있었다. 머리가 좋고 명랑해서, 병약한 요세의 아내가 곁에 두고 부렸다. 요세가 손님을 초대하는 날이면 아이가 식탁에서 시중들었다. 그 아이는 내가 유대 광야에 있을 때 고아가 되었고 거처를 시몬의 집으로 옮겼다. 아이는 사촌 언니 집에서 요세의 집으로 왕래하며 일하고 있었다.

그날 모임은 요세가 바리새파 가입을 준비하는 아비람을 개인적으로 지도하는 자리였던 모양이다. 바리새인들은 새로 바리새인이 되고자 하는 이를 일정 기간 이런 방식으로 가르쳤다.

식사를 마친 후 요세가 아비람에게 바리새파가 지키는 안식일 금지 규범 서른아홉 가지에 관해 설명했다. 내용이 복잡하고 장황해서 아이는 곁에서 듣다가 하품까지 했다. 설명을 마친 요세가 아비람에게 물었다.

"그런데 자네, 어제 회당에서 있었던 일에 대해 어떻게 생각하는가?"

아비람이 조심스럽게 되물었다.

"예수라는 자가 귀신 들린 사람을 고친 일을 말씀하시는 건가요?”

“그렇네.”

“굉장한 일이었습니다. 그런 일을 하는 사람들이 있다는 말은 들었지만 직접 목격하니 놀랍더군요.”

아비람의 답에 요세가 혀를 찼다.

“어허, 자네는 바리새인이 되겠다면서 그 정도 생각밖에 못 하는가?”

“네? 제가 뭘 잘못 생각했나요?”

“어제가 안식일이었지 않은가?”

“그랬습죠.”

“그런데 그 예수라는 자가 회당에서 귀신 들린 사람을 고쳤네.”

“그랬지요.”

“안식일에 말일세.”

“……”

“자네는 안식일에 사람의 병을 고치는 것에 대해 어찌 생각하는가?”

“장로님이 언급하신 안식일 규정에는 안식일에 병을 고쳐서는 안 된다는 조항은 없었던 것 같은데요?”

“어허, 이 사람, 내 말을 이해하지 못했구먼. 고명하신 율법학자들이 마련한 안식일에 하지 말아야 할 일 서른아홉 가지는 조항이 아니라 범주일세. 이러저러한 일을 하지 말라는 게 아니라, 그런 범주에 속한 일을 하지 말라는 걸세. 그러니 서른아홉 가지에 들어 있지 않더라도 그것과 유사한 일은 해서는 안 되는 거네.”

"아! 그렇다면 그자가 안식일 규정을 어긴 셈이네요?"

"그렇게 볼 수 있지. 다른 이들은 몰라도 바리새인이라면 그런 일에 문제의식을 느껴야 하네."

그 말을 들은 아비람이 되치기하듯 물었다.

"명심합지요! 그런데 그게 문제라면, 왜 장로님께서는 어제 그 문제를 지적하지 않으셨습니까?"

요세가 '요놈 봐라' 하는 표정을 지으며 답했다.

"나설까 하다가 관뒀네. 어쨌거나 우리 마을 사람에게 좋은 일이 일어난 건데, 마을의 장로가 너무 까탈스럽게 구는 게 적절치 않아 보여서……."

"그러셨군요."

"그러나 어제 일은 분명히 바람직하지 않았어. 큰 혼란은 항상 아주 사소한 것에서 시작되거든."

눈치 빠른 아비람이 무슨 뜻인지 알겠다는 표정으로 말했다.

"장로님의 역할이 참 어렵습니다. 마을의 혼란도 막아야 하고, 까탈스럽지도 않아야 하고……."

요세가 포도주 잔을 입으로 가져가며 은근한 눈빛으로 말했다.

"장로들 곁에 자네들 같은 이들이 필요한 이유이기도 하지."

아비람이 흐트러졌던 자세를 바로 하며 답했다.

"네, 알겠습니다. 열심히 보필하겠습니다. 장로님!"

13

그다음 안식일에도 우리는 회당 예배에 참석했다. 평소보다 사람이 많았다. 예배는 전과 다름없이 진행되었으나 사람들의 눈은 온통 선생에게 쏠렸다. 상석에 앉은 장로들은 회중의 관심이 선생에게 집중되는 것이 못마땅한 표정이었다.

예배가 끝나자 사람들이 선생 주위로 몰려들었다. 그때 열서너 살쯤 되어 보이는 아이 하나가 부모에게 부축받으며 선생 앞으로 나왔다. 팔과 다리가 모두 뒤틀려 있었다. 언어 능력도 없어 보였다. 계속 뭐라고 중얼거리기는 하는데 알아들을 수가 없었다. 부축받아 겨우 걷기는 했으나 그 몸으로는 어떤 일도 할 수 없을 듯했다. 아이를 부축하던 부모가 연신 선생에게 머리를 조아렸다. 고쳐 달라는 뜻이었다.

회당에 모인 이들 모두가 선생의 반응을 살폈다. 예배 시간 내내 상석에 앉아 있던 장로들도 멀찍이서 서로 귓속말을 하며 선생을 바라보았다.

"아이가 언제부터 이렇게 되었습니까?"

선생이 아이의 부모를 향해 말했다.

"날 때부터 이랬어요. 제발 좀 고쳐 주세요."

아이의 어미가 답했다. 아이만큼이나 지쳐 있는 기색이 역력했다.

아이 아버지가 말을 이었다.

"아이가 태어난 때부터 지금까지 우리 부부는 아이를 돌봐야 했어요. 다른 집 아이들이 일어나 걷고, 뛰고, 말을 배우고, 제 밥벌이를 시작할 정도로 크는 동안, 우리 아이는 늘 이 모양이었지요. 그동안 온갖 약을 써 봤지만 아무 소용이 없었어요. 게다가 집사람은 아이를 낳은 때부터 한시도 아이 곁을 떠나지 못했고요. 다행히 물려받은 포도원을 처분하고 친척들에게 도움을 받아 여기까지 오기는 했으나, 이제 거의 끝자락에 선 느낌입니다.”

그런 상황에서 그들이 아직도 가정을 유지하고 있는 건 기적이었다. 하지만 그 기적은 찬란하지도 아름답지도 않았다. 아이를 돌보면서 가정을 유지하기 위해 아마도 그들은 자기들의 영혼을 팔아야 했을 것이다. 삶에 지친 그들 부부의 눈은 텅 비어 있었다.

아이의 아버지가 말을 끝내자, 선생이 그 가족 앞으로 한 발짝 다가서더니 아이 머리에 손을 얹었다. 아이를 고치려는 것이었다.

그때였다. 선생을 둘러싼 무리 뒤편에서 누군가 소리쳤다.

“안 되오. 오늘은 안식일이오. 안식일에 병자를 고쳐서는 안 되오.”

아비람이었다.

회당 사람들이 안식일을 지키는 것은 신앙보다는 교육 효과 때문이었다. 어쨌거나 그들은 안식일을 지키지 못하는 이들보다는 형편이 나았다. 그들은 안식일 예배에 참석해 안식일의 소중함에 대한 이야기를 거듭 들었다. 게다가 그들 곁에는 요세 같은 바리새인들과 그들을 따르는 이들이 있었다. 그들은 엄격하게 안식일 계명을 지켰음에도 남들보다 많이 잘살았다. 그들을 지켜보면 안식일 계명의 소중함과 엄중함을 절로 깨닫게 된다. ‘안식일을 지켜

                                                          갈릴리

야 잘살 수 있어!' 회당 사람들이 지키는 온갖 계명 중에서도 안식일 계명은 가장 기본적이고 중요했다. 한데 아비람이 바로 그 안식일 계명을 거론했다. 회당 안에 긴장된 침묵이 흘렀다.

회중의 침묵을 의식하며 아비람이 말을 이었다.

"그것은 안식일 규정에 어긋나오."

선생이 아비람을 쏘아보며 냉랭하게 물었다.

"그렇소? 만약 안식일에 당신의 양 한 마리가 구덩이에 빠진다면, 당신은 그 양을 끌어내지 않고 죽게 내버려두겠소?"

아비람이 답했다.

"나라면 양을 포기할 것이오. 양 한 마리를 지키는 것보다는 안식일 계명을 지키는 것이 낫소. 하나님은 우리가 계명을 지키느라 양을 잃어버리는 것을 좋게 여기실 것이오."

선생의 표정이 싸늘해졌다.

"말귀를 못 알아듣는 거요, 아니면 못 알아듣는 척하는 거요? 지금 우리가 양에 대해 말하고 있는 것이오? 안식일을 지키기 위해서 사람 구하는 일을 하지 말아야 한다는 것은 도대체 누가 만든 법이오?"

선생의 말에는 강한 분노가 섞여 있었다.

"애초에 안식일 계명이 사람들을 끝없이 반복되는 노역에서 구하기 위해 만들어진 것인데, 어째서 그 계명이 사람들을 병에서 구하는 데는 적용되지 말아야 한다는 것이오?"

선생이 반박하자 아비람이 멈칫했다. 바리새파 지망생으로서 요세 앞에서 그럴듯한 역할을 하고 싶었으나 아직 그는 실력이 부족했다.

아비람이 답할 말을 찾지 못하고 우물쭈물하고 있을 때 다른 목소리가 들렸다.

"젊은 선생의 말이 옳소이다. 우리 바리새파의 고매한 율법학자들도 안식일 규정을 그렇게까지 융통성 없게 지키라고 하지는 않소."

요세였다. 아비람으로는 이 상황에 대응하기 어렵다고 여긴 그가 직접 나선 것이었다.

"실제로 우리의 고매한 학자들은 사람이 생명을 위협당하는 상황에서는 안식일과 관련된 규정 전체가 정지된다고 가르치오. 위급한 병에 걸린 이를 돕기 위해서라면 안식일을 어길 수 있을 뿐 아니라 심지어 어겨야 한다고까지 가르치오. 우리는 과도하게 경건해져서 사람을 잃어서는 안 되오."

안식일을 생명처럼 지키는 바리새인 장로가 그런 말을 하자 모두가 깜짝 놀랐다. 하지만 요세는 이내 바리새파의 입장으로 돌아갔다.

"그러나 지금의 상황은 그런 경우와 다르오. 우리가 보듯이 저 아이는 큰 병에 걸려 있고 아이의 부모들 역시 큰 고통 가운데 있소. 하지만 저들의 병과 고통은 어제오늘의 일이 아니오. 무엇보다도 지금 당장 무언가를 하지 않는다고 저들의 삶이 끝나지도 않소. 그러니 오늘은 안식일 규정을 지키고 내일 저들을 돕는 게 옳소. 우리 바리새파도 어려운 이웃을 돕는 일에 깊은 관심을 두고 있으니 나도 저들을 도울 방법을 모색해 보겠소."

요세의 말에는 빈틈이 없었다. 그가 도시의 유력한 자들과 능수 능란하게 거래하는 데는 나름의 이유가 있었던 셈이다. 회당에 있던 이들 대부분이 그의 말에 고개를 끄덕였다. 아무도 패했다고 느끼지 않게 하면서 결국 자기 뜻을 관철하는 것. 바로 그것이 요세가 사업에서 성공한 비결이었다.

회당 사람들이 요세의 말을 타당하게 여겨 고개를 끄덕일 때, 선생이 그의 말을 받아쳤다.

"나는 율법학자들 말에는 관심이 없습니다."

회당 안이 술렁거렸다. 어디선가 "아!" 하는 탄식이 늘렸다. 가버나움 회당에서 요세는 가장 중요한 인물이었다. 회당장 사밧이 있었으나 사람들은 사밧보다도 요세를 더 높이 여겼다. 이따금 도시에서 율법학자가 찾아올 때도 회당을 대표해 그를 맞이하는 일은 늘 요세의 몫이었다. 요세는 사업차 큰 도시를 방문할 때마다 그곳의 율법학자들과 교제했다. 덕분에 그는 회당에서 중요한 무언가를 주장할 때마다 자기가 만났던 고명한 율법학자들의 의견을 거론할 수 있었다. 가버나움에서 요세는 행실과 경제력에서뿐 아니라 율법 지식에서도 다른 모두를 앞서는 이였다.

그런데 선생이 그런 요세의 말을 정면으로 받아친 것이었다. 사람들이 술렁거리며 탄식하는 동안 요세의 얼굴이 일그러졌다. 놀람과 수치와 분노가 복잡하게 뒤섞인 얼굴이었다.

요세를 노려보던 선생이 회중을 향해 말했다.

"지금 우리 앞에 오랫동안 고통을 당해 온 가족이 있습니다. 그들에게는 지난 세월 하루하루가 지옥 같았습니다. 그랬던 이들이 오랜 고통에서 풀려날 날이 왔습니다. 그런데 그날이 안식일이라는 이유로 우리가 그들의 고통을 하루 더 연장해야 합니까? 정녕 여러분은 하늘에 계신 아버지께서 그것을 원하신다고 여깁니까?"

아무도 답하지 못했다. 술렁거림이 잦아들고 다시 침묵이 이어졌다.

침묵을 깬 사람은 아이의 어머니였다.

"선생님, 제발, 제발 도와주세요."

그녀의 목소리는 간절했다.

선생이 단호한 표정을 지으며 아이를 향해 돌아섰다.

"아이야! 네 손을 내밀라!"

고통스러워하며 손을 내미는 아이의 팔꿈치에서 우두둑 소리가 났다.

"아이야! 다리에 힘을 주고, 허리를 곧게 펴고, 앞을 보고 걸어라!"

아이가 그대로 따라 했다. 조금 비틀거리기는 했으나 부축받지 않고 혼자 걷기 시작했다. 서너 걸음을 옮겼을 때 게슴츠레하던 눈이 동그랗게 떠지더니 눈동자가 밝아졌다. 일그러져 있던 얼굴 근육도 펴지기 시작했다. 아이는 자기 몸에서 일어나는 변화를 어떻게 받아들여야 할지 모르는 표정이었다.

넋이 빠지기는 회중도 마찬가지였다. 회당 안 곳곳에서 탄성이 터져 나왔다.

"오, 하나님!"

눈앞에서 벌어진 일에 요세와 아비람마저 입을 다물지 못했다.

갈릴리

회당 안의 그 누구도 이 상황을 어떻게 해석하고 받아들여야 할지 알지 못했다. 허구한 날 율법 조문을 두고 갑론을박하던 회당에서 아무도 예상하지 못한 일이 벌어졌다. 그동안 재론할 여지가 없을 만큼 견고했던 질서와 권위가 순식간에 무의미한 것이 되고 말았다. 아주 낯선 무언가의 틈입이었다. 그곳에 모인 이들 중 누구도 그것이 무엇인지 알지 못했다.

소란이 잦아들었을 때 부모가 아이와 함께 선생 앞에 무릎을 꿇었다. 아이의 아버지는 선생을 바라보며 "오, 하나님!"을 연발했고, 어머니는 아이를 끌어안고 쓰다듬으며 울었다. 선생이 가속들의 어깨와 등에 손을 얹으며 말했다.

"평안히 돌아가 하나님의 은혜를 누리며 살아가시오."

몇 차례 권면을 받은 그 가족은 선생에게 연신 절을 하며 회당을 떠났다.

그들이 떠난 후 선생이 그곳에 있던 이들을 둘러보며 말했다.

"형제들이여! 사람이 안식일을 위해 있는 게 아닙니다. 오히려 안식일이 사람을 위해 있는 것입니다. 안식일을 사람보다 귀하게 여기는 것은 하나님의 뜻을 거부하는 겁니다."

여기저기에서 나직이 "아멘!" 소리가 나왔다.

그 소리에 요세의 얼굴이 흙빛으로 변했다. 선생은 잠시 요세를 노려보더니 몸을 돌려 회당 밖으로 걸어 나갔다.

14

선생은 병 고침을 받기 위해 찾아오는 모든 병자를 만나고, 그들의 이야기를 듣고, 병을 고쳐 주었다. 선생이 병 고치는 일에 시간을 많이 쓰다 보니 곁에서 시중드는 우리는 혹시 선생의 목적이 병 고침 자체가 아닐까 의심하기도 했다. 시몬의 집 마당은 늘 병자와 그들의 보호자들로 가득 찼다.

하지만 병자들만이 선생을 찾아오는 것은 아니었다. 당시 가버나움에는 거지가 많았다. 한때 자기 땅에서 농사를 짓던 이들은 늘어나는 세금과 빚을 감당하지 못해 농토를 외지인들에게 넘겨야 했다. 결국 그들은 소작농 시기를 거쳐 날품팔이가 되었는데, 일꾼이 넘치다 보니 일을 얻기가 쉽지 않았다. 끝내 일을 못 찾은 이들이 취할 수 있는 길은 둘 중 하나였다. 강도가 되거나 거지가 되거나.

발디엘의 두 아들이 각각 그 길을 갔다. 발디엘 가문은 구릉지 사면에 볕이 잘 드는 기름진 밀밭을 갖고 있었다. 발디엘의 아버지는 마카베오 시대부터 가문이 소유해 왔던 밭의 절반을 헤롯 왕 때 잃었다. 헤롯은 유능하지만 광포했다. 자기 지위를 유지하기 위해 아내와 자식들까지 죽였던 헤롯에게 백성을 수탈하는 것은 일도 아니었다. 헤롯이 갑자기 토지세를 곱절로 올렸던 해에 발디엘의 아버지는 세금을 내기 위해 밭의 일부를 팔아야 했다. 이듬해에도 토지세가 또 올랐다. 밭이 줄어들어 수확량이 감소한 상황에서 인상된 토지세를 내기는 불가능했다. 발디엘의 아버지는 다시 밭의 일부를 팔았다. 가문의 땅 절반을 잃은 그는 시름거리며 앓다가 죽었다. 남은 밭은 발디엘이 물려받았다.

헤롯의 뒤를 이어 갈릴리 지역을 물려받은 안디바도 그의 아비 못지않았다. 안디바는 갈릴리 분봉왕이 된 직후부터 대규모 공사를 시작했다. 그는 로마에 맞서 봉기가 일어났다가 폐허로 변한 세포리스를 재건했다. 세포리스 재건을 마치고 얼마 안 되어 안디바는 갈릴리 해변에 로마풍 도시를 세우고 그곳으로 수도를 옮겼다. 두 개의 큰 도시를 만들기 위해 갈릴리 주민들을 쥐어짰다.

발디엘의 형편은 점점 어려워졌다. 이래서래 뜯기는 게 많아서 어느 해에는 얼마 안 되는 밭에서 수확한 밀로는 가족의 식량과 이듬해에 파종할 종자를 함께 비축하기가 어려웠다. 우선은 먹어야 했기에 수확한 밀을 식량으로 사용했다. 그러고 나니 이듬해 봄에 파종할 종자가 없었다. 파종하기 위해 다른 이에게서 종자를 빌렸다. 지난해에 세금을 내기 위해 팔아넘겼던 땅에서 나온 밀이었다. 그해 수확을 마친 후 발디엘은 마지막까지 붙들고 있던 땅마저 넘겨야 했다. 세금과 종잣값을 지불할 수 없어서였다.

마지막 땅뙈기를 넘기던 해에 발디엘에게는 아내와 두 아들이 있었다. 장남 바기엘은 열두 살, 차남 아히에셀은 열 살이었다. 처자식을 먹여 살리기 위해 발디엘은 이전에 자신의 땅이었던 곳에서 날품을 팔았다. 이태 전에는 달리 어쩔 수가 없어서 고깃배에 올랐다. 평생 땅을 일구며 살았던 노련한 농부가 초짜 어부가 된 것이다. 두 번째 고기잡이 때 그는 뱃전에서 발을 헛디뎠다. 그의 시신 앞에서 오열하던 아내는 며칠 후 스스로 목숨을 끊었다. 형제는 졸지에 고아가 되었다.

바기엘과 아히에셀은 서로 의지하며 살아보려 했으나 힘들었다. 아직 어려서 할 수 있는 일이 없었을 뿐 아니라 아버지가 남긴 빚이 많았다. 부모가 죽은 이듬해에 살던 집마저 빚쟁이에게 빼앗겼다. 나라도 집도 세우기가 어렵지 무너지는 것은 순식간이었다.

형 바기엘은 동생 아히에셀에게 산으로 들어가자고 했다. 강도가 되자는 뜻이었다. 어리고 몸도 약했던 아히에셀은 엄두가 나지 않았다. 이래 죽으나 저래 죽으나 마찬가지라고 여겼던 바기엘은 동생을 포기하고 홀로 산으로 들어갔다. 혼자가 된 아히에셀은 거리로 나가 동냥을 시작했다.

강도는 몸을 숨긴 채 살아야 하지만, 거지는 사람들이 모이는 곳을 찾아가야 한다. 선생 주변에 사람들이 모인다는 소문을 들은 가버나움의 거지들이 슬금슬금 선생 주변으로 몰려왔다. 그들 중에 아히에셀이 섞여 있었다.

선생은 병을 고쳐 주고 돈을 받지 않았다. 가버나움 사람들 대부분은 가난했다. 오래도록 병을 앓던 이들은 더 그러했다. 설령 선생이 돈을 요구했더라도, 그들은 요구에 응하지 못했을 것이다. 배은망덕해서가 아니라 어쩔 수 없는 형편 때문이었다. 감사하는 마음이 아무리 클지라도, 가난한 이들은 감사를 표현할 돈을 마련하지 못한다.

그러나 병 고침을 받은 이들은 어떻게든 선생에게 감사를 표하고자 했다. 그들이 할 수 있는 것은 소박한 음식을 마련해 오는 일이었다. 선생이 시몬의 집에서 병자들을 고치던 어느 날, 선생 덕분에 혈루증에서 해방된 여자가 바구니 하나를 이고 왔다. 바구니에는 거친 보리빵이 가득했다. 여자가 선생 앞에 바구니를 내려놓으며 말했다.

"선생님, 이것만이라도 받아 주세요."

돈이라면 한사코 마다하던 선생이 보리빵은 받아들였다. 선생은 보리빵을 마당에 모인 이들에게 나눠 주라고 했다. 덕분에 그날 마당에 있던 이들은 뜻하지 않게 한 끼를 해결할 수 있었다.

그것이 시작이었다. 선생을 찾아오는 이들은 으레 음식을 싸 왔다. 보리빵, 포도주, 말린 무화과, 염장한 불고기……. 우리는 음식들을 선생 주변에 모인 이들에게 나누었다.

식사가 준비되었다고 알리면, 선생이 마당으로 나왔다. 그럴 때마다 선생은 마당 밖에서 얼쩡대는 거지들을 안으로 불러들였다.

"여기에 자리가 있소. 어서들 들어와서 앉으시오."

그러면 마당에 있던 이들은 실눈을 떴고, 밖에서 서성이던 거지들은 눈을 휘둥글렸다.

어떤 세상에든 사람들을 구분하는 선이 존재한다. 눈에 보이지는 않으나 분명하게 존재하는 선이다. 그중 가장 분명한 것이 소유의 선이다. 부자와 빈자 사이에는 넘어설 수 없는 선이 있다. 때로 그 선은 날카로운 가시를 두르고 높이 솟아 있는 담장만큼이나 강고하다. 가끔 부자가 자기 집 문을 열어 가난한 이들이 담장 안을 들여다보게 하는 때는 있으나, 자신들과 가난한 이들 사이에 그어진 선을 지워 없애지는 않는다.

그런 선은 부자와 가난한 자들 사이에만 있는 게 아니다. 소유

의 선은 가난한 이들과 거지들 사이에도 존재한다. 그 선은 부자
와 가난한 자 사이의 그것만큼 또렷하지는 않다. 신경 써서 보지
않으면 알아차리기 어려울 정도다. 그럼에도 그 선은 분명히 존재
한다. 가난한 이들이 온 힘을 기울여 그것을 유지하기 때문이다.
가난한 이들은 그것이 지워지면 자신들의 삶이 완전히 끝난다고
여긴다. 자기들과 부자들 사이에 그어진 선을 넘어서지 못하는 무
력감보다 자기들과 거지들 사이에 존재하는 선이 지워질 수도 있
다는 두려움이 훨씬 크다. 그래서 선을 유지하기 위해 온 힘을 기
울인다. 대다수가 가난했던 가버나움에도 그 선이 있었다. 부자들
이 그은 선 밖으로 밀려났던 가난한 이들은 자신들보다 못한 거지
들을 자신들이 그은 선 밖으로 밀어냈다.

그런데 선생은 거지들을 마당 안으로 불러들임으로써 그 선을
지웠다. 가난한 이들은 물론이고 거지들 자신도 받아들이기가 쉽
지 않은 상황이었다. 선생의 초대를 받았을 때 거지들은 당황하고,
머뭇거리고, 쭈뼛거리고, 뒷걸음질했다. 선생은 계속 그들에게 권
했다.

"여기에 자리가 있소. 어서들 들어오시오."

심지어 선생은 자리가 없을 때도 그렇게 말했다. 그러면 마당
에 있던 이들은 어쩔 수 없이 한 걸음씩 뒤로 물러섰고, 그렇게 만
들어진 자리 안으로 거지들이 들어와 앉았다. 각자의 필요 때문에
선생 주변에 몰려든 이들에게 무언가 낯선 일이 일어나고 있었다.
가난한 자들로서는 예상하지 못했던 일이고, 거지들로서는 기대
하지 못했던 일이었다.

 　　　　　　　　　　　　　　　　　　　　　　　　갈릴리

선생이 빵을 떼면 시끌벅적한 식사가 시작되었다. 갈릴리 사람들 대부분은 가족끼리 조용히 밥을 먹었다. 이웃 중에 끼니를 거르는 이들이 많아서였다. 결혼식처럼 마을 잔치가 열리는 때라야 이웃과 친척이 모여서 식사를 했는데, 형편이 어려워서인지 점점 결혼식도 줄어들었다. 마을 잔치는 희귀해졌고 사람들이 가족 이외의 사람들과 음식을 나눠 먹는 일도 그만큼 줄었다. 가난한 이들의 형편이 그 정도였으니 거지들 사정은 말할 것도 없었다. 거지들에게 한 끼를 먹는 일은 말 그대로 전쟁이었다. 훔쳐 먹고 뺏어 먹지 않으면 굶어야 했다. 이제 겨우 열두 살 먹은 거지 소년 아히에셀의 눈이 굶주린 맹수처럼 날카로웠던 이유다.

식사 때 선생은 이리저리 자리를 옮기며 사람들과 말을 섞었다. 어느 날 선생이 마당 한구석에서 눈을 번득이며 보리빵을 씹는 아히에셀 곁으로 다가갔다.

"애야! 네 이름이 뭐니?"

아히에셀이 경계하는 눈빛으로 빵을 씹으며 답했다.

"아히에셀."

"몇 살이니?"

"열두 살."

"가족은?"

"없어요."

"힘들었겠구나."

"……"

"이거, 마저 먹어라. 나는 충분히 먹었다."

선생이 그에게 손에 들고 있던 보리빵 한 덩이를 내밀었다.

보리빵을 받은 아히에셀의 눈에서 주르륵 눈물이 흘러내렸다. 선생이 들썩거리는 그의 어깨에 손을 얹고 토닥거렸다. 그 토닥거림에 아히에셀이 무너졌다. 그는 훌쩍이다 못해 엉엉 소리를 내며 울었다. 울면서 중얼거렸는데 복받치다 터져 나온 울음 때문에 말이 토막토막 끊어졌다.

"배도 고프고 추웠지만…… 무서웠어요. 사람들은 매일 욕하고 때리고…… 부모님이 죽고 나서 처음이에요……. 누가 자기 음식을 더 먹으라고 주는 거……."

울음이 잦아들자 선생이 곁에 모여든 이들을 향해 말했다.

"여러분 곁에서 아이들이 굶지 않게 하십시오. 여러분이 눈을 부릅뜨고 지켜야 할 것은 안식일 계명이 아니라 여러분 곁에서 굶고 있는 약하고 외로운 자들입니다. 그들과 더불어 살아가는 것이야말로 가장 큰 계명을 지키는 길입니다."

15

선생을 찾아오는 이들이 급격히 늘어났다. 시몬의 집 마당만으로는 사람들을 감당할 수 없었다. 딸린 식구가 여럿인 그 집에 계속 부담을 줄 수도 없었다. 사정을 헤아린 선생이 모임 장소를 바꿨다. 다행히 산과 들과 바다가 어우러진 갈릴리에는 모일 만한 곳이 많았다. 선생은 이날은 산에서, 저 날은 해변에서 사람들을 만났다.

선생을 찾아오는 이들은 대부분 병자와 그들의 보호자들이었다. 하지만 개중에는 무언가를 염탐하러 온 이들도 있었다. 염탐꾼은 두 종류였다. 혹시 선생이 메시아가 아닐까 기대를 품은 자들, 아니면 혹시 선생이 메시아를 자처하며 사람들을 미혹하는 사기꾼이나 불순분자가 아닐까 우려하는 자들.

그런 상황이 계속되자 우리 넷은 슬슬 걱정되었다. 먼저는 세상에 가난만큼 흔한 게 병자인데 언제까지 치료하는 일에만 매달릴 것인가 싶어서였다. 우리가 선생의 제자가 된 것은 선생이 말했던 하나님 나라라는 꿈 때문이었지, 병 고치는 일의 보조 역할을 하기 위해서가 아니었다.

거지들 숫자가 점점 늘어나는 것도 문제였다. 무엇이든 큰일을 하려면 그럴듯한 사람들이 모여야 한다. 선생을 찾아오는 이들 대부분은 가난하고 병든 자들이었다. 이들이 모이는 곳에 그럴듯한 이들이 올 리 없었다. 선생 주변의 모임은 점점 더 우리 기대와는 다른 모습으로 바뀌어 갔다.

가장 큰 문제는 우리가 점차 정체를 드러내며 접근하고 있는 정탐꾼들에게 어떤 답을 주어야 할지 알지 못한다는 것이었다. 선생이 메시아이기를 기대하는 이들은 선생이 자기네 집단에 가입할 가능성을 우리에게 타진해 왔다. 대개 안디바와 로마에 맞서 봉기를 도모하는 집단이었다. 반면, 선생이 메시아 노릇을 하지 않을까 우려하는 이들은 선생이 이런 활동을 언제까지 어느 정도로 계속하려는지 궁금해했다. 우리는 그들에게 아무것도 답해 줄 수 없었다. 우리 자신도 아직 선생의 정체와 의도와 목적을 알지 못해서였다.

우리의 우려에도 불구하고 선생은 별걱정이 없어 보였다. 선생은 세상의 모든 병자를 고치려는 듯 찾아오는 모든 이들을 만나고, 이야기를 듣고, 머리에 손을 얹었다. 누가 봐도 분명하게 병 고침을 얻는 이들이 있었고, 겉보기에는 병 고침을 얻은 것인지 아닌지 분간할 수 없는 이들도 있었다. 한 가지 분명한 사실은 그들 모두가 선생에게 감사하며 떠났다는 것이다.

선생은 상황을 즐기는 듯했다. 선생은 늘 새벽에 일어났다. 일어난 직후에는 마을 뒤편 산으로 올라가 혼자 시간을 보냈다. 산에서 내려와 아침을 먹고 나면 사람들이 찾아왔다. 선생은 그들을 이끌어 산이나 들이나 해변으로 갔다. 우리가 가는 곳 어디나 사람들이 몰려왔다. 찾아오는 이들을 만나 이야기를 듣고 병을 고치다 보면 점심때가 되었고 그때마다 함께 둘러앉아 음식을 먹었다. 병 고침을 받은 이가 감사 표시로 싸 온 음식도 있었고, 사람들이 각자 싸 온 자기 몫의 도시락도 있었다. 선생은 늘 그 모든 음식을 풀어 모두가 함께 먹게 했다.

점심 식사가 끝나면 선생은 으레 자리에서 일어나 사람들에게 교훈을 베풀었다. 어느 날 선생은 사람들에게 이렇게 말했다.

"목숨을 위해 무엇을 먹을까, 무엇을 마실까, 무엇을 입을까 걱정하지 마십시오. 목숨은 음식보다 중하고 몸은 의복보다 중합니다. 공중의 새를 보십시오. 심지도 않고 거두지도 않고 창고에 모아들이지도 않으나, 하늘 아버지께서 그것들 모두를 기르십니다.

갈릴리

여러분은 그것들보다 훨씬 귀합니다. 잘 먹고 잘사는 이들을 부러워하지 마십시오. 들에 핀 백합화를 보십시오. 그것의 영광이 솔로몬의 모든 영광보다 큽니다. 오늘 있다가 내일 아궁이에 던져질 들풀도 돌보시는 아버지께서 여러분을 돌보지 않으시겠습니까? 그러니 먼저 아버지의 나라와 그분의 의를 구하십시오. 그러면 그분께서 이 모든 것을 여러분에게 더하실 것입니다."

그런 말을 다른 누군가가 했다면, 아마도 사람들은 그 말을 믿지 않았을 것이다. 현실과 너무 동떨어진 이야기였기 때문이다. 그러나 선생 주변의 사람들은 기꺼이 그 말에 "아멘!"이리고 답했다. 그 말의 사실성을 경험했기 때문이다. 그러나 우리가 먹는 음식은 출애굽한 우리 조상들이 광야에서 경험한 것처럼 하늘에서 떨어지지 않았다. 모든 음식은 결국 이웃에게서 나왔다. 자기 혼자 먹기에도 부족한 음식이었으나, 그래서 늘 꼭꼭 숨겨 두고 먹던 음식이었으나, 마음이 바뀐 이들이 이웃을 위해 자기 것을 내놓자 그것만으로도 모든 이웃이 먹을 수 있었다. 모두가 충분히 먹지는 못했으나, 누군가가 굶주리는 일은 일어나지 않았다. 가난한 자들과 거지들에게 이 사실은 기적 자체였다. 선생 주변에서 일어나는 기적은 초자연적 마술이 아니라 마음의 변화에 근거한 낯선 현실이었다. 그 현실의 본질은 잔치였다. 선생 주변에서는 늘 크고 작은 잔치가 벌어졌다.

그런 잔치 중 하나가 레위의 집에서 일어났다.

16

마태라고도 불리는 알패오의 아들 레위는 가버나움 세관에서 일하는 세리였다. 세리는 천한 직업이었다. 사람들은 세리를 인간 쓰레기로 여겼다. 일의 성격상 동족의 피를 빨아 이방에 바칠 수밖에 없었기 때문이다. 세리는 로마 제국이 만든 다단계 착취 구조의 말단이었다. 로마 황제는 제국 내 지역 책임자들에게 세금을 부과했다. 당시 갈릴리 지역의 총책임자는 분봉왕 헤롯 안디바였다. 안디바는 황제에게 바칠 세금에 자신이 챙길 세금을 더한 후 영토 내 각 지역 세관에 세금을 할당했다. 가버나움에도 세관이 있었다. 가버나움은 안디바의 영토인 갈릴리와 그의 형제 빌립의 영토인 가울라니티스의 접경이었기에 세관이 꽤 컸다.

가버나움 세관의 책임자 시므온은 안디바에게 바칠 세금에 자신의 수입을 더한 후 그것을 세관 소속 세리들에게 할당했다. 레위는 가버나움 세관에 소속된 세리 네 명 중 하나였다. 레위는 자기에게 할당된 세금에 자신의 수입을 더해 주민들에게 세금을 부과했다. 할당받은 세금을 거두지 못하면 미수금을 물어내야 했다. 이런 사정은 세관장 시므온도, 분봉왕 안디바도 마찬가지였다. 다단계의 말단에 있는 레위는 악착스러울 수밖에 없었다. 세금을 걷지 못하면 자기는 물론이고 왕에게까지 문제가 생기기 때문이었다. 제국 내의 세리들은 악착스럽지 않으면 파멸할 수밖에 없었다. 아히에셀의 아버지 발디엘이 조상에게서 물려받은 땅을 넘겨야 했던 이유가 바로 레위의 선배 세리들 때문이었다.

세리의 수입은 풍족하지는 않았지만 꽤 괜찮았다. 악착을 떠는 만큼 돈을 벌었다. 처음에는 양심의 가책을 느껴 주저했지만, 거듭 반복되는 일은 양심을 무뎌지게 했다. 어떻게든 욕을 먹을 수밖에 없다면 돈이라도 버는 게 상책이었다. 레위 역시 그런 과정을 밟았다. 먹고살기 위해 시작한 일이 그를 제국의 똥파리 중 하나로 만들고 말았다. 세리가 된 지 오 년 만에 그는 완전한 똥파리가 되었다.

레위는 가버나움 사람들 대부분보다 부유했지만, 요세나 아비림의 부유힘과는 질이 달랐다. 사람들은 요세나 아비람 같은 이를 부러워하고 존경했으나 레위 같은 이는 대놓고 멸시했다. 가버나움에서 세리는 세리들끼리만 교제했다. 세리가 다른 주민과 밥을 먹는 것은 불가능했다. 주민들은 세리들과 상종조차 하지 않았다. 그래서 레위는 부요하면서도 외로웠다. 계속 이렇게 살아야 한다면 남들보다 부유한 게 무슨 소용일까 싶을 정도로 외로웠다. 그랬던 그의 눈에 선생이 보이기 시작했다. 무엇보다도 레위는 선생 주변에서 소유의 선이 지워지고 있는 것이 놀라웠다. 그는 상상했다. 혹시 내 주변에 그어진 선도 지워질 수 있을까. 지워진다면 나는 그 상황을 받아들일 수 있을까.

어느 날, 선생이 세관 앞을 지나다가 멈춰 섰다. 우리의 만류에도 불구하고 레위에게 다가갔다.

"레위, 그동안 당신을 보아 왔소. 나를 따르겠소?"

레위는 무언가를 판단할 겨를도 없이 벌떡 일어섰다.

"따르겠습니다!"

기다렸다는 듯 신속한 응답이었다. 레위는 세리장에게 떠나겠다는 말만 남기고 세관을 나왔다.

레위가 휘둥그레진 동료 세리들의 눈길을 뒤로하고 세관을 나오자 선생을 따르던 무리의 눈도 휘둥그레졌다. 아무도 예상치 못했던 일이어서였다. 갑작스러운 부름과 응답도 놀라웠고, 무엇보다 부름의 대상이 세리라는 사실도 놀라웠다.

선생이 레위를 제자로 삼았다는 소문이 돌자 선생을 따르던 이들 중 몇 사람이 실망하고 분노하며 떠나갔다. 거지 아히에셀도 그때 선생 곁을 떠났다. 세리가 자기 집에 무슨 짓을 했는지 똑똑히 기억하고 있었기 때문이다. 선생이 레위를 부른 다음 날부터 아히에셀이 보이지 않았다.

우리 넷 사이에도 논쟁이 벌어졌다. 야고보와 요한은 선생의 결정에 불만을 드러냈다. 고깃배 몇 척을 갖고 있던 그들의 집안도 이미 여러 해 동안 세리들 때문에 고통을 당했기 때문이다. 사정은 시몬과 나도 마찬가지였다. 그런데 어쩐 일인지 시몬은 선생의 결정에 왈가왈부하지 않았다. 나야 늘 시몬의 결정을 따르는 편이었으니 조용히 있었다. 야고보와 요한은 우리 형제의 미적지근한 태도에 대해서도 분개했다.

선생은 자기를 따르던 이들이 떠난 것도, 제자들 가운데 분쟁과 갈등이 일어난 것도 모르는 체했다. 레위는 우리 네 사람 눈치를 보면서도 선생과 우리가 모이는 자리에 묵묵히 앉아 있었다. 세베대의 아들들이 거친 말을 쏟아 내도 사과만 할 뿐 변명하지 않았다. 갑작스레 끼어든 레위 때문에 모두가 불편했으나 선생은 별말이 없었다.

선생의 부름을 받고 사흘이 지났을 때 레위가 우리에게 말했다.

"아내와 아이들은 처가가 있는 고라신으로 보내기로 했습니다. 얼마 안 되지만 제가 모은 재산 모두를 선생님께 바치겠습니다. 제가 살면서 행한 악한 일들에 대한 보속이라 여겨 주십시오."

가난한 이들에게 돈을 받지 않았던 선생이 놀랍게도 레위가 헌납하겠다는 돈은 받기로 했다. 보름이 지난 후, 레위가 돈을 가져왔다. 2천 데나리온이 넘었다. 당시 우리로서는 꿈꾸기 어려운 큰돈이었다. 선생은 돈 관리를 나에게 맡겼다. 나는 훗날 가룟 유다가 제자 무리에 합류할 때까지 총무 노릇을 했다.

레위가 자기 집을 처분하기 직전에 우리를 초대했다. 그의 초대는 아주 조심스러웠다. 당시 갈릴리 사람들은 세리와 교제하는 일을 수치이자 악으로 여겼기 때문이다. 하지만 선생은 초대에 기꺼이 응했다. 우리는 선생을 따라갈 수밖에 없었다. 초대에 응하면서 선생이 레위에게 물었다.

"혹시 내가 한 사람을 더 데려가도 되겠는가?"

레위가 답했다.

"물론입니다."

선생은 나에게 아히에셀을 찾아오라고 했다. 나는 거리로 나가 그를 찾았고, 잠시 설득한 끝에 선생 앞으로 데려왔다. 아히에셀은 선생이 내린 결정을 이해하기 어려워서 떠나기는 했으나 선생을 그리워하고 있었다.

선생이 세리의 집에 초대받았다는 소문은 삽시간에 퍼져 나갔다. 가버나움 곳곳이 술렁거렸다. 특히 안식일마다 회당을 출입하는 이들은 대놓고 선생을 비난했다. 우리가 레위의 집으로 찾아갈 준비를 하고 있을 때, 마을 지킴이를 자처하는 아비람이 나를 불러내 따지듯 물었다.

"도대체 당신네 선생은 어째서 세리들과 식사를 하려는 것이오? 그의 집에 다른 세리들도 오리라는 걸 모르는 거요?"

내가 선생에게 아비람의 질문을 전하자 선생이 말했다.

"아마도 그 질문은 아비람만이 아니라 회당 사람들 전체의 질문일 걸세. 아비람에게 가서 이렇게 전하게. '의원은 건강한 자가 아니라 병든 자에게 필요하다. 아버지께서 원하시는 것은 제사가 아니라 긍휼이다. 그분은 의인이 아니라 죄인들을 부르신다'라고 말이네."

약속된 날에 선생은 우리 네 사람과 아히에셀을 데리고 레위의 집을 찾아갔다. 아비람이 예상한 대로 그곳에는 레위뿐 아니라 동료 세리들이 와 있었다. 막달라의 세리 한 사람도 와 있었다. 선생과 어부 넷, 세리 다섯, 소년 거지 하나가 모인 아주 이상한 모임이었다.

세리들은 다른 이들과 교제하기를 갈망하고 있었다. 그들 중 자기들이 하는 일을 정당하다고 강변하는 사람은 아무도 없었다. 그들은 자기들이 사람들에게 욕을 먹고 따돌림을 당하는 이유를 알았고 심지어 수긍했다. 다만, 그들의 주장에 따르면, 어쩔 수 없어서 그러고 있을 뿐이었다. 가족을 먹여 살리려다 보니 그렇게 할 수밖에 없다는 말이었다. 무엇보다도 무거운 세금이 자기들 같은 말단 세리들의 윤리나 양심 문제가 아니라 경제와 정치 구조 문제임을 강조했다. 세리 중 하나가 말했다.

"로마가 세상을 지배하는 한 이런 일은 어떻게든 일어날 수밖에 없어요. 누가 되었든 해야 하는 일이에요."

막달라에서 왔다는 세리는 한술 더 떴다.

"맞습니다. 누구든 해야 할 일인데, 사람들은 우리가 그 일을 한다고 우리만 욕합니다. 그러고 보면 우리도 피해자입니다. 우리도 그렇게까지 하고 싶은 건 아니거든요."

세리들이 말을 마치자 신생이 아히에셀에게 고개를 돌렸다.

"아히에셀, 이제 네가 말해 보겠니? 그동안 너희 집이 어떤 일을 겪었는지."

아히에셀이 더듬거리면서 기억을 되짚어 자기 가족이 겪은 일을 이야기했다. 아이의 말에 의하면, 그의 가족이 땅을 잃게 된 근본적인 원인은 세금이었다. 갑자기 높아진 세금을 감당하기 어려운 상황에서 아버지는 밭을 팔 수밖에 없었고, 밭이 줄어든 상황에서 여전히 이전과 같은 정도의 세금을 내기 위해 또다시 밭을 팔아야 했다. 밭이 점점 줄어 나중에는 이듬해 농사를 위한 종자까지 빌려야 했는데, 종잣값이 너무 비쌌다. 종자를 빌려주는 사람들이 높은 종잣값을 요구한 것도 결국 그들이 바쳐야 할 세금 때문이었다.

"아버지가 어느 집에 종자를 빌리러 갔더니 그 집 주인이 그랬대요. '밀 한 톨에도 세금이 붙는 세상이야. 당신 사정이 딱한 건 알겠는데 더 싸게 줄 수는 없어. 그랬다가는 내가 망해.'"

가버나움의 세리장 시므온이 아히에셀에게 말했다.

"들어 보니 딱하고 유감스러운 일을 겪었구나. 하지만 그 모든 게 우리 잘못은 아니다. 우리도 위에서 시키니까 그렇게 했을 뿐이다."

다른 세리들이 동의한다는 뜻으로 고개를 끄덕였다.

그때 줄곧 침묵하던 레위가 슬그머니 입을 열었다.

"우리는 늘 그런 식이었어요. 항상 잘못된 세상과 구조만 탓했지요. 그러나 생각해 보니 그동안 우리가 핑계를 대고 있었던 게 아닌가 싶어요. 자신의 탐욕을 세상과 구조 속에 숨기면서 말이죠. 우리가 탐욕을 끊었다면, 아니, 적어도 최소화했다면, 다른 이들의 고통이 그만큼 줄어들지 않았을까요?"

레위의 말이 다른 모든 세리의 입을 막았다.

선생이 권하자 아히에셀이 끊어졌던 말을 이었다. 이야기는 밭을 모두 잃은 아버지가 고기잡이배를 타러 나갔던 일, 배에서 발을 헛디뎌 물에 빠져 죽은 일, 남편의 죽음을 본 어머니가 스스로 목숨을 끊은 일, 그리고 형이 자기를 버려두고 산속으로 들어간 일로 이어졌다. 그렇게 말하는 아히에셀의 태도가 조심스러웠다. 마치 남의 집 이야기를 하는 듯했다. 하지만 그것은 냉철함이 아니라 두려움의 결과였다. 그에게 세상은 무서운 곳이었다. 선생이 함께하지 않았더라면 그 아이는 그 자리에 오지도 못했을 것이다.

그동안 세리들은 자신들만의 논리에 빠져 살았다. 그들이 보기에 세상은 밀림이었다. 밀림에서 쥐는 족제비에게, 족제비는 여우에게, 여우는 표범에게, 표범은 사자에게 먹힌다. 그 먹이사슬은 끊어져서는 안 된다. 어디든 끊어지면 모든 게 엉망이 된다. 세리들은 자기들이 그 사슬의 말단 어딘가, 아마도 족제비 위치쯤에 있을 거라고 여겼다. 그들에게 족제비가 쥐를 먹는 것은 어쩔 수 없는 자연의 법칙이었다. 그런데 막상 쥐가 하는 말을 들어 보니, 그 자연의 법칙이란 게 그렇게 자연스럽지 않았다. 어쩔 수 없었다고 말하기에는 너무나 냉혹하고 잔인했다.

막달라에서 온 이 한 사람을 제외하고, 그 자리에 모였던 세리 모두는 아히에셀의 아버지 발디엘을 기억하고 있었다. 그들이 기억하기에 발디엘은 아주 고시식한 이였다. 대개 밭을 가진 이들은 세리들이 세금을 매기면 낫을 휘두르며 분개하거나 슬그머니 뒤로 다가와 뇌물을 건넸다. 발디엘은 그렇지 않았다. 그냥 눈을 감고 끙끙거리다가 어떻게든 세금을 마련해서 바쳤다. 저항에도 술수에도 능하지 않았던 천생 농부였다. 세리들은 자기들의 일을 했을 뿐이지만, 바로 그 일 때문에 농부가 배를 탔고, 바다에 빠져 죽었고, 그의 아내가 자살했고, 어린 자식들이 강도와 거지가 되었다. 당시에는 알지 못했는데 자신들이 세상과 구조를 탓하며 한 일이 한 가족을 철저하게 파멸시킨 셈이다.

아히에셀이 말을 마치자 납덩이 같은 침묵이 이어졌다.

침묵을 깬 사람은 막달라에서 온 세리였다.

"애야, 미안하다. 우리가 잘못했다."

세리장 시므온이 겨우 말을 이었다.

"우리가 너의 가족에게 너무 큰 잘못을 저질렀구나."

세리들은 아히에셀에게 용서를 빌었다. 아히에셀은 그들을 용서했다. 나는 아히에셀의 용서가 유감스러웠다. 약자들에게 용서는 최후의 무기가 될 수 있다. 다른 이에게 행사할 아무런 힘도 갖고 있지 않은 가난한 자들조차 용서라는 힘을 가질 수 있다. 그런데 때로 강한 자들은 실제로는 아무것도 하지 않으면서 입으로만 약자들에게 용서를 빌고 결국 그 용서를 얻어 냄으로써 약자의 마지막 무기까지 빼앗는다. 유감스럽게도 많은 약자가 자기 손에 들린 최후의 무기를 너무 쉽게 내려놓는다. 사람대접받아 본 적이 없는 이들은 강자가 불쑥 던지는 "용서해 달라"는 말 한마디를 큰 은혜처럼 여긴다. 은혜를 받은 이는 너무 감격해서 용서를 비는 이에게 그것을 너무 쉽게 베푼다. 상황은 그걸로 끝난다. 아무것도 변하지 않는다. 용서받았다는 안도감과 용서를 베풀었다는 우월감 외에는 아무것도.

선생도 같은 생각을 했던 것일까? 선생이 세리들에게 말했다.

"잘못을 뉘우치고 용서를 구하는 것은 귀한 일이지만 그것은 첫 단계에 불과합니다. 정말로 잘못을 뉘우친다면, 자신이 인정한 잘못을 바로잡아야 합니다. 그게 하나님 아버지가 우리에게 요구하시는 참된 회개입니다."

시므온이 물었다.

"우리가 무엇을 해야 할까요?"

"전에 유대 광야에서 회개의 세례를 베풀던 요한이 자신을 찾아온 이들에게 한 말이 있습니다. 회개에 합당한 열매를 맺으라고 했습니다."

"그 열매란 무엇입니까?"

"나눔입니다. 자신이 가진 것을 가지지 못한 이들과 나누는 것입니다. 특히 불의하게 모은 것을 불의 때문에 고통당하는 이들에게 제공하는 것입니다. 그리고 다시는 불의한 방식으로 모으지 않는 것입니다. 그런 실천이 없는 회개는 거짓입니다."

모임 가운데 다시 침묵이 흘렀다.

시므온이 그 침묵을 깼다.

"우리가 레위처럼 세리 노릇을 그만두고 재산을 처분해야 한다는 건가요?"

반감과 두려움이 섞여 있는 목소리였다.

"세리 노릇 자체가 악한 것은 아닙니다. 그러나 어떻게 그 일을 하느냐는 중요합니다. 같은 일을 선하게 할 수도, 악하게 할 수도 있습니다. 질문에 대한 답은 결국 당신 자신이 내려야 합니다."

"저는 레위처럼 세리 노릇을 그만둘 자신이 없습니다. 저에게 의지하는 가족이 너무 많아요. 제가 일을 그만두면 그들 모두가 고통을 받을 수밖에 없는데, 저는 그것을 견딜 수 없습니다."

"당신이 결정할 문제입니다."

"솔직히 말씀드리면, 재산을 처분할 자신도 없습니다. 저나 가족들 모두 지금의 생활에 익숙한데 갑자기 모든 재산을 처분하면 큰 충격에 빠질 겁니다."

"그것 역시 당신이 결정할 문제입니다."

"대신…… 두 가지 일은 할 수 있을 듯합니다."

다시 모임 가운데 긴장된 침묵이 흘렀다. 잠시 후 시므온이 말을 이었다.

"첫째, 더는 재산을 불리기 위해 욕심을 부리지 않겠습니다. 정해진 세금 외에 더 징수하지 않겠습니다. 물론 그러기 위해서는 다른 세리들의 협조가 필요할 겁니다."

시므온이 그렇게 말하면서 동료들을 돌아보자 그들 모두가 고개를 끄덕였다.

"둘째, 아히에셀을 제가 거두겠습니다. 처음부터 자식처럼 대하기는 어렵겠지만, 적어도 굶주리거나, 추위에 떨거나, 욕을 먹거나, 매를 맞는 일은 없게 하겠습니다."

아히에셀의 눈이 휘둥그레졌다. 선생이 그를 쳐다보며 고개를 끄덕였다. 시므온의 제안을 받아들이라는 뜻이었다. 선생은 시므온의 한계뿐 아니라 그의 진심까지도 받아들이는 듯했다.

다른 세리들은 시므온의 결심, 즉 탐욕을 부리지 않겠다는 결심에 동조했다. 물론 그저 그날의 분위기에 취해서 했을 수도 있는 그런 동조가 얼마나 지속적이고 구속력이 있을지는 아무도 몰랐다. 그러나 세상의 모든 일은 아주 작은 것에서 시작된다. 작은 결심이 없으면 큰 결단도 일어나지 않는다. 그날 세리들은 함께 작은 결심을 했다.

저녁 식사로 시작된 모임은 밤늦도록 진행되었다. 모임이 끝났을 때 참석자들 모두의 얼굴이 밝았다. 세리들은 대화에, 제자들은 포도주에, 아히에셀은 기름진 음식과 어른들의 친절함에 취했다. 선생은 포도주를 많이 마셨음에도 평소와 다르지 않았다.

그로부터 며칠 후 몇 가지 소식이 들렸다. 시므온이 정말로 아히에셀을 자기 집으로 데려갔다. 가버나움 세관 소속 세리들이 주민들을 대하는 태도와 방식에 변화가 생겼다. 세리들은 전처럼 고압적이지 않았고, 무엇보다도 세금 액수가 조금 낮아졌다. 인상적일 만한 액수는 아니었으나 주민들로서는 난생처음 겪는 일이었다. 막달라에서 왔던 세리는 레위처럼 세리 노릇을 그만두었다.

순회

17

선생이 세리들과 교제했다는 소식이 퍼지자 찾아오는 이들이 급격하게 줄었다. 가버나움 사람들에게 세리는 적이었다. 사람들은 다른 이가 자신을 이해해 주기를 바라지만, 그 다른 이가 자신의 적을 용납하는 것은 받아들이지 못한다. 적을 용납하는 이는 적이다. 선생에게 병 고침을 받은 이들 중에도 불만을 품은 이들이 있었다. "나는 그가 메시아인 줄 알았는데 세리를 제자로 삼았다더군." 선생에 대한 열광은 생각보다 쉽게 식었다.

선생은 개의치 않았다. 선생은 여전히 자기를 찾아오는 이들을 만나고, 병을 고치고, 그들과 함께 잔치를 벌였다. 하지만 잔치는 점점 더 초라해졌다. 아직 선생을 찾는 이들 대부분이 거지이거나 거지나 다름없을 정도로 가난한 이들이었다. 사실 그렇게 가난한 이들은 세리에게 시달릴 일도 없었다. 오히려 세리였던 레위가 헌납한 돈이 그들의 한 끼 식사가 되었다.

그러던 어느 날, 요세가 선생에게 아비람을 보내 말했다.

"함께 식사했으면 하오."

선생은 잠시 고민하더니 초대에 응했다.

약속한 날, 선생과 우리 네 사람이 그의 집을 찾아갔다. 레위는 자청해서 빠졌다. 바리새인 요세와 그 주변 사람들이 자기를 어떻게 여기는지 알았기 때문이다.

요세의 집은 회당 북서쪽 넓은 포도원을 지나 구릉이 시작되는 곳에 있었다. 무화과나무를 심어 만든 울타리 안에 넓은 마당이 있었다. 마당이 끝나는 곳에 본채가 있었고, 그 오른쪽에 별채가 있었다.

종이 나와 우리를 별채로 안내했다. 입구에 다른 종 하나가 기다리고 있었다. 두 종은 대야에 물을 부어 우리 발을 씻겼다. 지금껏 살면서 그런 대접을 받아 본 적이 없었기에 너무 어색했다.

별채 안으로 들어서니 요세 외에도 회당장 사밧, 지주 엘리압, 곡물상인 아비람이 와 있었다.

요세가 두 팔을 벌리고 성큼성큼 다가와 우리에게 입을 맞쳤다. 수염이 가득한 그의 큼지막한 얼굴에서 달콤하고 은은한 향유 냄새가 풍겼다. 나는 그런 향기가 처음이었다. 살면서 부자를 그토록 가까이에서 접한 적이 없었다. 부자는 늘 우리 주변에 그어진 선 너머에 있었다. 그 선은 아무리 애써도 넘을 수 없었다. 한데 그날 요세가 자기 주변에 그어진 선 안으로 우리를 불러들였다.

그 선 안에는 요세의 얼굴에서 풍기는 향기만큼이나 낯선 것이 많았다. 선생과 우리는 누더기나 다를 바 없는 양털 옷을 입었는데, 요세와 그의 친구들은 일부러 맞추기라도 한 듯 모두 흰색 세마포로 지은 소매가 긴 옷을 입고 있었다. 허리에는 자주색이나 청색 허리띠를 둘렀고 손목에는 번쩍거리는 금팔찌를 차고 있었다. 방 안쪽 벽에는 꼬아 만든 긴 청색 끈들이 옷단에 달린 화려한 양털 겉옷 네 벌이 나란히 걸려 있었다. 장로들은 이마에 소가죽으로 만든 경문을 하나씩 차고 있었다. 집에서도 저런 차림새로 있어야 하는가 싶었다.

가장 낯선 것은 식탁에 가득 차려진 음식이었다. 삶은 양고기, 밀빵, 포도주, 말린 무화과, 대추야자, 상추, 염장한 물고기, 꿀, 치즈, 올리브기름 등이 눈에 띄었다. 그때까지 나는 식탁 위에 그렇게 다양하고 많은 음식이 차려진 장면을 본 적이 없었다. 시몬의 처사촌 아이가 식탁에서 떨어져 방 한쪽에 서 있었다. 식사 시중을 들 모양이었다. 요세의 선 안에는 내가 경험한 적이 없는 것이 너무 많았다.

우리가 자리를 잡자 회당장 사밧이 기도를 올렸다. 기도는 천지를 창조하시고 역사를 섭리하시고 인간의 삶을 선한 길로 인도하시는 여호와를 향한 찬양, 그날 만찬을 마련한 요세의 가정에 대한 축복, 함께 식사하며 교제할 우리를 향한 주님의 이끄심에 대한 기원으로 장황하게 이어졌다. 낯선 상황과 눈앞에 차려진 기름진 음식 때문이었는지 썩 와닿지는 않았다.

사밧이 기도를 마치자 식사가 시작되었다. 우리 넷은 허겁지겁 먹었다. 체면을 차리고 싶었으나 소용이 없었다. 음식에 자꾸 손이 갔다. 접시 위의 음식이 떨어질 만하면 시몬의 처사촌이 새 접시를 들고나왔고, 포도주 잔이 비워지면 다가와 채워 주었다. 요세는 자꾸 음식을 권했다. 태어나서 그렇게 기름진 음식을 먹기는 처음 이었다. 그날 우리는 아주 많이 먹었다.

한데 선생은 그렇지 않았다. 아무 음식이나 잘 먹는 사람인데, 이상하게도 빵 한 조각과 포도주 한 잔 외에는 손을 대지 않았다.

"선생께는 우리 집 음식이 별로인 듯하외다."

요세가 눈치를 살피며 묻자, 선생이 말했다.

"음식은 아주 훌륭합니다. 다만 제 속이 좋지 않습니다."

"왜요? 어디 탈이라두 나셨소이까?"

"마음에 탈이 난 듯합니다. 이런 음식은 저에게는 지나칩니다."

우리 넷은 손에 들고 있던 음식을 슬그머니 내려놓았다.

아비람이 살짝 언성을 높였다.

"선생! 그런 말은 손님 대접을 위해 음식을 준비한 분에 대한 예 의가 아닌 듯싶소."

요세가 쓴웃음을 지으며 말을 이었다.

"아니요. 나로서는 손님들을 정성껏 모시려 했던 것뿐이나 선생 께서 불편함을 느꼈다면 내가 잘못한 것이오."

그는 어떤 경우에도 통제력을 잃지 않는 노련한 사업가였다.

선생이 단도직입으로 물었다.

"우리를 초청하신 까닭을 여쭙고 싶습니다."

선생은 얼른 자리에서 벗어나고 싶어 하는 것 같았다. 잠깐 뜸 을 들이던 요세가 한 차례 헛기침을 한 후 말을 받았다.

"선생께 협조를 구하고 싶어서요."

"협조요?"

"선생이 병자들을 치료하는 것을 보았소. 하나님께서 허락하지 않으시면 그런 일은 불가능하오. 나는 선생이 하나님의 은총을 입은 분이라고 생각하오. 그러나 조금 걱정되는 것이 있소. 나를 비롯해 가버나움 회당의 장로들은 선생이 조금만 자중해 주기를 바라오."

"자중이요? 병을 고치지 말라는 뜻인가요?"

"아니요. 말했듯이, 병 고침은 하나님이 주신 은사요. 그러나 모든 은사는 적절한 틀 안에서 사용되어야 아름답소."

"적절한 틀이라 하심은?"

"당연히 율법이오. 선생도 아시겠지만, 우리 조상들이 종살이하던 애굽에서 탈출해 국가를 이루고 살아가기 시작했을 때 하나님은 모세를 통해 율법을 주시었소. 율법은 우리를 이방인과 구별해주는 요체일 뿐 아니라 우리 삶을 건강하고 아름답게 해주는 토대이기도 하오. 한데 우리 조상들은 망령되게도 율법을 지키지 않았소. 그 결과, 하나님은 우리 조상들이 세운 나라를 이방인에게 넘기셨고, 그렇게 지나간 세월이 이미 수백 년이오. 감사하게도 그분이 은혜를 베푸셔서 우리가 멸절하지 않고 여전히 그분의 백성으로 살아가고 있소. 이런 상황에서 우리가 살길은, 그리고 언젠가 더 큰 은혜를 입어 다윗과 솔로몬 시절의 영광을 되찾는 길은 오직 하나, 그분이 주신 율법을 지키는 것뿐이오. 그리고 그 율법의 기본 중 기본이 안식일을 지키는 것이오."

결국 그것이었다. 요세는 선생이 지난 안식일에 몸이 뒤틀린 아이를 고쳤던 일을 문제 삼고 있었다. 요세는 판단이 정확하고 계산이 빠른 이였다. 무엇보다도 세상의 힘이 자기 쪽에 서게 하는 데 능했다. 그는 선생이 가진 힘을 알고 있었다. 선생이 자기 쪽에서 준다면, 세상에 대한 자신의 힘이 그만큼 커지리라는 것도 알았다. 그날 회당에서 요세가 안식일 계명을 들어 선생의 병 고침을 제어하려 했음에도 선생은 기어이 병자의 병을 고쳤다. 그로 인해 요세는 공개적으로 체면을 구겼다. 그런 상황에서 요세가 뒤늦게라도 선생을 설득해 이제부터라도 안식일을 지키게 한다면, 사람들은 요세이 옳음과 인내와 관용에 찬시를 보내게 될 것이다.

선생이 물었다.

"안식일을 어떻게 지켜야 한다는 말씀입니까?"

"율법학자들은 안식일에 하지 말아야 일 서른아홉 가지를 지정했소. 복잡하게 생각할 것 없이, 최소한의 식사와 회당 예배 외에 모든 일을 금하면 되오."

"장로님은 그렇게 하고 계십니까?"

"물론이오."

요세의 낯빛이 밝아졌다. 안식일 규정에 관해서라면 자신 있다는 뜻이었다.

"나는 안식일에 나와 내 가족은 물론이고 내게 딸린 그 어떤 이도 일을 하지 못하게 하고 있소."

"그렇습니까?"

"그렇소. 그래서 감사하게도 여호와께서 나에게 복을 내리셨소."

선생이 잠시 뜸을 들이더니 이렇게 말했다.

"혹시 이렇게 생각할 수는 없을까요? 장로님이 안식일을 지켜서 복을 받았다기보다 복을 받아서 안식일을 지킬 수 있었던 거 아닐까요?"

입에 양고기를 쑤셔 넣던 아비람이 목이 메는지 컥컥거렸다.

요세가 슬그머니 노기를 띠며 답했다.

"안식일 준수에 대한 나의 의지를 그런 식으로 모욕하지 마시오."

선생이 단호하게 답했다.

"장로님도 안식일을 지키지 못하는 이들을 모욕하지 마시기 바랍니다. 그들은 안식일을 지키지 않는 것이 아니라 지키지 못하는 것일 수 있습니다. 게다가 그 이유 중 하나가 장로님 때문일 수도 있습니다."

그렇지 않아도 동그란 요세의 눈이 더 동그래졌다.

"그 무슨 말도 안 되는 소리요?"

먹은 음식이 얹힐 지경이었다.

그때 세베대의 아들 야고보가 끼어들었다.

"장로님, 저희 집은 오래전부터 장로님의 염장창고와 거래를 하고 있습니다."

"어느 댁이오?"

"저는 세베대의 아들입니다."

"아, 세베대…… 알고 있소. 그런데요?"

"저희는 안식일 다음 날 아침에 물고기를 창고에 납품합니다."

"대부분 그렇게 하오. 우리가 안식일에는 거래를 하지 않으니……."

"하지만 안식일 다음 날 아침에 납품하려면, 저희는 안식일에 물고기를 잡아야 합니다."

"……"

"저희뿐 아니라 동료 어부들 대부분이 그렇게 합니다."

사수의 곤경을 알아차린 아비람이 끼어들었다.

"무슨 뜻인지는 알겠는데, 그게 장로님이 시키신 것은 아니지 않수."

요한이 말을 받았다.

"물론입니다. 하지만 어부들이 안식일에 물고기를 잡지 않으면 다음 날 아침에 납품할 물고기도 없습니다."

아비람이 빈정거렸다.

"마치 당신들이 장로님을 위해 물고기를 잡는다는 투로 들리는 구려."

"그건 아닙니다. 하지만 싱싱한 물고기를 납품해야 하는 어부는 하루 배를 타지 않으면 그만큼 수입이 줄어듭니다. 염장한 물고기를 파는 장로님과는 사정이 다르다는 뜻입니다."

"물고기의 신선도가 문제라면, 어차피 장로님이 안식일에 창고 문을 열지 않으시니, 안식일 전날에 잡은 물고기도 납품할 수 없는 것 아니오?"

요한이 혀를 찼다.

"허허, 저희가 요세 장로님께 납품하는 물고기는 정어리인데,

정어리는 밤에 잡힙니다. 대개 저희는 저녁때부터 준비해서 밤에 바다로 나가 고기를 잡고 이른 새벽에 돌아옵니다. 안식일에도 마찬가지입니다. 모든 날이 그렇듯이 안식일도 해가 질 때부터 시작되니 저희는 새벽까지 고기를 잡아 아침에 납품합니다. 마찬가지로, 안식일 다음 날 납품하려면 안식일 밤에 일을 해야 합니다.”

당황한 아비람이 짜증을 내며 말했다.

“들어 보니 안식일을 지키지 않는 이유가 참 촘촘하외다.”

세베대의 아들들과 아비람이 나누는 대화를 듣고 있던 요세가 헛기침을 했다. 아비람에게 그만하라는 신호를 보낸 것이다. 요세는 나가야 할 때와 물러서야 할 때를 아는 사람이었다. 아비람이 눈치를 살피며 입을 다물었다.

그러자 궁지에 몰린 요세를 구해 내려는 듯 회당장 사밧이 나섰다.

“자자, 그만들 하시오.”

그는 이 난처한 상황을 타개할 이는 자신뿐이라고 여기는 듯했다.

“사실 ‘안식일은 반드시 지켜야 한다’와 ‘지키고 싶어도 형편 때문에 어렵다’라는 두 가지 주장은 어제오늘의 것이 아니외다. 내가 들어 보니 요세 장로님은 전자를, 예수 선생은 후자를 대변하시는 듯하오. 나는 전자를 지지하지만, 오늘 후자의 입장을 들어 보니, 거기에도 귀를 기울일 만한 것이 있소이다. 그러나 율법을 중시하는 바리새인으로서 한말씀 드리자면, 애초에 안식일은 단순히 일을 멈추고 하나님을 예배하라는 취지로만 제정된 날이 아니라는 것이오. 모세가 시내산에서 우리 조상에게 준 안식일 계명은 이러하외다. '일곱째 날은 네 하나님 여호와의 안식일인즉 너나 네 아들이나 네 딸이나 네 남종이나 네 여종이나 네 소나 네 나귀나 네 모든 가축이나 네 문 안에 유하는 객이라도 아무 일도 하지 못하게 하고 네 남종이나 네 여종에게 너 같이 안식하게 할지니라.' 쉽게 말해, 안식일 계명은 예배에 대한 명령이라기보다는 쉼에 대한 명령이오. 하나님은 애굽에서 종살이했던 우리 조상들에게 쉼을 주고자 하셨던 것이오. 그런 점에서 안식일 계명은 억지로 지켜야 할 율법이기보다는 감사하게 받아들여야 할 선물이오."

다른 장로들과 아비람이 나직이 "아멘!"으로 화답했다. 하지만 그 말을 듣는 선생의 얼굴이 일그러졌다. 선생이 사밧을 향해 말했다.

"그런 주장은 들을 때마다 답답합니다."

"……"

"애굽에서 종살이하던 우리 조상들에게 안식일은 분명히 귀한 선물이었습니다. 그러나 지금처럼 당장 먹을 게 없는 이들에게 그것은 오히려 무거운 율법입니다. 굶어 가며 안식할 수는 없는 노릇입니다."

"지나친 말이오."

아비람이 한 말이었다.

"지나치다고요? 우리 조상들에게는 최소한 먹을 것은 있었습니다. 지금 우리의 처지는 그때보다도 못합니다. 우리 위에는 세리들이 있고, 세리들 위에는 안디바가 있고, 안디바 위에는 로마 황제가 있습니다. 그들은 모두 주는 것 없이 뜯어 가기만 합니다. 그런 어려움 속에서 살아가는 이들에게 안식일 계명은 선물이 아니라 짐이 될 수 있습니다."

그때까지 조용히 듣고만 있던 지주 엘리압이 끼어들었다.

"선생! 말조심하시오. 지금 우리 갈릴리가 유대와 달리 왕국으로 존재하는 것은 안디바 덕분이오. 그가 없었다면 우리는 유대처럼 로마 총독의 지배를 받고 있을 것이오. 아시겠지만, 부왕 헤롯에게서 유대를 물려받은 아켈라오는 그 지역을 지켜 내지 못하고 추방되었소. 그에 비하면 안디바는 유능한 사람이오. 안디바가 갈릴리를 지켜 내기 위해 세금과 공물을 거둬 로마에 보내는 것은 어쩔 수 없는 일이오. 지금 로마에 거역해서 살아갈 수 있는 나라는 어디에도 없소. 그런 사정을 알면서도 뜯어 간다 어쩐다 하는 것은 적절하지 않소."

선생이 엘리압에게 물었다.

"장로님은 안디바의 영토인 갈릴리가 로마 총독의 지배를 받는 유대와 다르다고 보시는 겁니까?"

"그야 다르고 말고……. 젊은 선생이 아주 위험한 소리를 하는구먼!"

"안디바 자신이나 그와 연관된 이들은 어떨지 모르나, 세금과 공물을 뜯겨야 하는 이들에게는 이쪽이나 저쪽이나 마찬가지입니다."

"어허, 이 사람이!"

엘리압이 자리를 박차고 일어섰다. 가버나움 사람들이 자신을 안디바의 앞잡이로 여겨 경멸한다는 소문을 모르지는 않았으나 이렇게 대놓고 지적당하기는 처음이어서였을 것이다. 그는 선생과 더 대화하는 일이 의미가 없다고 여기는 듯했다.

하지만 요세는 끝까지 냉정하고 침착했다. 그는 쉽게 포기하는 사람이 아니었다. 그가 외지에서 닳고 닳은 이들을 만나 거래를 성사시켜 왔던 것은 남다른 침착성과 끈기 덕분이었다. 이문이 남는 장사를 위해서라면 어지간한 모욕과 괄시는 기꺼이 감내했다.

소문에 의하면, 그가 성전의 제사장 세력과 연계해 예루살렘에 염장한 생선을 공급하게 된 것도 그런 과정을 통해서였다. 바리새인들은 성전을 장악한 사두개파 제사장들과 사이가 좋지 않았다. 그럼에도 요세는 바리새파 율법학자들을 통해 사두개파 율법학자들과 접촉했고, 다시 그들을 통해 성전의 살림을 총괄하는 제사장과 만날 수 있었다. 그 제사장은 성전뿐 아니라 예루살렘과 유대 전체의 상업을 주무르는 실력자였다. 처음에 그는 요세를 업신여겼다. 그에게 줄을 대려는 장사치들이 쌔고 쌨기 때문이었다. 그는 잡아 두었던 약속을 두 번이나 일방적으로 깨뜨렸다. 첫 만남이 성사되었을 때도 요세를 반나절이나 기다리게 했다. 그럼에도 요세는 그를 만났고, 꾸준히 그에게 크고 작은 선물을 보냈다. 첫 만남 후 반년이 지나서야 요세는 성전에 염장한 정어리를 납품할 수 있었다. 그때부터 그는 성실함을 바탕으로 신의를 쌓아 갔고, 결국 성전뿐 아니라 유대 전역에 정어리를 납품하기에 이르렀다.

요세가 엘리압에게 말했다.

"엘리압 장로, 참으시게. 없는 자리에선 나라님도 욕한다고 하지 않는가. 자네가 안디바의 사람이기는 하나, 안디바에 대한 불만이야 갈릴리에서는 흔한 일 아닌가."

"그래도 이건 너무 심하지 않습니까?"

"자자, 그쯤 해두시게."

선배 장로의 말에 엘리압이 씩씩거리며 자리에 앉았다.

요세가 심호흡하며 선생에게 말했다.

"지금껏 하신 말씀 잘 들었소. 그동안 내가 생각하지 못했던 것이 꽤 있어 보이오. 그럼에도 우리가 안식일을 지켜야 한다는 사실에는 변함이 없는 것 아니겠소?"

"물론입니다."

"그렇다면 우리가 어찌해야 하겠소?"

모두의 눈길이 선생에게 와닿았다.

"제 생각을 말씀드리면 불편하실 것 같은데……."

"괜찮소. 말씀해 보시오."

"그렇다면 말씀드리지요. 사람들에게 안식일을 지키라고 강요할 게 아니라 지킬 수 있게 하면 됩니다."

"그게 무슨 뜻이오?"

"자기 삶을 스스로 통제할 수 없는 이들에게 율법은 불가능한 명령이 될 수밖에 없습니다. 애굽의 노예들에게 이레에 한 번씩 안식하라고 명령한들 누가 명령을 따를 수 있었겠습니까? 그래서 주님께서는 율법을 주시기에 앞서 그들을 종살이에서 해방시키셨습니다."

"동의하오. 계속해 보시오."

"우리도 그렇게 해야 합니다. 누군가에게 안식일을 지키라고 요구하기 이전에 그들이 안식일을 지킬 수 있게 해주어야 합니다."

"어떻게 말이오?"

선생이 잠깐 뜸을 들이더니 결심한 듯 말했다.

"우선 장로님 자신의 소비를 줄이십시오."

"……"

"오늘 이 식탁의 음식은 가난한 한 가족의 한 달 치 식량 이상입니다. 하룻저녁에 몇 사람이 모여 이렇게 많은 것을 먹으면서 당장 끼니를 걱정하는 이들에게 안식일을 지키라 요구하는 것은 옳지 않습니다. 차라리 이 음식을 그들에게 주면서 하루만이라도 쉬라고 권하는 게 옳습니다."

요세의 얼굴이 일그러졌다.

선생이 말을 이었다.

"소득도 줄이십시오. 장로님처럼 여러 사람과 거래하시는 분의 소득이 많다는 것은 장로님과 거래하는 이들의 소득이 적다는 것을 의미합니다."

아비람이 끼어들었다.

"그건 또 무슨 말도 안 되는……."

선생이 아비람을 무시하며 말을 이었다.

"장로님은 가버나움 주민 중 많은 사람을 일꾼으로 부리고 있습니다. 저도 품삯을 받고 일을 해봐서 아는데, 일꾼은 하루에 최소한 한 데나리온은 받아야 겨우 입에 풀칠하며 삽니다. 제가 알기로 장로님은 일꾼들에게 그보다 못한 품삯을 지급하고 계십니다."

아비람이 기어이 빽 하고 소리를 질렀다.

"아니, 이 양반이! 그 사람들은 장로님이 아니면 그것조차 벌 수 없는 사람들이오."

선생이 아비람을 노려보며 말했다.

"내가 아는 하나님은 자비로우신 분입니다. 그 하나님을 비유로 설명할 테니 들어 보시겠습니까?"

요세가 인상을 쓰며 답했다.

"어디 한번 해보시오."

선생이 식탁에 앉은 이들을 둘러보며 말했다.

"어느 포도원 주인이 장터로 일꾼을 구하러 나갔습니다. 그는 이른 아침에 몇 사람의 일꾼을 구해 포도원에 들여보냈습니다. 아홉 시에 나가 보니 놀고 있는 일꾼들이 있길래 그들도 포도원으로 보냈습니다. 정오에도, 오후 세 시에도 똑같이 그렇게 했습니다. 해가 저물어 품삯을 치러야 할 때가 되었습니다. 그는 오후 세 시에 온 이들에게 한 데나리온을 지급했습니다. 이어서 정오와 아침 아홉 시에 온 이들에게도, 이른 아침에 온 이들에게도 똑같은 품삯을 지급했습니다. 이른 아침에 온 일꾼들이 따졌습니다. '우리는 온종일 일했는데 어째서 오후에 온 이들과 같은 품삯을 주는 것이오?' 그러자 주인이 답했습니다. '나는 애초에 당신들에게 그 금액을 주기로 약속했소. 사실 당신들 뒤에 온 이들은 나에게는 꼭 필요한 사람들이 아니었소. 그러나 만약 내가 그들을 부르지 않았다면, 그들과 그들의 가족은 내일 먹을 음식을 구하지 못할 것이오. 나는 당신들과의 약속을 지켰소. 그리고 그들에게는 나의 소득을 줄여서 하루의 삶을 선물했던 것이오.'"

"그 무슨 말도 안 되는……."

요세의 음성이 떨렸다.

"그렇게 말도 안 되는 일을 하시는 분이 하나님이십니다. 그분은 애굽의 노예였던 우리 조상들에게 안식일 계명을 주시면서 그들이 계명을 지킬 수 있도록 해방을 선사하셨습니다. 안식일 계명은 그분의 은혜가 없었다면 애초에 이행 불가능한 계명이었습니다. 그러니 장로님이 가버나움 사람들이 안식일 계명을 지키기를 원한다면, 장로님 역시 그분처럼 해야 합니다. 자신의 소득을 줄여서라도 이웃들이 하루의 안식을 누리게 해야 합니다."

요세가 노기를 가라앉히느라 떨리는 목소리로 말했다.

"선생은 마치 내가 일꾼들을 착취하고 있는 듯 말하는구려. 품삯을 넉넉하게 주지 못하는 것은 유감이지만, 사업에는 품삯 외에도 들어가는 비용이 아주 많소. 그런 비용을 감당하려면 돈을 모아 두어야 하고, 그러기 위해서는 아낄 수 있는 것을 아껴야 하는 것이오."

나는 선생이 그쯤에서 논쟁을 마무리하기를 바랐다. 요세가 판을 깨지 않기 위해 초인적인 노력으로 인내하고 있는 모습이 보여서였다. 그러나 선생은 나의 기대를 무너뜨렸다.

"안디바는 자기가 갈릴리를 쥐어짜는 이유가 갈릴리 사람들을 위해서라고 합니다. 로마 황제는 자기가 제국을 쥐어짜는 이유가 제국 백성을 위해서라고 하고요. 그것은 모두 강자들의 논리에 불과합니다. 그들 중 누구도 자신들의 탐욕에 대해서는 말하지 않습니다. 그런 탐욕을 오히려 약자들을 위한 것인 양 꾸며 댑니다.
그러면서 이렇게 말합니다. '결국 이 모든 것이 너희를 위한 것이
다!'"

"하, 이자가 미쳤구먼!"

아비람이 소리쳤으나 선생은 무시하며 말을 이었다.

"장로님들은 세리를 경멸하고 증오합니다. 그럴 만합니다. 나쁜
짓을 많이 했으니까요. 그래서 세리였던 레위는 오늘 감히 이 자
리에 참석하지 못했습니다. 자신에게 자격이 없다고 여겨서였습
니다. 하지만 레위는 자기 잘못을 뉘우쳤고, 뉘우침의 증거로 자신
의 직업과 재산을 모두 포기했습니다. 그런 세리에 비하면 여기에
계신 분들은 지나치게 의롭습니다. 아니, 의롭다고 자신합니다. 그
러나 하나님 나라에서는 뉘우친 세리가 자기 의로 가득한 여러분
보다 의롭게 여겨질 수 있습니다."

요세가 폭발했다. 그가 두 손으로 식탁을 치고 자리에서 일어나
며 말했다.

"그만, 그만하시오! 대화는 끝났소. 돌아들 가시오."

18

이튿날 회당장 사밧이 선생에게 사람을 보내 말했다.

"회당 출입을 금하오!"

예상할 수 있는 반응이었다. 엘리압은 인정하지 않았으나 갈릴

리는 로마의 식민지였다. 로마가 식민지에 기대하는 것은 오직 하나, 상납이었다. 안디바는 그런 기대에 충실하게 부응했다. 그는 자신의 영토를 탈탈 털어 로마에 세금과 공물을 바쳤다. 백성들이 보기에 안디바와 그의 왕국이 하는 모든 일은 로마를 대신해 백성을 수탈하는 것이었다. 그런 상황에서 사람들은 회당에 모여 예배를 드리고, 마을의 문제들을 논의하고, 아이들을 가르쳤다. 주민들은 나라가 하지 않거나 못 하는 일을 회당을 통해 스스로 하고 있었다. 그렇기에 회당은 보수적일 수밖에 없었다. 장로들은 작은 혼란을 두려워했다. 작은 일을 방치하면 걷잡을 수 없는 일이 벌어지기 때문이다. 장로들이 보기에 선생은 자기들이 힘들게 유지하고 있는 질서를 깨는 위험인물이었다. 선생의 회당 출입을 금한 것은 장로들로서는 적절한 일이었다.

장로들은 선생의 회당 출입만 금한 게 아니었다. 자신들이 영향을 미치는 모든 사람에게 선생과는 접촉하지 말라고 지시했다. 장로들 덕분에 끼니라도 이으며 살아가는 이들에게 지시는 유효했다. 세상에 밥줄보다 강한 법은 없다.

선생을 찾아오는 이들은 더욱 줄어들었다. 여전히 찾아오는 이들은 애초에 회당과 상관없이 살아가는 이들, 바리새인들이 흔히 '죄인'이라고 부르는 사람들뿐이었다.

우리는 걱정스러웠다. 선생을 따르기 위해 많은 것을 포기하고 나섰는데 뜻을 펼쳐 보기도 전에 모든 일이 끝나지 않을까 싶었다. 말은 없었지만, 선생을 따르면서 모든 것을 포기한 레위마저도 근심이 깊어 보였다.

우리의 걱정과 달리 선생은 편안해 보였다. 예상했다는 듯한 표정이었다. 어느 날 시몬이 선생에게 조심스럽게 말했다.

"선생님, 상황이 만만치 않습니다."

선생이 빙긋이 웃으며 되물었다.

"걱정되느냐?"

"아무래도……."

"비유를 하나 들어 보겠느냐?"

"들려주십시오."

"어떤 농부가 씨를 뿌렸다. 더러는 길 위에 떨어졌는데, 새들이 그것을 먹어 버렸다. 더러는 자갈밭에 떨어져 싹을 틔웠는데, 해가 나자 곧 시들어 버렸다. 더러는 잡초밭에 떨어져 싹이 났는데, 잡초에 짓눌려 자라지 못했다. 그러나 더러는 좋은 땅에 떨어져 삼십 배, 육십 배, 백 배의 열매를 맺었다."

"무슨 뜻입니까?"

"너무 걱정하지 말라는 뜻이다."

19

걱정스러운 상황이 이어지는 가운데, 선생은 무작정 기다리기만 하지는 않았다. 어느 날 산속으로 들어가 오래 머물다 나온 선생이 말했다.

"다른 마을로 가자."

우리는 언젠가는 가버나움 밖으로 나가야 한다는 것을 알고 있었다. 그러나 그렇게 일찍, 마치 밀려나듯 나가리라고는 생각하지 못했다. 우리는 불안했다. 그렇다고 선생을 떠날 수도 없었다. 우리는 이미 선생의 인품과 그가 꾸는 꿈에 깊이 빠져 있었다. 게다가 무엇보다도 우리는 의리를 중요하게 여기는 갈릴리 청년들이었다.

선생이 택한 첫 번째 마을은 가버나움에서 북동쪽으로 십 리쯤 가면 나오는 시몬과 나의 고향 벳새다였다. 벳새다의 상황은 가버나움보다도 훨씬 열악했다 주민 중 입에 풀칠이라도 하는 이들은 몇 안 되었다. 대부분이 하루 끼니를 걱정해야 했다. 마을 터가 작을 뿐 아니라 외진 곳에 있어서 고기잡이 외에는 할 수 있는 일이 없었다. 벳새다의 아이들은 자라서 자기 밥벌이를 할 때가 되면 대부분 외지로 나갔다. 남은 이들 대부분은 노약자들이었다. 벳새다는 그저 존재할 뿐 아무런 가능성도 없는 가난한 마을이었다.

벳새다는 가버나움의 소식이 거의 매일 전해지는 곳이기에 선생의 소문도 이미 퍼져 있었다. 그래서였는지 생각보다 많은 사람이 선생을 보기 위해 찾아왔다. 스무 명쯤 되었다. 대부분 아는 이들이었다.

그날 선생을 찾아온 이들 중 하나는 맹인 거지였다. 나도 어릴 때 본 기억이 있는 자였다. 그는 선생에게 자기 눈을 고쳐 달라고 간청했다. 한참 동안 하소연을 들은 선생이 그의 눈에 손을 대자 눈이 떠졌다. 그는 기쁨에 겨워 소리치며 마을 안으로 달려갔다.

소문이 퍼지자 더 많은 이들이 몰려왔다. 아파도 의사는커녕 약한 첩 접해 본 적 없는 이들이었다. 우리의 만류에도 그들은 손을 뻗어 선생을 만지려 했다. 선생은 그들 한 명 한 명의 손을 잡았고 병을 고쳐 주었다. 병 고침이 끝났을 때 선생이 말했다.

"가난한 이들은 복이 있습니다. 하나님 나라가 그들의 것이기 때문입니다. 굶주림에 지친 이들은 복이 있습니다. 하나님이 그들을 먹이실 것이기 때문입니다. 애통해하는 이들은 복이 있습니다. 하나님이 그들을 웃게 하실 것이기 때문입니다."

허리가 휘기 시작한 노인 하나가 선생에게 물었다.

"젊은 선생의 말이 듣기는 좋소이다. 그러나 그런 일이 가능하겠소?"

선생이 주위에 모인 이들을 둘러보며 답했다.

"여러분은 그런 일이 가능하다는 것을 이미 보았습니다. 아무도 기대하지 않았건만, 여러분 중에 이미 치유를 얻은 이가 있습니다. 하나님 나라는 그렇게 예기치 않게 다가옵니다. 하지만 그 나라를 누리기 위해서는 여러분 자신의 애씀이 필요합니다. 서로 도우며 사십시오. 그러면 하늘의 복이 임할 것입니다."

노인이 다시 말했다.

"우리에게는 남을 도울 만한 여력이 없소이다."

"서로 돕는 일은 여력으로 하는 게 아닙니다. 부자들을 보십시오. 그들이 여러분을 도와준 경우가 있습니까?"

"없소."

"부자들은 지켜야 할 게 많기에 하나님 나라에서 멀리 떨어져 있습니다. 그들은 자기 것을 지키느라 하나님 나라 안으로 들어가지 못합니다. 하나님 나라는 가난하고 굶주리고 애통해하는 자들의 것입니다."

다른 이가 말했다.

"그래도 한세상 부자로 살아 봤으면 좋겠소이다."

선생이 답했다.

"이웃이 굶주리는데 홀로 배를 두드리며 사는 길은 둘 중 하나입니다. 가난한 이웃에게 마땅히 돌아가야 할 것을 빼앗거나 자비롭게 나눠 주어야 할 것을 움켜쥐는 것이지요. 그런 이들은 하나님 나라에 들어가지 못합니다."

그날 선생이 가난이 복이라고 말했던 이유는 단순했다. 복을 내리시는 하나님이 가난한 자를 편애하시기 때문이다. 물론 하나님은 부자에게도 햇빛을 주시고 비를 내리신다. 그럼에도 그분은 무엇보다 가난한 자들에게 깊은 관심을 보이신다. 모든 부모가 그러하듯 하나님의 일차적인 관심은 부유하고 강한 자들이 아니라 가난한 자들에게 있다. 태어나 한 번도 부유한 적이 없었던 나로서는 알 듯 모를 듯한 말이었다.

해가 저물자 사람들은 자기 집으로 돌아갔다. 식구들과 말라비틀어진 보리빵 한 조각이라도 씹고 잠들기 위해서였다. 예나 지금이나 벳새다는 작고 초라하고 어두웠다. 선생은 그 가난한 마을을, 가버나움을 벗어난 전도 활동의 첫 번째 장소로 삼았다.

돌이켜 보면 선생의 관심사는 늘 가난하고 약한 자들에게 있었다. 자기가 먼저 부하고 강한 자들에게 다가간 적이 없었다. 처음에는 선생의 처지 때문이라고 여겼다. 자신이 약자이기에 약한 자들이 편해서일 거라고. 그런데 아니었다. 선생은 자신에게 힘이 있음을 알았을 때조차 약자에게 관심을 보였다. 선생이 약자들에게서 얻을 수 있는 것은 아무것도 없었다. 아무리 많은 것을 주어도 약자들에게는 보답할 수 있는 게 없었다. 그날도 선생은 벳새다에서 많은 이들의 병을 고쳐 주었지만 마른 빵 한 조각조차 얻지 못했다. 우리는 마을 어귀에 있는 우물가에서 물로 허기를 채웠다.

벌컥거리며 물을 마시는 선생이 안쓰러워서 내가 물었다.

"선생님, 오늘 이 가난한 마을에는 도대체 왜 오신 겁니까?"

선생이 답했다.

"이곳 사람들이 가난하고 약하기 때문이네."

"……"

"부하고 강한 이들은 가만히 있어도 주변에 사람들이 모여들지만, 가난하고 약한 이들에게는 아무도 다가오지 않네. 하나님 나라는 가난한 가버나움 사람들이 자기들보다 더 가난한 벳새다 사람들에게 다가가는 일을 통해 나타날 걸세."

선생이 말하고 있을 때 누군가 우물쭈물하며 우물가로 다가왔다. 빌립이었다. 그와 나는 어릴 때 함께 놀았다. 빌립의 아버지는 그가 어릴 때 배를 타다가 죽었다. 몇 해 전 어머니마저 병으로 죽자 빌립은 혼자가 되었다. 내가 알기로 그는 열다섯 살 때부터 배를 탔다. 하지만 벳새다에서 날품팔이하는 어부로서 삶을 이어 가는 것은 불가능했다. 빌립은 어부 겸 농부 겸 막노동꾼이었다. 주변머리도 용기도 없었던 빌립은 칙칙한 동굴 같은 벳새다를 떠나지 못한 채 산 것도 죽은 것도 아닌 상태로 살아가고 있었다.

빌립은 선생에게 자기를 거둬 달라고 청했다.

"죽지 못해서 살고 있었는데, 오늘 선생님 말씀을 듣다가 용기를 냈습니다. 거둬 주시지 않으면 제 삶은 여기서 이대로 끝날 것 같습니다."

빌립의 말은 간청 같기도, 협박 같기도 했다.

내가 빌립을 소개하자 선생은 기꺼이 그를 받아들였다. 나는 선생이 지나칠 정도로 사람을 가리지 않고 받아들이는 것이 마땅치 않았으나 뭐라고 할 수도 없었다. 따지고 보면 첫 제자인 우리 넷도 어디에 내세울 만한 사람들이 아니었으니 말이다. 어쨌거나 이제 선생을 수행하는 제자는 여섯이 되었다.

벳새다와 가버나움 사이의 해변에서 요한이 시답잖은 농담을 했다.

"말 잘하는 선생 하나, 바다에서 잔뼈가 굵은 어부 다섯, 셈에 밝은 세리 하나……. 우리끼리 잘만 하면 부자가 될 수도 있겠어요."

모두가 웃었다. 어지간하면 농담을 하지 않는 야고보가 그 농담을 받으며 말했다.

"그런데 아까 선생님이 부자는 하나님 나라에 못 들어간다고 하시지 않았나?"

선생이 손바닥으로 야고보의 등을 치며 말했다.

"예끼! 이 사람들아!"

다시 모두가 크게 웃었다. 우리는 웃고 떠들며 해변 길을 걸었다. 밤하늘에는 별들이 총총했고 검은 바다는 포근하게 출렁거렸다.

20

며칠 후 선생은 우리를 이끌고 막달라로 향했다. 막달라는 가버나움에서 해변을 따라 남쪽으로 십오 리쯤 떨어진 곳에 있다. 거기서 다시 남쪽으로 십 리 정도 내려가면 갈릴리의 수도 디베랴가 나온다.

막달라는 디베랴의 배후 도시다. 어디에서나 배후 도시는 수도의 보급 창고 노릇을 한다. 막달라는 그 기능을 충실히 감당했다. 기후가 좋아 호두, 포도, 올리브 같은 농작물이 풍성했고, 무엇보다도 염장창고가 여럿 있었다. 디베랴에서 염장한 물고기를 가장 많이 소비하는 계층은 군인이었다. 매번 육고기를 먹을 수 없었던 군인들은 바다에서 무한정 퍼 올리는 물고기를 먹었다. 게다가 염장한 물고기는 운반하고 저장하는 데 유리해서 군인들 식량으로 사용하기에 매우 적합했다. 막달라는 갈릴리 해변에서도 물고기 염장으로 유명한 마을이었다.

가버나움 장로 요세는 막달라에도 염장창고를 갖고 있었다. 가버나움에 있는 창고보다 규모가 훨씬 컸다. 시몬과 나는 정기적으로 막달라의 창고에 정어리를 납품했다. 요세가 막달라 염장창고를 인수한 것은 두 해 전이었다. 오랜 노력 끝에 유대 예루살렘에 납품을 시작한 요세는 갈릴리의 수도 디베랴에 눈독을 들였다. 하지만 가버나움의 염장창고에서 나오는 수량만으로 큰 시장을 공략하기는 어려웠다. 그는 막달라에 있는 염장창고 하나를 인수했다. 망하기 일보 직전에 있던 창고여서 헐값을 주었다고 했다. 요세는 자주 막달라를 찾았다. 소문에 의하면, 그는 막달라에 젊고 아리따운 첩을 두고 있으며, 예루살렘에도 또 다른 첩이 있다고 했다. 부유한 이가 첩을 두는 일은 흔했다.

막달라는 분주한 마을이었다. 세금과 공물 때문에 허리가 휘는 것은 갈릴리 어디서나 마찬가지였으나, 막달라에서는 다른 마을보다 할 수 있는 일이 많았다. 내륙 쪽으로 넓게 펼쳐진 밭에는 늘 일손이 필요했다. 해변가에 늘어선 염장창고들에도 많은 일꾼이 필요했다. 이것도 저것도 할 수 없는 이들은 인근 마을과 도시를 들락거리며 보따리 장사를 했다.

선생의 소문은 여기까지 퍼져 있었으나 사람들은 우리 일행이 지나가는 모습을 보고 수군거릴 뿐 선뜻 다가오려고 하지 않았다. 로마풍으로 지은 큰 회당도 있었으나 안식일이 아니어서 사람들이 모여 있지 않았고, 안식일이라고 할지라도 선생의 출입을 허락하지 않을 것 같았다. 요세의 입김이 거기까지 미치고 있었기 때문이다.

우리로서는 당황스러운 상황이었으나 선생은 덤덤했다.

염장창고와 염색 공장을 지나 한적한 해변에 이르도록 사람들이 찾아오지 않자 성미가 급한 요한이 선생에게 말했다.

"마을을 돌아다니며 꽹과리라도 칠까요?"

선생이 웃으며 말했다.

"기다려 보세. 아버지께서 구원하고자 하시는 이를 보내실 걸세."

바로 그때였다. 마을에서 세 사람이 우리 쪽으로 걸어왔다. 오십

대 초반인 듯한 영감과 그의 마누라가 이십 대 후반으로 보이는 여자의 양쪽 팔을 붙잡고 있었다. 젊은 여자는 정신이 나간 듯 비척거렸고, 부부는 기를 쓰며 그녀를 잡아끌었다.

선생이 그들에게 성큼성큼 다가갔다. 우리도 따라갔다.

선생과 마주 선 영감이 말했다.

"선생, 소문을 들었소이다. 우리 딸 좀 고쳐 주시오."

딸은 머리를 풀어 헤치고 있었다. 부스스한 얼굴에서 두 눈이 무섭도록 번쩍였다. 사람이라기보다는 맹수처럼 보였다. 하지만 입을 다물고 주위를 둘러볼 때는 얼굴에서 귀티가 났다. 진흙과 덤불로 더러워진 날렵한 표범의 얼굴 같았다.

선생은 여느 때처럼 귀를 기울였다.

여자는 영감의 막내딸이었다. 여자는 나이 열다섯에 한 사내와 결혼했다. 부부는 사이가 좋았으나 자식이 없었다. 염장업자인 사내는 성실했고 재산도 꽤 모았다. 그런데 몇 해 전부터 갑자기 상황이 나빠지기 시작했다. 주된 거래처인 안디바의 군대가 물고기 값을 터무니없을 정도로 후려쳤기 때문이다. 사내는 그 값으로는 거래할 수 없다고 사정했으나 소용이 없었다. 그 값으로 거래하겠다는 염장업자가 있다고 했다. 그만한 규모의 다른 거래처를 확보할 수 없었던 사내는 하는 수 없이 그 값에 맞춰 납품을 계속했다. 거래하면 할수록 손해를 보는 상황이었다.

그러다가 결국 한계에 이르렀다. 그는 사업을 접기로 했다. 창고를 매물로 내놓았으나 매수 의사를 밝히는 이가 없었다. 모두가 공모라도 한 것 같았다. 정보에 밝은 친구 하나가 귀띔했다. "이 모

갈릴리

든 상황의 배후가 있다더군. 안디바 쪽에 줄을 댄 사람이 있다네.”
더 낮추면 파는 일 자체가 의미가 없을 정도인 가격이 되었을 때, 어둠 속에 숨어 있던 안디바 쪽 사람이 등장했다. 가버나움의 장로 요세였다. 창고를 요세에게 넘기고 나서 한 달 후, 사내는 아내와 저녁을 먹다가 쓰러져 정신을 잃었고 나흘 후에 죽었다.

“사위가 죽고 장사를 지낸 후부터 딸애가 이상해지기 시작했어요.”

자식 하나 없이 유일하게 의지하던 남편이 아니었던가. 여자는 정신을 놓았다. 가슴에서 불이 나는지 밤이고 낮이고 온 동네를 헤매고 다녔다. 부모가 아무리 달래도 소용이 없었다. 틈만 나면 거리로 뛰쳐나가 소리를 질렀다. 잠시만 눈을 떼면 어디론가 사라졌다. 찾아보면 늘 엉망이 되어 있었다. 아이들이 던진 돌에 맞아 머리가 깨져 있기도 하고, 풀밭에 앉아 염소처럼 풀을 씹기도 하고, 비린내가 진동하는 염장창고 하수구에 들어앉아 있기도 했다.

언젠가 부모는 딸이 밤늦게 집을 나간 사실을 알았다. 내외가 온 동네를 살피고 다니다가, 선창가 주막 옆 쓰레기 더미 위에 엎어져 있던 딸을 겨우 찾아냈다. 어머니는 집으로 데려온 딸의 옷을 벗기고 씻기다가 두 손으로 입을 틀어막았다. 가까스로 물었다. “누가 이랬니? 얼굴 기억하니?” 딸이 고개를 저었다. 다시 물었다. “몇 놈이었니?” 딸이 오른쪽 손가락 세 개를 폈다. 그날 이후 부모는 딸을 더 철저하게 감시했다. 하지만 아직 젊은 딸을 짐승처럼 묶어 둘 수는 없었다. 딸은 여전히 틈만 나면 집 밖으로 나갔고 몇 차례 같은 일을 겪었다.

늙은 부부와 젊은 딸의 삶은 완전히 망가진 상태였다. 부부는 몇 차례 딸과 함께 죽을 생각을 했다. 그러다가 선생의 소문을 전해 들었고, 그가 막달라에 왔다는 말이 들려왔다. 그들은 다른 이들 눈치를 살필 여력이 없었다. 어차피 모든 게 끝날 판이었기 때문이다. 이웃들의 만류에도 불구하고 선생을 찾아왔다.

영감의 말을 듣는 선생의 얼굴이 연민으로 일그러졌다. 사연에 귀를 기울이던 선생은 세 사람을 한꺼번에 품에 안았다. 그리고 말했다.

"아버지, 이 가족에게 아버지의 긍휼하심을……."

말을 끝내지 못한 선생의 어깨가 들썩거렸다.

잠시 숨을 고른 선생이 그들을 둘렀던 팔을 풀고 두 손으로 젊은 여자의 손을 잡았다. 여자가 선생을 바라보았다. 선생이 여자에게 말했다.

"여자여! 아버지께서 당신을 사랑하시오!"

여자의 눈빛이 흔들렸다. 두려운 듯 고개를 돌려 선생의 눈길을 외면했다.

선생이 두 손으로 여자의 뺨을 잡더니 억지로 눈을 마주 보았다.

"아버지께서 당신을 사랑하시오!"

여자가 미간을 찌푸리며 선생의 손에서 빠져나가려고 몸부림쳤다. 그러나 선생은 그녀를 놔주지 않았다. 다시 그녀와 눈을 마주하며 말했다.

"딸아! 내가 너를 사랑한다!"

여자가 잠시 얼어붙더니 와락 눈물을 쏟았다. 여자는 털썩 땅에 주저앉아 두 손으로 얼굴을 감쌌다. 그리고 흐느꼈다. 흐느낌은 통곡으로 이어졌다. 여자의 통곡은 처절하고 길었다.

한참 후에 들썩이던 여자의 어깨가 잠잠해졌다. 여자가 숨을 고르며 자리에서 일어섰다. 고통과 두려움과 분노로 일그러져 있던 얼굴이 편안하게 빛났다. 여자가 부모를 향해 말했다.

"어머니! 아버지!"

여자의 어머니가 딸을 끌어안으며 말했다.

"마리아! 내 딸아!"

여자는 자기를 안고 있던 어머니의 팔을 떼어 내며 선생을 향해 돌아섰다.

"주여! 뉘시옵니까?"

"당신을 어여삐 여기시는 아버지께서 나를 보내셨소."

여자가 허리를 숙여 선생에게 절했다.

마리아의 부모는 우리 일행을 집에 초대했다. 사업이 망하기는 했으나 마리아의 남편은 그녀에게 꽤 큰 집과 얼마간의 재산을 남기고 떠났다. 마리아와 그녀의 어머니가 집에 있는 재료를 사용해 푸짐한 식탁을 마련했다. 식사를 시작할 즈음에 소문을 들은 마을 사람들이 몰려왔다. 선생은 가버나움에서처럼 그들에게도 식사에 참여하도록 권했다. 마을 여자 몇 사람이 부엌으로 들어가 일손을 보탰다. 지난 몇 년간 침울했던 마리아의 집이 갑자기 마을 잔치 자리가 되었다.

식사가 끝났을 때 사람들은 선생의 말을 듣고자 했다. 선생이 그들을 마당에 앉히고 말했다.

"어떤 이가 양 백 마리를 데리고 있었는데, 그중 하나를 잃어버렸습니다. 그는 아흔아홉 마리를 들에 두고 잃은 양 한 마리를 찾아다녔습니다. 마침내 그 잃은 양을 찾았을 때 그는 벗과 이웃을 불러 모아 잔치를 벌였습니다. 하나님 나라는 이와 같습니다."

어떤 이가 물었다.

"한 마리를 찾느라 아흔아홉 마리를 들에 버려두는 것은 잘못 아니오?"

선생이 답했다.

"아흔아홉 마리의 양에게는 무리가 있습니다. 비록 하나하나가 약하더라도 무리에 의지해 견딜 수 있습니다. 하지만 잃은 양은 오롯이 혼자여서 위험이 닥치면 헤어날 길이 없습니다. 하나님의 눈길은 늘 가장 약한 자에게 머뭅니다. 여러분도 여러분 곁에 있는 이웃과 더불어 살아가십시오. 무엇보다도 잃어버린 한 사람을 포기하지 마십시오."

이튿날 우리가 가버나움으로 돌아가려 할 때, 마리아가 선생 앞에 무릎을 꿇었다.

"선생님을 따르게 해주십시오. 부모님도 허락하셨습니다."

영감이 선생에게 말했다.

"여자의 몸으로 힘든 길이 되리라는 건 압니다. 하지만 나쁜 기억이 남아 있는 이곳에서 살아가는 것보다는 나을 것입니다. 부디 허락해 주십시오."

선생이 허락했다.

우리는 가버나움으로 돌아갔다. 가버나움에서 마리아는 야고보와 요한의 어머니인 살로메와 함께 지냈다. 마리아가 선생을 수행하자 금세 소문이 퍼졌다. 선생이 막달라에서 창녀 하나를 데려와 함께 지낸다는 것이었다. 늘 그랬듯이 선생은 소문에 신경 쓰지 않았다. 마리아가 등장한 후 선생 주변에 여자 몇 사람이 모였다. 가버나움 선창과 세관 주변에서 몸을 파는 이들이었다. 그녀들은 선생의 소문은 들었으나 감히 가까이 오지 못하고 있었다. 그랬던 이들에게 마리아의 존재가 용기를 주었다. 선생은 기꺼이 그녀들을 맞았다. 덕분에 선생에 관한 소문은 점점 나빠져 갔다.

21

한 번은 바로 윗동네인 고라신을 찾아갔다. 가까운 마을이어서인지 고라신으로 간다는 소문이 돌자 가버나움의 무리가 따라나섰다. 덕분에 우리 일행만으로도 스무 명이 넘었다.

갈릴리 바다 북쪽 산비탈에 세워진 마을 고라신은 밀 생산지로 유명했다. 검은색 현무암으로 지어진 집들이 마을 뒤편의 녹색 구릉과 어우러져 풍요로워 보였다. 마을 한가운데는 회당이 하나 있었고, 오른쪽 경계에는 로마풍 목욕탕이 자리를 잡고 있었다. 회당의 크기는 가버나움과 비슷해 보였다. 가난한 동네 벳새다와 크게 대비되는 풍경이었다.

선생의 소문은 그곳에도 나 있었다. 그러나 요세의 영향력은 어촌이 아닌 고라신 주민들에게 미치지 못했다. 우리 일행이 도착하자 사람들이 우르르 몰려나왔다. 병 고침을 받으려는 이들보다는 선생이 하는 말을 듣고자 하는 이들이 더 많았다. 주민들은 우리를 호두나무가 늘어선 공터로 이끌었다. 주민들과 우리 일행이 어우러지니 오십 명쯤 되었다.

머리가 허연 노인 하나가 선생에게 말했다.

"젊은 선생이 하나님 나라에 대해 말씀하고 다닌다고 들었소이다. 한말씀 해주시오."

선생이 노인에게 경의를 표한 후 말했다.

"하나님 나라는 겨자씨 한 알 같습니다. 겨자씨는 모든 씨보다 작지만 자라면 큰 나무가 됩니다. 그 나무에 새들이 날아와 깃듭니다."

노인이 실망한 표정으로 답했다.

"겨자는 나무라기보다는 자라 봤자 열 자 남짓한 한두해살이풀 아니오? 선생이 말하는 하나님 나라가 고작 그 정도라는 말이오?"

"그렇다면 어르신은 그 나라가 어떤 것이라 여기십니까?"

"선생처럼 나무를 예로 들자면, 하늘을 찌를 듯한 백향목 정도는 되어야 하지 않겠소."

"참새나 박새처럼 작고 약한 새들에게는 겨자처럼 곳곳에 흩뿌려져 신속하게 자라는 나무가 필요합니다. 하나님 나라는 먼 훗날의 영광이 아니라 당장의 필요를 채워 주는 나라입니다."

"하지만 겨자풀은 너무 약하지 않소?"

"약합니다. 하지만 약해서 강할 수 있습니다. 약해서 자기보다

약한 것을 품을 수 있습니다. 어르신께서는 세상의 강자들이 약자들을 품으며 살아가는 것을 보신 적이 있습니까?"

"……없소."

선생이 무리를 둘러보며 말했다.

"여러분은 자신이 약하다고 여기십니까? 그럴 수 있습니다. 그렇더라도 여러분보다 더 약한 자를 품으십시오. 바로 그곳에서 하나님 나라가 나타납니다. 하나님 나라는 백향목처럼 강한 것들이 아니라 겨자풀처럼 약한 것들을 통해서 이루어집니다."

선생이 말하는 동안 땟국물이 흐르는 어린아이 둘이 멈칫멈칫하며 다가왔다. 여러 사람을 앉혀 두고 혼자 일어서서 말하는 선생이 신기해 보였던 모양이다. 아이들은 주저하면서 선생에게 손을 내밀었다.

성미 급한 야고보가 아이들에게 버럭 소리를 질렀다.

"이놈들! 썩 꺼지지 못하겠니?"

아이들이 깜짝 놀라 손을 거두고 뒤로 물러섰다.

선생이 야고보에게 인상을 썼다.

"아이들이 내게 오는 것을 막지 말라."

선생은 손짓으로 아이들을 불렀다. 그러자 아이들은 다시 멈칫거리며 선생에게 다가왔다. 선생이 아이들을 두 팔로 하나씩 품어서 들어 올리며 말했다.

"여러분, 하나님 나라는 바로 이런 어린아이들의 것입니다. 하나님은 이 아이들처럼 약한, 아무것도 할 수 없고 아무에게도 도움이 되지 않는 이들을 사랑하십니다."

선생이 아이들을 땅에 내려 머리를 쓰다듬고 있자 무리 중 하나
가 큰 소리로 말했다.

"예수 선생, 당신과 당신 제자들에게 음식을 대접하고 싶소이
다."

우리를 초대한 이는 시몬이라는 자였다. 고라신에 제법 큰 밀밭
을 갖고 있는 시몬은 바리새인으로, 요세와도 잘 아는 사이였다.
그는 요세를 통해 선생의 소식을 듣고 있었는데, 이번 기회에 직
접 선생을 대면하고 싶어 했다.

우리는 정오에 맞춰서 그의 집으로 갔다.

바리새인 시몬의 집에는 마을 장로 셋이 자리하고 있었다. 옷차
림과 태도가 요세의 집에서 보았던 이들과 비슷했다. 그들은 선생
을 떠볼 생각인 듯했다. 우리가 식탁에 자리를 잡자 그들 중 하나
가 대뜸 물었다.

"선생은 어느 선생께 배우셨소이까?"

선생이 누구에게서도 배운 적이 없음을 알면서 일부러 던진 질
문이었다. 선생이 답했다.

"유대 광야에서 세례자 요한 선생께 잠시 배운 것 외에는 다른
배움이 없습니다."

"세례자 요한? 그도 선생이었소?"

다른 장로가 말을 받았다.

"그는 선생이 아니오. 예루살렘과 유대 어디에서도 그를 선생으
로 인정한 적이 없소. 유대에서 그는 선생은커녕 율법을 어지럽히
는 자로 알려져 있소이다."

　　　　　　　　　　　　　　　　　　　　갈릴리

선생이 답했다.

"요한이 율법을 어지럽혔는지는 모르겠습니다. 하지만 저는 분명히 그에게서 배웠습니다. 장로님들이 그를 선생으로 인정하는지 인정하지 않는지는 저의 배움과는 상관이 없습니다."

또 다른 장로 하나가 이맛살을 찌푸리며 말했다.

"허허, 선생이 요한에게 배워서 율법을 어지럽히는가 보오. 듣자 하니 가버나움에서 안식일 규정을 보란 듯이 어겼다고 하던데……."

선생이 잠시 생각하더니 물었다.

"우리에게 율법이 그렇게 중요합니까?"

선생의 질문에 장로들 사이에서 탄식이 터졌다.

"어허, 그게 무슨 말도 안 되는……."

선생이 장로들을 둘러보며 다시 물었다.

"장로님들은 갈릴리 분들인데 어째서 유대인들이 만든 율법을 그토록 소중히 여기십니까?"

바리새인 시몬이 의아한 눈빛으로 선생에게 되물었다.

"어찌 그런 질문을 하는 것이오? 유대인들의 하나님이 우리 갈릴리인들의 하나님 아니시오? 그분이 정하신 율법을 논하면서, 유대인은 무엇이고 갈릴리인은 또 무엇이란 말이오?"

선생이 무언가를 말하려다가 눈을 감고 입을 다물었다. 돌이켜보니, 선생은 종종 그런 표정을 지었다. 선생에게 가장 큰 관심사는 하나님 나라를 전하는 일이었다. 하나님 나라에 관해 말할 때면 얼굴에서 빛이 나고 눈이 반짝였다. 하지만 그 나라는 너무 자주 현실의 벽에 부딪혔다. 그중 가장 크고 견고한 벽은 율법이었다. 그 벽 앞에서 선생은 자주 좌절했다.

선생이 잠자코 있자 승기를 잡았다고 여긴 시몬이 말을 이었다.

"율법은 우리 조상들이 애굽에서 나왔을 때 우리 하나님 여호와께서 시내산에서 모세를 통해 내리신 것으로……."

바리새인들이 늘 하는 말이었다. 지루한 이야기를 다시 들어야 하나 싶었는데, 갑자기 시몬이 입을 다물었다. 방 안이 일순간 조용해졌다.

무슨 일인가 싶어 둘러보니 식탁이 차려진 방 입구에 한 여자가 서 있었다. 우리는 그녀가 누구인지 몰랐다. 시몬과 다른 장로들은 아는 것 같았다. 장로들은 입을 떡 벌리고 아무 말도 하지 못했다.

여자는 조심스럽게 선생을 향해 다가왔다. 손에 작은 병 하나가 들려 있었다. 선생을 바라보는 여자의 얼굴은 눈물범벅이었다. 여자는 식탁에 앉은 이들의 눈길을 한 몸에 받으며 선생 앞으로 다가와 무릎을 꿇었다. 선생은 말없이 그녀를 내려다보았다.

여자는 눈물로 선생의 먼지 묻은 발을 닦더니, 들고 왔던 병을 열어 선생 발에 기름을 부었다. 향긋한 냄새가 방 안 곳곳으로 퍼져 나갔다. 여자는 계속해서 울었다.

모습을 지켜보던 시몬이 선생에게 소리쳤다.

"선생! 지금 당신의 발을 만지는 여자가 누구인지 모르는 게요? 이 여자는 창녀요! 명색이 선생이라는 이가 어찌 이런 불경한 행위를 용납하는 거요?"

그러자 선생이 굳은 눈으로 시몬을 바라보았다.

"장로님께 이야기를 하나 들려 드려도 되겠습니까?"

선생은 승낙을 기다리지도 않은 채 말을 이었다.

"어느 채권자에게 빚진 자가 둘 있었습니다. 하나는 5백 데나리온을 빚졌고 다른 하나는 오십 데나리온을 빚졌습니다. 둘 다 갚을 형편이 되지 않았기에 채권자는 두 사람 모두를 탕감해 주었습니다. 장로님이 보시기에 둘 중 누가 더 채권자를 사랑하겠습니까?"

시몬이 그 무슨 시답지 않은 질문이냐는 듯 퉁명스럽게 답했다.

"그야 당연히 더 많은 금액을 탕감받은 자 아니겠소"

"옳습니다. 왜 그럴까요?"

"……"

"용서받은 경험의 크기가 사랑의 크기를 결정하기 때문입니다. 많이 사랑하는 자는 많이 용서받은 자입니다. 제가 장로님 집에 왔을 때 장로님은 저에게 발 씻을 물조차 주지 않았습니다. 하지만 이 여자는 자신의 눈물로 저의 발을 씻기고 값비싼 향유를 부었습니다. 자신이 많이 용서받았음을 알았기 때문입니다. 그래서 제가 이 여자에게 말합니다."

선생이 여자에게 부드러운 눈길을 주며 말했다.

"여자여, 당신의 죄가 사함을 받았소. 평안히 가시오."

여자는 울면서 허리를 숙여 선생에게 절하고 방을 나섰다. 그녀가 발걸음을 옮길 때마다 문가에서 방 안쪽을 살피던 이들이 한 발씩 물러서며 길을 열었다.

바리새인 시몬 곁에 앉았던 장로 하나가 소리쳤다.

"신성모독이요! 당신이 누구길래 죄를 용서한다는 거요?"

그의 곁에 앉은 다른 장로가 소리쳤다.

"죄 사함은 오직 하나님만이 하실 수 있는 일이오!"

선생이 자리에서 일어섰다.

"저 여자의 죄를 용서한 것은 내가 아니라 하나님이십니다."

그러자 시몬이 말했다.

"도대체 당신이 뭐길래 하나님을 대신해 사람의 죄를 용서한다고 말하는 것이오?"

선생이 목소리를 높였다.

"누구나 다른 이의 죄를 용서할 수 있습니다. 그 용서가 타당하다면 하늘 아버지께서도 용서하실 것이고, 타당하지 않더라도 아버지께서 용서를 베푼 자를 나무라시는 일은 없습니다. 장로님들의 하나님은 어떤지 모르겠으나, 내가 아는 하나님은 그런 분입니다."

선생이 시몬을 주목하며 말을 이었다.

"이런 상태에서 함께 식사하는 것은 서로 불편할 듯합니다. 저희는 따로 먹겠습니다."

선생이 집 밖으로 나오자 가버나움의 무리가 선생 뒤를 따랐다.

우리는 양지바른 산등성이에 앉아 마리아가 준비해 온 보리빵과 말린 무화과로 식사를 했다. 장로들 눈치가 보여서였는지, 고라신 주민들은 얼씬도 하지 않았다.

우리는 식사를 마친 후 가버나움으로 향했다. 돌아오는 길에 살펴보니, 선생의 발에 향유를 부었던 여자가 무리의 뒤쪽 끝에서

따라오고 있었다. 마리아와 다른 여자 둘이 그녀를 호위하듯 에워
싸고 있었다.

22

헤롯이 갈릴리 총독이었을 때 갈릴리에서 반란이 일어났다. 로
마는 반란을 진압하기 위해 세포리스로 군대를 보냈다. 그곳이 갈
릴리 전사들의 요새였기 때문이다. 진압군 사령관 바루스는 세포
리스의 모든 것을 허물고 모든 것에 불을 질렀다. 세포리스는 잿
더미가 되었다.

그로부터 오십여 년이 지나서 헤롯의 아들 안디바가 갈릴리의
분봉왕이 되었다. 자기 능력이라기보다는 아버지 헤롯 덕분이었
다. 안디바는 자신의 왕도를 세포리스에 세우기로 했다. 어린 시절
을 로마에서 보낸 안디바는 세포리스를 로마풍으로 재건했다. 폐
허 위에 왕궁, 무기고, 은행, 법원, 극장, 빗물 저장소를 지었다. 장
터도 위아래 지역에 각각 하나씩 세웠다. 안디바가 세운 건물들
사이사이에 귀족과 부자들의 저택이 들어섰다. 몇 해 지나지 않아
세포리스는 갈릴리에서 가장 화려한 도시로 바뀌었다.

하지만 안디바는 곧 그 도시에 갑갑증을 느꼈다. 고립된 산지
여서 확장하기가 어려웠고, 인근에서 생산되는 곡물만으로는 점
점 늘어나는 도시의 필요를 충족하기도 어려웠다. 무엇보다도 요
단강 동편 베레아까지 포함하는 그의 영토 전체를 고려하면, 세포

리스는 지나치게 대해 쪽으로 치우쳐 있었다. 안디바는 고민 끝에 왕도를 옮기기로 했다. 새로운 왕도는 갈릴리 바다 서안의 한 지역이었다. 다시 엄청난 물자를 투입해 그곳에 세포리스보다 훨씬 큰 도시를 세웠고, 로마 황제 디베료의 이름을 따서 디베랴라고 불렀다.

신하들은 마지못해 디베랴로 이주했다. 하지만 디베랴행을 포기하고 세포리스에 머문 귀족과 부자도 많았다. 그들은 번잡한 해변 도시를 탐탁하게 여기지 않았다. 무엇보다도 디베랴를 세우는 과정에서 오래된 무덤들이 파헤쳐진 일을 마땅치 않게 여겼다. 귀족들과 부자들이 세포리스에 머물자 그들에게 빌붙어 사는 사람들도 움직이려 하지 않았다. 어쩔 수 없이 오갈 데 없는 가난한 백성들을 강제 이주시켜 디베랴에서 살게 했는데, 그것이 귀족들과 부자들이 그곳을 더 못마땅하게 여기도록 만들었다. 그런 이유로 두 도시는 비슷하면서도 달랐다. 디베랴는 넓은 만큼 개방적이면서 혼란스러웠고, 세포리스는 작은 만큼 보수적이면서 안정적이었다.

가버나움 시절에 선생과 우리는 딱 한 번 세포리스를 찾아간 적이 있다. 우리가 그곳에 갈 계획을 세웠을 때 어쩐지 선생은 망설이는 것처럼 보였다. "거기는 내가 잘 아는 곳이기는 한데……." 하지만 결국 가기로 했다. 갈릴리의 모든 마을을 다 돌면서 그곳만 빼놓을 수는 없어서였다.

세포리스는 요새화된 성읍이었다. 세포리스 입구에 도착했을 때, 초병 셋이 우리를 막아섰다. 그 지역 귀족들의 사병으로 보이

갈릴리

는 초병들은 허리에 칼을 차거나 손에 몽둥이를 들고 있었다.

"정지! 어디로 가는 거요?"

시몬이 무리를 대표해 앞으로 나섰다.

"가버나움에서 선생이 오시었소. 세포리스 사람들에게 병 고침과 가르침을 베풀려 하오."

초병 중 우두머리로 보이는 이가 무리를 훑어보며 말했다.

"누가 선생이오?"

선생이 앞으로 나섰다.

"나요."

우두머리의 입가에 엷은 웃음이 흘렀다. 선생의 행색도 다른 이들과 마찬가지로 거지꼴이어서였다.

"뭘 하려는 건지 모르겠으나, 갈 수 없소."

시몬이 호기롭게 그에게 다가갔다.

"어째서 그러오? 좋은 일을 하려고 한다지 않소?"

우두머리가 입가의 웃음을 지우고 눈을 부라렸다.

"좋은 일? 구걸이겠지."

"구걸이라니? 우리는 먹을 음식도 가져왔소. 가게 해주시오."

우두머리의 언성이 높아졌다.

"썩 꺼져! 너희를 들여보내면 우리가 문책당해."

"우리 선생님은 이곳에서 가까운 나사렛 출신이시오. 어려서부터 이 성읍을 드나드셨더랬소."

"그런 건 내 알 바 아니고……. 우리는 우리를 고용한 분들의 심기를 살펴야 하는데, 그분들은 시끄러운 걸 싫어하셔. 특히 너희 같은……"

"뭐, 너희 같은……?"

모욕당한 시몬이 불끈거리며 대들었다.

초병 우두머리가 눈을 번뜩이며 칼집에서 칼을 뽑아 들었다. 그 뒤에 서 있던 다른 초병들도 몽둥이를 머리 위로 치켜들었다.

"죽고 싶지 않으면 꺼져! 이곳은 갈릴리의 귀족들이 사시는 곳이다. 너희 같은 거지 떼가 설치고 다닐 만한 곳이 아니란 말이다."

모멸감을 느낀 시몬이 품에서 단도를 뽑아 들었다.

"거지 떼?"

시몬의 움직임에 맞춰 우리도 몸을 낮춰 돌을 하나씩 집어 들었다.

그때 선생이 시몬을 만류했다.

"시몬, 칼을 거둬라!"

"선생님, 이자들이 무례하게도……."

"어허, 거두래도."

선생의 만류에 시몬이 씩씩거리며 칼을 거뒀다.

선생은 돌아서서 가버나움 방향으로 발걸음을 옮겼다. 우리는 선생을 따라 돌아설 수밖에 없었다. 선생은 세포리스 동편의 마을 두 곳을 벗어날 때까지 아무 말도 하지 않았다. 보수적인 부자들의 도시 세포리스는 선생의 틈입을 한 치도 허용하지 않았다. 세포리스 방문 후에는 디베랴를 찾아갈 계획이었는데, 그 계획은 자연스럽게 취소되었다.

23

세포리스에서 문전박대를 당한 다음 날, 고라신에서 청년 둘이 선생을 찾아왔다. 한 청년은 나의 형과 이름이 같은 시몬이었고, 다른 청년은 유다였다.

시몬과 유다는 선생에게 제자가 되기를 청했다.

"자네들은 왜 나를 따르려고 하는가?"

"그동안 선생님의 소문을 들었습니다. 얼마 전 고라신에 오셨을 때도 무리에 섞여 말씀을 들었습니다. 허락해 주시면, 선생님을 따르고자 합니다."

몸매가 다부진 청년 시몬은 열심당원이었다. 열심당은 로마에 맞서 무력 투쟁을 전개하는 조직이었다. 시몬은 고라신 북서쪽 기샬라에 기지를 둔 열심당의 한 지부에 소속되어 있었다. 칼 던지기와 육박전에 능한 그는 몇 차례 로마 군인들과 직접 맞붙어 싸운 적도 있다고 했다. 시몬은 기샬라 기지에서 유대 지방 가룟 출신의 동갑내기 유다를 만나 친구가 되었다. 유다는 시몬과 달리 정적이고 전략적인 청년이었다. 갈릴리에 아무런 연고가 없는 유다는 제 발로 기샬라 기지를 찾아갔다. 유다를 수상히 여긴 기샬라 지부장이 시몬에게 검증과 교육을 맡겼는데, 그 과정에서 죽이 맞아 친구가 되었다.

시몬과 유다는 어째서 선생을 찾아왔던 것일까. 우선은 열심당에 실망했기 때문이었다. 무력을 사용해 로마에 맞서야 한다는 열심당의 주장은 옳았다. 하지만 조직에 들어가 살펴보니 그런 대의를 내세우며 모인 무리는 도적 떼나 다름없었다. 그들은 조국을 위해 싸운다는 명목하에 동족을 괴롭혔다. 기본 원칙은 로마에 부역하는 자들을 털어서 운영자금을 마련하는 것이었으나, 실제로는 대상을 가리지 않았다. 심지어 산길에서 행상들의 괴나리봇짐을 털기도 했다. 내부 갈등도 심했다. 작은 조직 안에 몇 개의 파가 있어서 틈만 나면 권력 다툼을 벌였다. 시몬과 유다는 열심당의 대의에는 찬성했으나 실제 모습에 실망했다.

무엇보다 그들은 선생에게서 새로운 희망을 발견했다. 수개월 동안 선생을 주시했고, 선생을 중심으로 새로운 세력을 구축할 가능성을 보았다. 선생이라면 열심당의 잘못을 되풀이하지 않을 것 같았다. 고심 끝에 기살라를 떠나 선생을 찾아가기로 했다.

선생이 그들을 제자로 받아들이자 제자들의 우두머리인 시몬은 은근히 기뻐했다. 겉으로 드러낸 적은 없었으나 시몬에게는 열심당적 기질이 있었다. 일찍이 가장이 되지만 않았다면 아마도 그는 열심당원이 되었을 것이다. 그랬더라면, 나도 그랬을 것이다.

우리는 열심당 출신의 시몬을 '작은 시몬'이라고 불렀는데, 나의 형인 우두머리 시몬은 작은 시몬과 유다를 대놓고 신뢰했다. 그들이 제자단에 합류하고 얼마 지나지 않아서 시몬은 작은 시몬에게 선생에 대한 경호를 맡겼다. 작은 시몬을 향한 믿음도 있었지만, 근래에 부쩍 우리 무리 주변을 얼쩡거리는 낯선 이들이 보여서였다. 우리는 그들이 요세가 부리는 사람들 혹은 안디바의 수하들이라고 보았다. 요세 쪽 사람들이라면 신경은 쓰여도 위험할 것은 없었다. 하지만 안디바 쪽 사람들이라면 이야기가 달라졌다. 유대

 갈릴리

광야에서 세례자 요한이 안디바에게 붙잡힌 것도 수상한 자들이 얼쩡거리고 난 뒤였다. 경호를 맡은 작은 시몬은 말없이 듬직하게 선생 곁을 지켰다.

시몬은 가룟 출신 유다에게 제자 무리의 살림을 맡겼다. 유다가 꼼꼼할 뿐 아니라 정직하다고 여겨서였다. 무엇보다도 큰 이유는 그전까지 살림을 맡고 있던 내가 도무지 그 일에 소질이 없어서였다. 나는 무언가 계획을 세우고 준비하는 일에는 재주도 관심도 없었다. 시몬은 내가 계속 그 일을 맡는 데 문제가 있다고 여기던 차에 적임자를 발견한 것이다. 덕분에 나는 지난 몇 달간 머리를 지끈거리게 했던 돈 관리에서 해방되었다.

그즈음 우리 무리의 재정 상태에는 별다른 문제가 없었다. 무리가 커질수록 식비도 커졌으나 돈이 떨어지지는 않았다. 레위가 헌납한 재산이 큰 역할을 했다. 게다가 막달라 마리아에게도 남편의 유산이 있었다. 그녀도 레위처럼 재산을 헌납하겠다는 의사를 밝혔지만 선생이 받아들이지 않았다. 그럼에도 마리아는 가끔 막달라에 다녀올 때마다 돈을 가져왔다. 야고보와 요한의 아버지 세베대는 고깃배를 몇 척 갖고 있었다. 그들의 어머니 살로메는 막달라 마리아가 온 후부터 무리에 부정기적으로 가담했다. 두 아들만큼이나 선생에게 헌신적이었던 그녀는 이따금 자식들 편에 돈을 보냈다. 구사라는 자의 아내 요안나도 종종 선생에게 돈을 보내왔다. 구사는 가버나움에서 안디바의 땅을 관리하는 자였다. 그의 아내 요안나는 신실한 여자로, 남편이 하는 일에 죄책감을 느끼고 있었다. 그러던 중에 선생의 소문을 들었고, 언젠가 선생과 시몬을 집으로 초대했다. 그날 이후 요안나는 은밀하지만 적극적인 선생의 지지자가 되었다. 그녀 때문이었을까. 몇 명의 다른 부유한 여자들도 요안나처럼 돈을 보냈다.

그렇게 모인 돈이 아주 많지는 않았다. 하지만 시간이 갈수록 이런저런 이유로 돈을 바치는 이들이 생겨나 무리에 돈이 떨어지는 일은 없었다.

유다는 꼼꼼했다. 그는 매번 선생과 동행하는 무리의 수를 헤아리고 그 수에 맞춰 음식을 준비했다. 무리가 다른 마을로 이동할 때면 최소 이틀 치 식량을 마련했는데, 찾아가는 동네에서 음식을 얻으리라는 보장이 없어서였다. 특히 벳새다처럼 가난한 마을을 찾아가면 오히려 우리 쪽에서 주민들에게 음식을 나눠 주어야 할 때도 있었다. 그즈음에 선생과 동행하는 이들이 이미 오십여 명이나 되었으니 준비해야 할 식량이 만만치 않았다. 때로는 산이나 들이나 해변에서 밤을 새워야 했기에 여자들이나 병자들을 위한 천막도 필요했다. 유다는 그 모든 것을 헤아리고 준비했다.

처음에 무리의 살림을 맡았던 내가 유다를 보조했다. 나이는 내가 두 살 위였으나 나에게는 유다와 같은 머리가 없었다. 다른 이를 이끌기보다 따라가는 편인 나는 유다의 보조 노릇이 편했다. 내가 자기를 성심껏 돕고 있음을 알았는지 언젠가 유다가 나에게 말했다.

"안드레 형님, 늘 도와주셔서 감사해요."

"나는 이게 편해. 아우가 잘해 줘서 든든해."

나는 일 때문에 유다와 붙어 다니는 경우가 많았다. 덕분에 그를 조금 깊게 알 수 있었다. 유다는 예루살렘 남쪽에 있는 가룟 출신이다. 그의 아버지는 그곳의 제사장이었다. 삼 년 전, 유다의 아버지는 순번을 따라 예루살렘 성전에 올라가 제사장 역할을 했는데, 그때 그 유명한 빌라도의 성전 기금 유용 사건이 발생했다. 유대 총독 빌라도는 성전에 막대한 양의 물이 들어간다는 이유로 성 밖에서 안으로 흐르는 수로를 건설하고자 했다. 그는 건설 비용을 빌미로 성전 금고에 쌓여 있는 돈을 내놓으라고 요구했다. 유대인들은 빌라도의 요구를 신성모독이라고 여겼고, 요구를 철회시키기 위해 격렬한 시위를 벌였다. 성전의 고위급 제사장들은 나 몰라라 했으나 지방에서 올라온 제사장들은 백성들 편에 섰다.

빌라도는 유대인들의 시위를 방치하지 않았다. 진압 명령이 떨어졌고, 예루살렘 주둔 로마군 수비대가 움직였다. 진압 과정에서 많은 이들이 살해되었다. 진압 직후 수비대는 시위자들 중 수십 명을 십자가에 매달았다. 제대로 된 심판도 없이 시위 참여의 경중도 헤아리지 않은 채 이루어진 본보기식 살해였다. 시위 주동자가 아니었던 유다의 아버지도 그때 십자가에 달렸다. 유다는 아버지를 무참하게 죽인 로마를 용서할 수 없었다. 하지만 혼자서 맨주먹으로 로마에 맞설 수는 없었다. 수소문 끝에 갈릴리 기살라에 있는 열심당의 한 분파를 찾아갔고, 결국 열심당원이 되었다.

열심당의 현실에 실망하기는 했으나, 유다는 선생의 제자가 된 후에도 열심당이 내세웠던 대의가 옳다고 여겼다. 그는 로마에 대한 무력 투쟁의 당위성을 잊지 않았다. 선생의 새로운 여행을 준비하던 어느 날, 그가 나에게 말했다.

"형님, 도대체 선생님은 이런 여행을 언제까지 계속하시려는 걸까요?"

"무슨 말인가?"

"답답해서요. 제가 생각했던 것보다 너무 느려요."

"느리다니?"

"저는 선생님이 순식간에 충분한 사람들을 모을 거라고 여겼어요. 그런데 이런 속도와 규모라면 앞으로도 몇 년이 걸릴지 모르겠네요."

내가 모른 척 답했다.

"무슨 말인지 모르겠군."

"아니, 솔직히, 다들 그걸 기대하고 있는 거 아니에요? 선생님이 사람들을 규합해 세상을 뒤집는 것을요?"

허를 찔린 느낌이었다. 사실 선생의 첫 번째 제자인 우리 넷이 은연중 기대한 것도 그것이었다. 선생은 그렇게 말한 적이 없으나, 심지어 때로는 슬그머니 발을 빼기도 했으나, 우리는 선생이 말하는 하나님 나라가 결국 우리 민족이 로마를 뒤엎고 독립을 쟁취하는 것이라고 여겼다. 선생이 병을 고치고 낯선 교훈을 전하며 사람들을 규합하는 이유도 거기에 있다고 여겼다. 달리 생각할 이유가 없었다. 그게 아니면 도대체 어떻게 하나님 나라를 이룰 수 있단 말인가? 그러나 우리는 쉬쉬하고 있었다. 그런 생각 자체가 위험한 발상이었고, 선생 자신이 그런 의지를 겉으로 드러내 보인 적이 없어서였다. 한데 유다가 그 말을 꺼냈다.

나는 얼버무렸다.

"어허, 이 사람, 말조심하게."

"왜요? 우리끼린데……."

"선생님은 우리가 그런 말을 하는 걸 원치 않으시네."

"물론 누구도 대놓고 그런 말을 하기는 어려워요. 하지만 선생님의 측근인 우리는 뭔가 계획을 세워야 하지 않을까요? 언제까지 이렇게 세월을 보내고 있을 수는 없잖아요?"

내가 목소리를 낮추며 말했다.

"무슨 말인지 알겠네. 내가 시몬 형님에게 말해 보겠네. 그래도 자네는 입조심하게나."

24

선생의 갈릴리 순회가 계속될수록 선생에 대한 소문이 늘어났고, 소문과 함께 추종자들도 늘어 갔다. 제법 큰 마을에 들어서면 선생을 따르는 이들과 마을 사람들을 합해 수백 명이 모이는 경우도 드물지 않았다.

선생을 따르는 이들 중에는 아예 우리처럼 수행 제자가 된 이들도 있었다. 순회 여행이 시작되고 석 달쯤 지났을 때 수행 제자단에 섞인 이들 중에는, 바돌로매라고도 불리는 나다나엘, 디두모라고도 불리는 도마, 알패오의 아들들인 작은 야고보와 다대오도 있었다.

수행 제자들은 각자 다른 이유로 선생을 따랐다. 나는 나의 형 시몬을 누구보다도 잘 알았다. 그는 경솔한 사람은 아니지만 무언가를 결단하면 앞뒤를 재지 않는다. 제자로서도 마찬가지였다. 선생을 무조건 믿었고 무조건 따랐다. 선생의 말이 이해되지 않아도 그렇게 했다. 나는 늘 그런 시몬 곁을 지켰다. 야고보와 요한은 야심이 컸으나 갈릴리 촌놈들답게 단순했다. 종종 허황한 꿈을 꾸기는 했으나 다른 이들 몰래 무언가를 꾸밀 수 있는 이들이 아니었다. 시몬과 나의 눈에 그렇게 보였다면, 선생의 눈에는 말할 것도 없었을 것이다. 선생이 제자들 중에서 우리 넷을 특별히 아끼고 가까이 두었던 것은, 아마도 그래서가 아니었을까.

다른 제자들에 대해서는 처음에는 잘 몰랐다. 우리는 서로 충분히 알 만한 기회조차 없이 선생의 제자가 되었다. 그러나 시간이 흐르면서 점차 우리 사이에 차이가 드러나기 시작했다. 가장 큰 차이는 선생의 꿈이자 우리 모두의 꿈을 이루는 방식의 문제였다. 선생의 꿈은 하나님 나라라는 표현으로 집약되었다. 선생은 종종 우리에게 자신이 갈릴리 전역을 여행하는 이유가 그 나라를 선포하기 위함이라고 했다. 자신을 유명하게 만든 병 고침조차 그 나라의 현실을 가시적으로 보여 주는 하늘의 징표일 뿐이라고 했다. 거기까지는 모두가 동의했다. 우리 넷은 처음부터 그렇게 알고 있었고, 다른 제자들도 선생과 동행하는 과정에서 거듭 그렇게 들었다. 문제는 그 하나님 나라를 어떻게 이룰 것이냐 하는 점이었다.

어느 날 선생이 기도하러 산 위로 올라가고 우리끼리만 산허리의 널찍한 바위 위에 흩어져 앉아 있을 때였다. 유다가 한숨을 내쉬며 말했다.

                                                    갈릴리

"이래서야 어느 세월에……."

모두가 고개를 돌려 유다를 바라보았다.

"아무리 아껴도 돈이 모이질 않아요. 여행을 위해 음식을 준비하고 나면 늘 돈주머니가 깃털만큼 가벼워져요."

빌립이 시큰둥하게 말했다.

"그게 어제오늘 일인가?"

"그래서 문제인 거죠."

"뭔 소리야?"

"선생님은 매번 하나님 나라에 대해 말씀하시는데, 우리는 매번 내일 먹을 음식을 걱정해야 해요. 나는 선생님이 하나님 나라에 대해 말씀하시는 것을 좋게 생각해요. 하지만 그 나라는 도대체 어떻게 이루어지는 겁니까? 로마를 물리치고 독립을 얻는 건 고사하고 이렇게 매번 끼니를 걱정해야 하니 말입니다."

바위 위에 드러누워 하늘바라기를 하던 시몬이 일어나 앉으며 말했다.

"유다! 안드레한테서 자네가 한 말을 들었네. 내가 무슨 판단을 할 상황이 아니어서 그냥 듣고만 말았네만, 이왕 얘기가 나왔으니 자네 생각을 좀 들어 봄세."

기회를 잡았다 싶었는지 유다가 작심한 듯 말을 이었다.

"저는 선생님이 자신의 꿈을 하나님 나라라는 말로 에둘러 표현하시는 것은 좋은 전략이라고 봅니다. 형님들도 아시겠지만, 지금 선생님의 움직임은 갈릴리뿐 아니라 유대에서도 초미의 관심사가 되고 있어요. 말 한마디만 잘못하면, 안디바 혹은 더 나아가 로마가 움직일 수도 있어요. 그러니 선생님은 마땅히 조심하셔야 해요. 아마도 그래서 선생님도 혁명이니 반란이니 하는 말 대신 하나님 나라라고 말씀하시는 게 아닌가 싶어요. 그러나 언제까지 조심만 할 수는 없어요. 누가 뭐래도 결국 그 나라는 반란을 통해 이루어지는 거 아닌가요? 우리는 오랫동안 메시아를 기다려 왔는데, 우리가 메시아 하면 떠올리는 이가 누굽니까? 다윗 아닙니까?”

요한이 불쑥 끼어들었다.

“자네는 유대 출신이라 다윗을 떠올릴지 모르나 우리 갈릴리 사람들은 다윗을 좋게 보지 않아.”

시몬이 요한에게 면박을 주었다.

“요한, 우리가 아무리 다윗을 안 좋게 여기더라도 그가 이스라엘을 통일한 것은 부인할 수 없어. 유다, 하던 말 계속해 보게.”

“형님들 말씀대로 다윗이 북쪽 지파 사람들에게 욕을 먹기는 했으나, 그가 없었다면 이스라엘은 지파별로 흩어진 채 가나안 사람들과 싸우다가 소멸하고 말았을 거예요. 다윗이 백성들을 하나로 모아 통일을 이뤘기에 이스라엘이 가나안에서 왕국을 이루고 살아갈 수 있었던 거죠. 지금 유대인들이 메시아에 대해 말할 때마다 다윗을 떠올리는 이유도 거기에 있습니다.”

“그래서 자네가 하고 싶은 말이 뭐야?”

시몬이 물었다.

“선생님이 말씀하시는 하나님 나라도 그런 것이 될 수밖에 없다는 겁니다. 선생님이 아무리 아니라고 하셔도, 로마의 압제에서 벗어나 독립국가를 이루지 못한다면, 선생님이 말씀하시는 하나님 나라는 빛 좋은 개살구예요. 그런데 독립을 이루는 데 필요한 게 뭡니까? 두말할 것도 없이 힘 아닙니까? 힘없는 나라가 어떻게 로마의 손아귀에서 벗어납니까? 우리가 싸우지 않는데 도대체 누가 우리 대신 싸워서 우리에게 독립을 안겨 주겠습니까?"

"그래서 자네 말은, 우리가 열심당원처럼 칼을 들고 일어나 로마 군인들과 싸워야 한다는 건가?"

"당장은 아니겠지만 결국에는 그럴 수밖에 없습니다. 그러기 위해서는 사람들을 규합해야 하고요. 그것도 가능한 한 빨리, 그리고 대규모로 말입니다. 나는 선생님께 그럴 만한 능력이 있다고 봅니다. 다들 아시지 않습니까? 선생님이 그러실 수 있다는 걸요. 내가 보기에 선생님은 다윗은 물론이고 모세보다도 큰 분이세요. 그런데 답답하게도 지금 선생님은 허송세월하고 계세요. 허구한 날 갈릴리 촌구석이나 찾아다니면서 말이죠. 우리의 돈주머니는 매일 간당간당하고……."

"그러면 어찌해야 하겠는가?"

시몬이 물었다.

"그동안 선생님은 지나치게 갈릴리의 하층민들만 만나셨습니다. 이제는 가끔 힘 있는 자들도 만나실 필요가 있습니다. 어쨌거나 힘은 힘 있는 자들에게서 나옵니다."

"힘 있는 자들? 구체적으로 어떤 이들을 말하는가?"

"조심스러운 말씀입니다만, 선생님이 몇 차례 대립하셨다는 바리새인 요세 같은 자들입니다. 큰일을 하려면 사소한 의견 차이는 덮고 넘어가야 합니다. 안식일 규정이요? 그거 좀 지키면서 바리새파와 협력하면 되지 않습니까? 다들 아시겠지만, 바리새파는 사두개파와 달리 강력한 민족주의자들입니다. 선생님의 꿈을 이루려면 그들과 척을 지기보다는 협력하는 편이 낫습니다. 싸워야 할 자들과 싸워야지, 왜 협력할 자들과 싸웁니까?"

요한이 끼어들었다.

"에이, 이 사람아, 그래도 요세하고는 안 돼. 자네는 그때 그 자리에 없어서 모르겠지만, 요세의 집에서 선생님이 그와 아주 대차게 붙으셨거든. 다시는 만나려 하지 않으실 거야. 요세도 그럴 거고."

유다가 그 말을 받아 말했다.

"우리가 정말로 선생님을 위한다면, 두 분이 만나게 해야 해요. 어쨌거나 선생님의 활동 본거지가 가버나움인데, 가버나움에서 요세와 대립해서 좋을 게 뭐가 있어요? 내가 듣기로 요세는 계산이 빠르고 인내심이 강한 장사꾼이라고 하더군요. 요세 쪽에 다리를 놓아 보면 어떤 식으로든 반응이 오지 않을까요?"

유다의 말에 다른 제자들이 일제히 시몬을 바라보았다. 그의 반응이 궁금해서였다. 사실 그날 요세의 집에서 나도 잠시 그런 생각을 했었다. 요세로서는 꽤 성의를 보인 셈인데 도대체 선생은 어째서 이토록 강경한 것인가?

"안 될 말이야!"

시몬이 유다를 쏘아보며 말했다.

"자네 말은 꽤 그럴듯하게 들려. 하지만 자네의 결론에는 동의하기 어렵네. 내가 말을 잘하지 못해서 설명하기는 어렵지만, 나는 자네 생각이 선생님의 가르침과 많이 다르다고 느끼네. 그리고 나는 누군가의 생각이 선생님과 다르면, 무조건 선생님을 따르네.”

유다가 미간을 찌푸렸다.

“시몬 형님! 그렇게 해서야 어떻게 우리가 선생님을 보좌할 수 있겠어요? 선생님이 이상적이라면 우리라도 현실적이어야지요.”

그때 나무 그늘에 앉아 있던 나다나엘이 나섰다.

“시몬 형님, 제가 유다에게 한마디 해도 되겠습니까?”

나다나엘은 우리 중에서 가장 많이 배운 자였다. 그는 잠깐 예루살렘에 내려가 공부한 적도 있었다. 집안 덕분이라고 했다. 나다나엘 집안의 무화과나무밭은 가버나움에서 가장 컸다.

시몬이 고개를 끄덕이자 나다나엘이 유다에게 말했다.

“선생님의 제자가 되기 전에 나는 꽤 오랫동안 우리의 역사를 살펴보았네. 내가 내린 결론은 우리 민족은 식민지 시절뿐 아니라 독립 왕국 시절에도 행복하지 않았다는 걸세. 우리 갈릴리가 속했던 북왕국이 그나마 잘나가던 때가 말기인 여로보암 2세 시절이었는데, 그때 아모스라는 예언자가 나타나 북왕국 이스라엘의 백성들을 질타했네. 그때 그가 뭐라고 했는지 아는가?”

유다가 인상을 쓰며 되물었다.

“뭐라고 했습니까?”

“이렇게 말했네. ‘여호와께서 이와 같이 말씀하시되 이스라엘의 서너 가지 죄로 말미암아 내가 그 벌을 돌이키지 아니하리니, 이는 그들이 은을 받고 의인을 팔며, 신 한 켤레를 받고 가난한 자를 팔며, 힘 없는 자의 머리를 티끌 먼지 속에 발로 밟고 연약한 자의 길을 굽게 하며, 아버지와 아들이 한 젊은 여인에게 다녀서 내 거룩한 이름을 더럽히며, 모든 제단 옆에서 전당 잡은 옷 위에 누우며 그들의 신전에서 벌금으로 얻은 포도주를 마심이니라.' 바로 그게 한창 흥청거리던 북왕국의 현실이었네. 한마디로, 독립국가 시절의 북왕국은 하나님 나라는커녕 사람의 나라라고 하기도 어려웠네."

유다의 표정이 더 일그러졌다. 반박하기는 어려운데 동의할 수는 없다는 표정이었다.

나다나엘이 말을 이었다.

"남왕국 유다의 상황이라고 나을 게 없었어. 같은 시절에 남왕국에서 활동했던 예언자 이사야는 그 나라를 두고 뭐라고 말했는지 아는가? 이렇게 말했네. '여호와께서 자기 백성의 장로들과 고관들을 심문하러 오시리니 포도원을 삼킨 자는 너희이며 가난한 자에게서 탈취한 물건이 너희의 집에 있도다. 어찌하여 너희가 내 백성을 짓밟으며 가난한 자의 얼굴에 맷돌질하느냐.' 독립국가 시절의 남왕국 유다 역시 북왕국 못지않게 형편없는 나라였다는 걸세."

"그래서 형님 말씀의 요지가 뭡니까?"

"하나님 나라가 독립된 나라여야 한다는 자네의 주장이 현실적이지 않다는 거네. 단언컨대, 독립 왕국 시절에 우리는 단 한 번도 하나님 나라인 적이 없었네!"

나다나엘이 말을 마치자 다들 놀라는 눈치였다. 나다나엘이 이렇게 똑똑했던가. 유다의 말을 들었을 때는 그의 말이 옳아 보였는데, 이번에는 또 나다니엘의 말이 옳아 보였다.

그러나 유다는 물러서지 않았다.

"나다나엘 형님의 말씀을 이해하지 못하는 것은 아니지만 받아들이기는 어렵습니다. 그런 식이라면 선생님이 말씀하시는 하나님 나라는 헛된 꿈이나 다름없습니다. 지금 우리를 가장 고통스럽게 하는 게 뭡니까? 로마 아닙니까? 로마에 빌붙어 사는 안디바와 그의 일당 아닙니까? 이 나라 백성은 로마와 안디바 때문에 죽을 듯 비명을 지르고 있는데, 근본적인 원인은 놓아둔 채 하나님 나라를 논하는 게 말이 됩니까?"

나다나엘이 한발 물러섰다.

"솔직히…… 그 질문에는 나도 아직 뭐라고 답할 자신이 없네. 다만 선생님께는 무언가 답이 있지 않을까 생각할 뿐이네."

"답이 있다고요? 있다면 벌써 말씀하셨겠지요."

디두모라고도 불리는 도마가 말했다.

"나는 우리가 로마에 무력으로 맞서야 한다는 유다의 주장에는 동의하지 않아요. 하지만 선생님이 말씀하시는 하나님 나라가 뜬구름 같다는 생각은 자주 했어요. 어째서 선생님은 하나님 나라를 이루는 방법에 대해 명확하게 말씀하지 않는 거죠?"

다시 요한이 끼어들었다.

"시몬 형님도 마찬가지지만, 나도 선생님의 제자가 되기 전에 이런저런 의문이 없었던 건 아냐. 몇 차례 여쭙기도 했으나 그때마다 늘 모호하게 답하셨어. 얼마 전에도 선생님께 따로 여쭌 적이 있어. '그 나라는 어떻게 오는 겁니까?' 하고. 그러자 선생님이 씁쓸하게 웃으며 답하시더군. ‘요한, 너에게 아직 시간이 더 필요한가 보구나’라고. 어쩌면 선생님은 우리가 스스로 그 길을 찾기를 바라고 계신지도 모르겠어.”

그때 누군가 나직이 말했다.

“어, 저기 선생님이 오신다!”

산등성이에 선생의 모습이 보였다. 선생을 수행하는 작은 시몬의 모습도 보였다.

시몬이 목소리를 낮추며 말했다.

“아무래도 이 문제는 선생님께 여쭤볼 필요가 있을 것 같군. 내가 기회를 봐서 자리를 마련할 테니 그때까지는 모두 입을 다물게. 유다! 안드레! 다음 여행 준비는 잘 진행되고 있겠지?”

“네! 형님!”

25

갈릴리는 작은 땅이다. 아무리 넓게 잡아도 동서로 백 리, 남북으로 백이십 리밖에 되지 않는다. 갈릴리 북부는 높고 험한 산악지대여서 사람들이 살기에 적합하지 않다. 해서 갈릴리의 마을들 대부분은 중부와 하부에 모여 있다. 지역 자체가 작으니 마을 사이 거리도 멀지 않다. 어느 마을에서든 걸어서 하루나 이틀이면 다른 마을에 도달할 수 있다. 예컨대, 가버나움에서 선생의 고향 나사렛까지는 넉넉잡아 하루, 막달라까지는 반나절, 그리고 벳새다나 고라신 정도는 산책하듯 슬렁거리며 다녀올 수 있다.

선생의 갈릴리 여행은 넉 달간 계속되었다. 많을 때는 하루에 대여섯 곳을 방문한 적도 있었다. 선생이 어느 마을을 찾기 전에 제자들이 먼저 인근 마을들을 방문해 선생이 찾아갈 곳으로 사람들을 모아 오기도 했다. 그렇게 해서 선생은 넉 달 동안 갈릴리에 속한 2백여 마을 대부분에 하나님 나라를 전할 수 있었다.

티슈리월* 중순이었다. 선생은 제자들을 이끌고 갈릴리 바다가 내려다보이는 산 위로 올라갔다. 갈릴리 바다를 둘러싼 고원에 가을빛이 번져 가고 있었다. 한동안 해변을 둘러보던 선생이 우리에게 말했다.

"그동안 자네들은 충분히 배웠네. 이제 자네들을 갈릴리 각 마을로 보내려 하네. 가서 내가 했던 일을 직접 해보기 바라네."

도마가 물었다.

"우리더러 선생님처럼 병을 고치고 하나님 나라에 대해 가르치라고 하시는 겁니까?"

"그렇네. 이제부터는 자네들이 해야 하네."

"우리가 그런 일을 할 수 있겠습니까?"

"내가 할 수 있었다면, 자네들도 할 수 있네."

"우리에게는 선생님 같은 능력이 없습니다."

유대력은 출애굽 때 "이 달을 한 해의 첫 달로 삼으라"는 여호와의 명령(출애굽기 12:2)에 따라 유월절이 있는 니산월(오늘날의 그레고리력으로 3-4월경)을 한 해의 시작으로 본다. 티슈리월은 유대력의 일곱 번째 달이며, 그레고리력으로는 9-10월경에 해당한다.

"능력은 나에게도 없었네. 하지만 내가 간절히 원하자 아버지께서 능력을 주셨네. 모든 능력은 간절함에서 나온다네. 구하고 찾고 두드리게. 그러면 얻을 것이고 찾을 것이고 열릴 것이네."

선생의 말을 들은 우리의 반응은 둘로 나뉘었다. 시몬이나 나처럼 사람들 앞에 나서기를 꺼리는 이들은 회의적이었고, 요한과 나다나엘과 도마처럼 말을 잘하는 이들은 적극적이었다. 선생은 회의적인 이들과 적극적인 이들을 섞어서 여섯 개의 조를 편성했다. 그리고 여섯 마을을 지목해 각 조를 파송했다.

첫 번째 파송 때 시몬과 유다는 고라신으로, 야고보와 작은 시몬은 가나로, 요한과 작은 야고보는 기샬라로, 레위와 나다나엘은 마가단으로, 빌립과 다대오는 나사렛으로, 그리고 나와 도마는 나인으로 갔다. 선생 없이 우리끼리 떠났던 첫 번째 순회 전도 여행이었다.

도마와 나는 여정을 단축하고자 뱃길을 이용했다. 다행히 아침 일찍 가버나움에서 디베랴까지 가는 배를 얻어 탈 수 있었다. 디베랴에서 나인까지는 걸었다. 덕분에, 해가 지기 전에 마을 입구에 이를 수 있었다.

마을로 들어서려는데 청년 하나가 머리를 풀어 헤친 채 우리 쪽으로 달려왔다. 그 뒤에서 청년을 쫓아오던 늙은 여자가 우리를 향해 소리를 질렀다.

"여봐요! 그 애 좀 붙잡아 주시오!"

소리치는 여자의 얼굴이 연민과 고통으로 일그러져 있었다. 청년을 붙잡아야 할 것만 같았다. 청년이 우리 곁을 지나치려 할 때

몸이 날랜 도마가 팔을 낚아챘다.

"놔! 놓으라고!"

악을 쓰는 청년의 얼굴을 보니 온전치가 않았다.

숨이 차도록 뛰어온 여자는 청년의 어머니였다.

"아이고, 고맙소. 아들이 집을 뛰쳐나갈 때마다 이런 소동을 벌여야 한다오."

여자가 아들을 끌어안고 머리를 쓰다듬었다. 길길이 날뛰던 아들은 어머니의 손길에 거친 숨을 가라앉혔다. 그녀는 아들이 진정되자 등을 토닥여 마을 쪽으로 돌아서게 했다. 모자 모두에게 꽤 익숙한 듯한, 그럼에도 여전히 고통스러워 보이는 상황이었다.

함께 마을을 향해 걷는 동안 노모가 아들의 이야기를 털어놓았다. 그녀는 과부였다. 유일한 가족인 아들은 열여섯 살이었는데, 아들에게는 어릴 때부터 알고 지내던 여자가 있었다. 그녀 역시 홀어머니 밑에서 자란 외동이었다. 둘은 서로 연모했으나 양쪽 집 형편이 너무 어려워서 혼인하지 못했다. 아들이 연모하는 여자는 나인의 어느 부잣집에서 부엌데기 노릇을 했다. 그 집의 주인은 이스르엘 평원에 꽤 넓은 농지를 갖고 있었다. 석 달 전에 주인집 장남이 여자를 겁탈했다. 이후로도 겁탈은 몇 차례 계속되었으나 여자는 그 집을 나올 수 없었다. 먹고사는 것만큼 중요한 게 없어서였다.

마침내 상황을 파악한 아들의 눈이 돌았다. 칼을 들고 집으로 쳐들어갔다. 하지만 소용이 없었다. 부잣집 아들은 기골이 장대했고 남자 종들까지 있었다. 아들은 외려 죽도록 얻어맞고 문밖으로 내쳐졌다. 아들이 사경을 헤매는 동안 여자가 주인집 마당의 나무에 목을 맸다. 한 달쯤 지나 자리에서 일어난 아들은 여자가 죽었다는 소식을 들었다. 그때부터 상태가 이상해졌다. 틈만 나면 집 밖으로 뛰쳐나가 소리를 지르며 이리저리 뛰었다. 그럴 때마다 늙은 어미도 아들을 붙잡기 위해 함께 뛰어야 했다.

노모가 아들의 등을 토닥이던 손으로 자기 가슴을 치며 말했다.

"굶지 않으려면 뭐든 해야 하는데, 애 때문에 아무것도 할 수가 없어요. 얼른 죽고 싶은데 죽지도 못하겠고요."

그녀의 말을 들으며 나는 막달라 마리아를 떠올렸다. 그때 마리아와 그녀의 부모도 비슷한 상태였다. 그나마 마리아의 집에는 먹고살 만큼 재산이라도 있었다. 이 모자에게는 정말 아무것도 없었다. 삶보다도 죽음을 원하는 삶, 나는 그 막막함 앞에서 숨이 막혔다.

그때 문득 선생이 마리아에게 했던 일이 떠올랐다. 나는 가던 길을 멈추고 젊은이에게 다가갔다. 젊은이가 텅 빈 눈으로 나를 바라보았다. 내가 그에게 말했다.

"이보게, 하나님이 자네를 사랑하시네."

청년이 나를 뚫어지게 쳐다보았다. 이게 뭔 말인가 싶은 표정이었다. 내가 다시 말했다.

"아들아, 내가 너를 사랑한다!"

두 손으로 그의 손을 잡았다. 그때 갑자기 내 눈에서 주르륵 눈물이 흘렀다. 나 자신도 어찌할 수 없는, 말 그대로 걷잡을 수 없이 쏟아지는 눈물이었다. 자신을 주체하지 못해 눈물을 쏟으면서 나

　　　　　　　　　　　　　　　　　　　　갈릴리

는 사랑하는 아들의 고통을 바라보는 아비의 심정을 느낄 수 있었
다.

내 눈물을 본 젊은이의 눈동자가 흔들리더니 입에서 신음이 터
졌다.

"아! 아! 아……!"

그가 무너지듯 내 품에 안겼다. 나는 그를 끌어안았다. 신음은
통곡으로 변했다. 아들이 울자 늙은 어미가 손으로 아들의 등을
두드리며 함께 울었다. 모자의 울음은 붉은 노을을 배경으로 길게
이어졌다.

도마와 나는 그날 밤을 모자가 사는 오두막에서 지냈다. 저녁
식사는 우리가 가져간 보리빵을 나눠 먹는 것으로 때워야 했다.
집에 먹을거리가 없어서였다.

이튿날 나인 사람들이 모자의 집으로 몰려왔다. 간밤에 아들이
나았다는 소문이 퍼져 나간 것이다. 마을 사람들은 우리가 몇 마
디 해주기를 바랐다. 말재주가 없는 나는 뒤로 물러나고 도마가
나섰다.

"유대인의 율법은 우리에게 눈은 눈으로, 이는 이로 갚으라고
가르칩니다. 그러나 하늘에 계신 아버지께서는 우리에게 너희 원
수를 사랑하며 그를 위하여 기도하라고 말씀하십니다. 참된 해방
은 복수가 아니라 사랑을 통해서 옵니다. 아버지께서 우리를 사랑
하시는 것처럼 우리도 서로 사랑해야 합니다."

누군가 물었다.

"도저히 용서할 수 없는 사람은 어찌해야 합니까?"

도마가 답했다.

"도저히 용서할 수 없다면, 용서하지 마십시오. 하지만 그렇더라도 복수는 하지 마십시오. 복수심은 가장 먼저 복수하려는 자신을 해칩니다. 자신을 복수심에 불타오르게 하는 것은 자신에게 죄를 짓는 것입니다. 죄가 반복되지 않도록 복수와 단절하십시오."

도마가 한 말은 언젠가 선생이 한 말이었다. 그러나 단순히 앵무새처럼 선생 말을 따라 한 것은 아니었다. 그의 말에는 어떤 확신이 있었다. 그러고 보니, 언제부터인가 도마는 점점 생각이 깊어지고 있었다. 그는 매사에 따지기를 좋아했으나 일단 따져 물은 후에 내린 결론에 대해서는 흔들림이 없었다. 얼마 전까지만 해도 그는 하나님 나라를 이루는 방법에 대해 유다만큼이나 회의적이었다. 그러나 이제 선생의 가르침을 어느 정도 이해하는 눈치였다.

나인에서 하루를 더 지낸 후 우리는 가버나움으로 향했다. 올 때는 둘이었는데, 돌아갈 때는 넷이었다. 늙은 어미와 아들이 우리를 따라나섰기 때문이다. 나는 그들에게는 그편이 더 나을 거라고 여겼다.

우리는 왔던 길을 되밟아 가버나움에 이르렀다. 우리가 도착하자 선생이 우리를 맞았다. 고라신과 부근의 마을 몇 곳을 돌고 온 시몬과 유다도 있었다. 선생은 마치 잃었다가 되찾은 양이라도 되는 것처럼 모자를 반겼다. 하지만 유다는 가난뱅이 추종자가 늘어나서 마땅치 않은 눈치였다.

이튿날 저녁, 빌립과 다대오가 돌아오면서 제자들의 첫 번째 조별 순회 여행이 마무리되었다.

제자 열둘이 모두 모였을 때 선생이 우리를 둘러보며 물었다.

"직접 해보니 어떠하던가?"

레위가 답했다.

"마가단에서 나다나엘이 눈이 어두운 자를 고쳤습니다."

나다나엘이 말을 이었다.

"레위는 하나님 나라에 대한 복음을 전했습니다."

선생이 미소를 지으며 나다나엘에게 물었다.

"레위가 뭐라고 하던가?"

"하나님 나라는 사랑이라고 했습니다."

"구체적으로 말해 보라."

"보물을 땅에 쌓지 말고 하늘에 쌓으라고 했습니다. 가진 것을 풀어 어려운 이들과 나누라고 했습니다."

"레위가 말을 잘했구나."

다른 이들도 비슷한 이야기를 했다. 각 마을로 출발할 때만 하더라도 우리는 우리에게 그런 능력이 있다고 여기지 않았다. 그런데 해보니 되었다. 애초에 선생의 의도가 우리가 그런 경험을 하게 하는 것 아니었나 싶었다.

보고가 끝나자 선생이 말했다.

"이번 경험을 기억해 두게. 언젠가 자네들은 내가 없는 상태에서 그 일을 계속해야 할 것이네."

그때 나는 선생이 무슨 말을 하는지 알지 못했다.

우기

26

조별 순회 전도 여행은 한동안 계속되었다. 선생은 때로는 조원을 바꿔서, 때로는 지역을 바꿔서 우리를 파송했다. 선생의 훈련은 끈질겼다.

우리가 갈릴리를 순회하는 동안 선생은 여행을 점차 줄이고 자신을 찾아오는 이들을 가르치는 일에 집중했다. 점점 더 많은 이가 가버나움으로 몰려왔다. 선생의 소문은 갈릴리뿐 아니라 유대에까지 퍼져 있었다. 선생은 이미 세례자 요한이 누렸던 명성 못지않은 명성을 누리고 있었다.

선생이 가버나움에서 활동을 시작한 초기에 찾아온 이들은 대부분 가난한 자들이었다. 그러나 시간이 흐르고 소문이 퍼져 나가면서 부유한 이들 중에서도 선생을 찾는 이들이 있었다. 그들은 다른 이들보다 형편이 낫기는 하나 세상살이에 만족하지 못하고 무언가 색다른 것을 찾고 있었다. 그들은 선생이 자기들에게 지금보다 나은 삶의 길을 가르쳐 주리라고 기대했다.

기슬르월* 초 어느 날이었다. 세포리스에서 두 청년이 찾아왔다. 아나니아와 나드하드는 귀족의 자제들이었다. 굳이 티를 내려고 했던 것은 아니었겠으나, 입은 옷 때문에 다른 이들과 뚜렷하게 구분되었다. 그들은 귀족의 자제들답게 반듯하고, 당당하고, 침착하고, 심지어 예의 바르기까지 했다.

우리 중에서 그나마 그들과 수준이 맞는 나다나엘이 나서서 맞이했다.

"어떻게 오시었소?"

"선생님의 가르침을 받고자 하오."

아나니아와 나드하드는 세포리스에서 함께 자란 친구 사이로, 예루살렘에서 유학하고 있었다. 그들의 아비들은 자식들이 손바닥만한 땅 갈릴리의 분봉왕 안디바의 신하가 되기를 원치 않았다. 그렇게 되어 봤자 자신들이 이미 누리는 것 이상을 얻을 수 없다고 여겨서였다. 그들은 차라리 자식들이 유대에서 율법을 공부하고 경력을 쌓아 대산헤드린 회원이 되기를 바랐다. 아비들은 두 사람을 예루살렘으로 보냈다.

예루살렘에서 둘은 공부에 회의를 느꼈다. 그동안 자유분방하게 살아온 청년들에게 율법 공부는 그다지 재미있는 일이 아니었다. 공부를 마친 후 아비들 뜻대로 대산헤드린 회원이 된다고 한들, 자기들이 할 수 있는 일이라고는 로마의 앞잡이 노릇밖에 없

기슬르(키슬레브)월은 유대력 아홉 번째 달로, 그레고리력으로는 11-12월에 해당한다.

을 것 같았다. 그들은 청년답게 고민에 빠졌고, 그러던 차에 선생의 소문을 들었다. 특히 선생이 말하는 하나님 나라가 자신들에게 숨 막히는 로마의 틀을 벗어나 살아갈 새로운 공간을 만들어 줄지도 모른다고 여겼다. 그들은 휴가를 얻어 고향인 세포리스에 와 있던 중에 선생을 만나 보기로 했다.

나드하드가 말했다.

"선생님을 따로 뵐 수 있겠소? 우리의 미래에 대해 여쭙고 싶은 게 있소."

나다나엘이 답했다.

"지금 선생님은 다른 마을에 가 계시오. 오늘 밤에야 오실 텐데 기다리시겠소?"

두 청년은 기다리지 못했다. 자신들과 다른 환경에서 살아온 가난하고 무지한 이들과 함께 지내는 것이 불편해 보였다. 그들은 잠시 서로 수군거리더니 자리에서 일어섰다.

"아무래도 오늘은 그냥 돌아가야 할 것 같소. 내일 아침에 다시 올 테니 자리를 마련해 주기 바라오."

선생은 그날 밤늦게 돌아왔다. 나다나엘이 두 청년에 관해 보고하자 선생은 말없이 고개를 끄덕였다.

다음 날 아침, 사람들이 일찍부터 몰려왔다. 두 청년이 다시 왔을 때 선생은 이미 사람들에게 가르침을 베풀고 있었다. 그 둘은 자신들이 늦게 온 것을 아쉬워하며 무리 가운데로 들어가 자리를 잡고 앉았다. 무리에 섞였으나 그들은 누가 봐도 대부분의 사람과 달라 보였다. 선생이 그들을 쳐다보며 눈을 맞췄다.

선생은 여느 때와 같이 하나님 나라에 관해 말했다.

"하나님 나라는 멀리 있지 않습니다. 이미 여러분 곁에 있습니다."

무리 중 하나가 물었다.

"하지만 지금 우리 눈에는 그 나라가 보이지 않습니다."

"그 나라를 보지 못하는 것은 그 나라가 아닌 다른 무언가를 찾고 있기 때문입니다. 작은 빵 한 조각과 허름한 옷과 보잘것없는 이웃에 만족하지 않고 기름진 음식과 비단옷과 그럴듯한 이웃을 바라는 이들에게는 그 나라가 보이지 않습니다."

"기름진 음식과 비단옷과 그럴듯한 이웃이 악한 것입니까?"

"그것들 자체는 악이 아닙니다. 하지만 그것들을 바라서는 안 되는 상황에서 바라는 것은 잘못입니다."

"그것들을 바라서는 안 되는 상황이란 무엇입니까?"

"다른 이들은 같은 것을 바랄 수 없는 상황, 나의 바람을 성취하면 다른 이들을 더 깊은 고통과 절망 속으로 몰아넣는 상황입니다."

"좀 더 쉽게 설명해 주십시오."

"아주 쉽게 말해, 지금의 갈릴리와 같은 상황입니다. 지금 갈릴리에서 기름진 음식과 비단옷과 그럴듯한 이웃을 바랄 수 있는 사람은 극소수입니다. 대부분의 사람은 빵 한 조각과 허름한 옷과 보잘것없는 이웃조차 얻기가 어렵습니다. 그런 상황에서 나 홀로 기름진 음식과 비단옷과 그럴듯한 이웃을 바라는 것은 악한 일입니다."

선생은 잠시 말을 멈추고 무리를 둘러보았다. 선생이 아나니아, 나드하드와 눈이 마주쳤다. 둘은 흠칫했다.

선생이 말을 이었다.

"하나님 나라는 선물이기에 모두가 누릴 수 있습니다. 그러나 누구나 그것을 누릴 수 있는 것은 아닙니다. 그 선물을 누리기 위해서는 손에 쥐고 있는 것을 포기해야 합니다."

무리 중 하나가 다시 물었다.

"선물이지만 누리기 위해서는 포기해야 한다고요?"

"그렇습니다. 하나님 나라는 어떤 이가 좋은 진주를 만나는 것과 같습니다. 그것의 가치를 알아본 사람은 자기 소유를 다 팔아 진주를 살 것입니다. 아버지께서 주시는 선물을 누리고자 한다면, 모든 소유를 팔아 그것을 사야 합니다. 진주의 가치가 그의 모든 소유보다 크기 때문입니다."

그때 아나니아가 물었다.

"소유의 크기가 진주의 가치보다 큰 이는 어떻게 해야 합니까?"

선생이 잠시 침묵하며 아나니아를 바라보았다. 무리의 눈이 선생과 아나니아 사이를 왔다 갔다 했다. 선생이 말했다.

"당신이 세포리스에서 왔다는 청년인가 보오."

"그렇습니다. 선생님께 우리의 미래에 대해 여쭙기 위해 왔습니다."

"미래라…… 당신은 어떤 미래를 꿈꾸는 것이오?"

"물론 지금보다 나은 미래입니다."

"혹시 그 미래에 이웃과 더불어 살아가는 삶이 들어 있소?"

"그것에 대해서는…… 생각해 본 적이 없습니다."

"그렇다면 당신은 하나님 나라를 발견할 수 없을 것이오. 좋은 진주를 발견하지 못한 이가 그것을 얻기 위해 소유를 파는 일이 없듯이, 당신도 소유를 파는 문제로 고민할 이유가 없을 것이오. 하나님 나라는 이웃과 더불어 살아가는 나라이기 때문이오."

"저에게도 이웃은 있습니다."

"그 이웃 중에 당신에게 도움이 되지 않거나 앞으로도 별 도움이 되지 않을 이들이 있소?"

"그런 이들은…… 없습니다."

"그렇다면 당신은 하나님 나라를 누리지 못할 것이오."

"어째서 그렇습니까?"

"무지해서요. 당신은 그 나라의 가치를 알지 못하기에 그것을 발견하지도 누리지도 못할 것이오."

아나니아 곁에 앉아 있던 나드하드가 빈정거리며 물었다.

"그렇다면 지금 선생님을 따르는 이들은 모두 그 나라의 가치를 알았고, 자신들의 소유를 포기했다는 말씀입니까?"

선생이 나드하드에게 눈길을 돌리며 말했다.

"그렇지 않소. 그들 대부분은 애초에 진주를 얻기 위해 내다 팔 만한 소유를 갖고 있지 않았소. 그러나 아버지께서 그런 이들을 사랑하셔서 그들에게 값없이 진주를 내어 주셨소."

"그렇게 관대한 분이 왜 우리에게는 그토록 인색하다는 말씀입니까?"

"그대들이 누리는 것이 다른 이들의 고통이었기 때문이오. 당신

한 사람이 하루에 먹는 음식이 저들 가족의 한 달 치 식량이기 때문이오. 당신 한 사람이 예루살렘에 공부하러 가서 쓴 돈이 저들 가족이 평생 벌어도 손에 쥘 수 없는 큰돈이기 때문이오. 저들은 아무것도 없기에 아버지께서 채워 주시는 것이고, 그대들은 너무 많이 누리며 살았기에 그동안 누린 것을 내놓아야 하는데, 그대들에게는 그럴 마음이 없소. 이미 가진 것 위에 더 많은 것을 가지려 할 뿐이오. 이웃을 가난에 내버려둔 채 저만 홀로 우뚝 서려는 이들은 그 나라를 경험할 수 없소.”

“우리가 이미 가진 것을 누리면서 그 나라를 경험할 길은 정녕 없는 것입니까?”

“없소. 분명히 말하지만, 없소.”

아나니아와 나드하드가 서로 눈빛을 주고받더니 자리에서 일어섰다. 두 청년은 무리의 눈총을 뒤로하며 무리를 떠났다. 그들의 뒷모습을 바라보며 선생이 말했다.

“부자가 하나님 나라에 들어가는 것보다 낙타가 바늘귀로 지나가기가 더 쉬울 것이오.”

27

다음 날, 아비람이 찾아왔다.

“요세 장로님이 다시 한번 선생을 뵙고 싶어 하시오.”

의외였다. 다시 안 볼 것처럼 말했던 요세가 어째서 손을 내민 것일까. 아비람의 말에 의하면, 예루살렘 성전 쪽에서 올라온 정보 때문이었다. 선생의 소문은 이미 예루살렘에까지 퍼져 있었다. 성전의 고위 관계자들 대부분은 소문에 크게 신경 쓰지 않았다. 갈릴리는 워낙에 시끄러운 지역이었고 선생이 다른 메시아들처럼 군사행동을 한 적도 없어서였다. 하지만 성전경비대장 요나단은 선생의 소문에 촉각을 곤두세웠다. 빌라도의 성전 기금 유용 사건이 터졌을 때 갈릴리 사람들이 유대 사람들보다 훨씬 더 강력하게 반발했고, 그로 인해 로마군이 개입했던 일이 떠올랐기 때문이다.

요나단은 상황을 파악하기 위해 예루살렘에서 경쟁하는 두 파에 소속된 젊은 학자 둘을 갈릴리로 파견하기로 했다. 보수적이고 현세적인 사두개파는 로마의 승인 아래에서 대제사장을 비롯한 성전 고위직을 독차지하고 있었다. 그들은 성경에 기록된 율법만 인정하고 장로들의 전통은 인정하지 않았다. 천사, 영, 부활 같은 초자연적인 것도 인정하지 않았다. 반면에 진보적이고 내세적인 바리새파는 성전이 아닌 회당을 중심으로 활동하면서 민중 속으로 파고들었다. 정치적으로는 반로마적이었고 종교적으로는 성경에 기록된 율법 외에도 장로들의 전통과 초자연적인 것을 인정했다. 요나단이 두 파의 젊은 학자들을 파견하기로 한 이유는 갈릴리의 상황에 대한 객관적인 정보를 얻기 위해서였다.

자신만의 정보망을 통해 성전의 움직임을 파악한 요세는 선생과 마지막으로 담판을 짓기 원했다.

"장로님께서 이번에는 단출하게 만나고 싶어 하시오."

다음 날 오후, 선생이 나와 요한만 데리고 요세의 집을 찾아갔

다. 요세는 우리가 전에 함께 식사했던 별채에 아비람과 함께 앉
아 있었다.

"어서 오시오, 선생. 그동안 격조했소이다."

요세는 마치 그동안 아무 일도 없었다는 듯 선생을 그러안고 뺨
에 입을 맞췄다. 나는 그의 천연덕스러움이 으스스했다.

요세는 어색한 분위기를 털어 내려는 듯 포도주를 권했다.

"자, 한 잔씩들 드시오. 오래 묵힌 것이어서 향이 좋소이다."

선생이 단도직입으로 물었다.

"무슨 용무이신지?"

더 이상의 수작이 필요 없겠다 싶었는지 요세가 자세를 고쳐 잡
으며 말했다.

"아비람을 통해 들으셨겠지만, 조만간 예루살렘에서 율법학자
들이 올 것이오."

"……"

"그들이 무엇을 알기 위해 오는 것 같소?"

"모르겠습니다."

"선생의 율법 위반 여부요. 그들은 선생이 갈릴리 사람들에게
끼치는 영향에 대해 알고 있소. 그들이 두려워하는 것은 선생의
가르침이 자신들이 목숨처럼 중히 여기는 율법에 해를 끼치지 않
을까 하는 것이오."

선생이 물었다.

"제가 율법에 어떤 해를 끼친다는 말씀이신지요?"

아비람이 끼어들었다.

　　　　　　　　　　　　　　　　　　　　　　　갈릴리

"어허, 그리 말씀하지 마시오. 선생은 거의 모든 율법을 지키지 않고 있소. 솔직히 말하면, 일부러 율법을 어기고 있는 게 아닌가 싶을 정도요."

요한이 끼어들었다.

"말씀을 가려서 해주십시오. 선생님이 일부러야 그러시겠습니까?"

요세가 상황을 수습하려는 듯 말했다.

"아무렴, 선생께서 일부러야 그러셨겠는가? 아비람, 자네가 말을 잘못했네. 선생께 사과하시게."

아비람이 입을 비쭉거리며 말했다.

"내가 입이 가벼웠소. 용서하시오."

선생이 그 말을 받았다.

"아닙니다. 아비람 어른의 말씀이 다 옳은 것은 아니나 다 틀린 것도 아닙니다."

모든 눈이 선생에게로 쏠렸다.

"일부러까지는 아니지만, 필요하다면 어기고 있습니다. 예컨대, 저는 다른 모든 이들처럼 안식일을 지킵니다. 장로님들이 막지만 않으셨다면, 저는 지금도 안식일 예배에 참석하고 있을 겁니다. 안식일은 하늘 아버지가 우리에게 주신 제도이기 때문입니다. 하지만 안식일에 누군가를 도와야 한다면, 저는 기꺼이 안식일 규정을 어깁니다. 그게 안식일 제도를 주신 아버지께서 원하시는 일이라고 믿기 때문입니다."

"지난번에도 같은 답을 하지 않으셨소?"

“장로님이 지난번과 같은 말씀을 하시길래 같은 답을 드리는 것입니다. 율법에 관해서라면 저도 장로님께 여쭙고 싶은 게 있습니다.”

나는 또다시 불안했다.

“말씀해 보시오.”

“어째서 장로님은 율법을 지키지 않으시는 겁니까?”

아비람이 깜짝 놀란 듯 몸을 곧추세우며 말했다.

“그게 무슨 말이오. 장로님이 율법을 어기시다니!”

요세가 손짓으로 아비람을 진정시켰다.

“자네는 좀 진정하게. 선생, 계속해 보시오. 도대체 내가 무슨 율법을 어겼다는 것이오?”

“장로님은 십계명 중 안식일 계명은 철저하게 지키시지만, 탐내지 말라는 마지막 계명은 어기고 있지 않습니까?”

요세의 눈이 동그래졌다.

“무슨 뜻이오?”

“장로님은 자신의 부가 하나님의 축복이라고 말씀하시지만, 사실 장로님의 탐심의 결과가 아닙니까?”

“말조심하시오!”

요세의 어조가 강해졌다.

“혹시 장로님은 막달라 출신의 마리아라는 여자를 아십니까?”

“모르오.”

“지금 그 여자는 우리와 함께 있습니다. 얼마 전에 남편이 죽었고, 그로 인해 귀신이 씌웠더랬습니다.”

요세가 인상을 쓰며 받아쳤다.

"그게 나랑 무슨 상관이오?"

"그 여자의 죽은 남편이 막달라의 염장업자 하르솜입니다."

하르솜이라는 이름을 들은 요세의 얼굴이 일그러졌다.

"하르솜은 건실한 염장업자였고 좋은 남편이었습니다. 한데 장로님이 막달라에 진출하는 과정에서 행한 일 때문에 모든 것을 잃었고 결국 죽었습니다."

"그렇소? 한데 그의 죽음이 나랑 무슨 상관이오? 나는 그저 나의 일을 했을 뿐이오."

"그 일이 하르솜의 염장창고를 인수하는 것이었지요. 하르솜은 염장창고를 지키기 위해 빚을 얻었고 결국 빚을 갚기 위해 가업이었던 염장창고를 내놓아야 했습니다. 장로님은 그의 창고를 헐값에 인수하셨고요."

"나는 그의 창고를 빼앗은 적이 없소. 값을 주고 그가 내놓은 창고를 인수했을 뿐이오. 악한 일인 듯 말하지 마시오."

"오래전에 북왕국 왕 아합이 나봇의 포도원을 빼앗을 때도 그렇게 했습니다. 나봇이 포도원 넘기기를 거부하자 불량한 자들을 시켜 그를 죽인 후 그가 남긴 포도원을 취했습니다. 아합은 죽은 나봇의 포도원을 정당하게 인수했습니다. 하지만 나봇의 죽음이 아합의 계략이었다는 사실은 누구나 알고 있습니다. 장로님 역시 하르솜이 창고를 내놓지 않으면 안 되도록 배후에서 조종했습니다. 그 결과 장로님은 창고를 얻었고 그를 죽음에 이르게 했습니다."

선생의 말은 거침이 없었다. 선생은 가버나움 사람들 모두가 요세의 의로움의 증거로 여기는 것, 즉 탁월한 사업 능력을 오히려 불의에 대한 증거로 여기며 몰아붙였다. 즉 선생은 요세의 존재 근거 자체를 부정한 셈이었다. 나는 그것만으로도 선생과 요세의 관계는 이미 끝났다고 여겼다. 하지만 선생은 거기에서 그치지 않았다.

"이왕 말이 나왔으니 하나만 더 여쭙지요. 이것 역시 탐심의 문제인데, 장로님은 어째서 막달라에 첩을 두고 계신 겁니까?"

요세의 눈이 가늘어지자 다시 아비람이 끼어들었다.

"이보시오, 선생! 축첩은 죄가 아니오."

요한이 말을 받았다.

"십계명에 간음하지 말라는 계명이 있지 않습니까?"

"그건 남의 여자랑 정을 통하지 말라는 것이지 첩을 두지 말라는 뜻이 아니오."

선생이 싸늘한 표정으로 아비람에게 물었다.

"도대체 그런 해석은 누가 하는 겁니까?"

"그거야 당연히 고매한 율법학자들께서……."

"아, 예루살렘에 있다는 그 학자들 말입니까? 도대체 그들이 누구길래 갈릴리 사람인 우리가 그 해석을 따라야 하는 겁니까?"

"율법의 해석자들을 부정하는 것은 율법을 부정하는 일이오!"

선생의 표정이 더 싸늘해졌다.

"그래서 첩을 두지 말라는 뜻이 아니라는 율법학자들의 해석이 간음하지 말라는 계명보다 앞선다는 겁니까?"

"……"

"늘 궁금했습니다. 어째서 가난하고 약한 자들은 언제나 율법에 걸려 죄인이 되는데, 장로님 같은 분들은 늘 그 법을 빠져나가 홀로 의인이 되는 겁니까? 장로님이 법을 잘 지켜서입니까, 아니면 법을 손에 넣은 이들이 장로님의 편이어서입니까?"

요세가 자리에서 일어섰다. 그의 얼굴이 수치와 분노로 일그러졌다. 그의 음성이 떨렸다.

"됐소! 이것으로 진짜 끝이오. 이제 나는 나의 길로, 당신은 당신의 길로 가게 될 것이오. 당신이 자초한 길이니 후회는 마시오. 다시는 볼 일 없을 게요."

선생이 자리에서 일어나 요세 장로에게 예를 갖췄다.

우리가 별채에서 나올 때 아비람이 따라 나왔다. '아, 이건 아닌데' 하는 표정이었다. 내가 궁금해서 그에게 물었다.

"사실 우리는 우리의 관계가 지난번에 이미 끝났다고 보았습니다. 도대체 장로님은 오늘 우리를 무엇 때문에 보자고 하신 겁니까?"

아비람이 무슨 비밀이라도 누설하듯이 목소리를 낮추며 말했다.

"장로님은 예루살렘에서 학자들이 오기 전에 선생의 태도를 바꿔 보려고 했소. 표면적인 이유야 그렇게 해야 모두가 편하리라는 것이었소. 하지만……"

여기서 아비람은 목소리를 더 낮췄다.

"그보다 더 큰 이유는 예루살렘에서 오는 율법학자들에게 자신이 가버나움을 잘 통제하고 있음을 보여 주려는 것이었소. 이제라도 선생을 설득해 율법을 지키게 한다면 성전 측에서 자기를 더 신뢰할 것이라고 여겼던 거요. 그러나 이제는 다 틀린 것 같소. 걱정이오. 성전 사람들도 위험하지만, 요세 장로님도 무서운 분이오. 어쨌거나 그동안 이래저래 부딪히면서 정도 조금 들었었는데, 다들 몸조심하시오."

28

며칠 후 선생은 무리를 이끌고 갈릴리 바다가 내려다보이는 언덕 위로 올라갔다. 무리가 자리를 잡고 앉을 때 마가단 출신의 이스할이 다가와 내게 귓속말을 했다.

"마가단에 안디바의 개 노릇을 하는 지주가 하나 있어요. 저기 저 사람, 그 지주 밑에서 일하는 자예요."

이스할이 지목한 이는 체격이 다부지고 눈빛이 매서웠다.

사실 우리는 작은 시몬과 유다가 제자 무리에 합류한 직후부터 그 문제를 우려하고 있었다. 유다가 이렇게 말했기 때문이다. "안디바는 이미 선생님께 사람을 붙였을 거예요. 안디바의 첩자와 자객들은 갈릴리 곳곳에 있어요." 시몬이 작은 시몬에게 선생의 경호를 맡긴 것은 그때부터였다.

첩자가 대놓고 모습을 드러냈다는 것은 위험이 가까이 왔다는 신호였다. 나는 시몬에게 그 사실을 알렸다. 시몬이 작은 시몬에게 귓속말하자, 작은 시몬이 선생 곁으로 좀 더 바싹 다가섰다. 하지만 그날 첩자는 별다른 움직임을 보이지 않았다.

무리가 자리 잡기를 마무리할 때쯤 청년 둘이 호수 쪽에서 언덕 위로 올라오는 게 보였다. 선생은 그들이 가까이 오기를 기다렸다. 나도 얼굴을 아는 자들이었다. 선생이 말했다.

"오랜만이오."

유대 광야에서 잠시 함께 지냈던 세례자 요한의 제자들이었다.

둘 중 하나인 느다넬이 말했다.

"요한 선생님이 보내셨습니다."

선생이 말없이 고개를 끄덕였다. 선생의 표정이 고통스러워 보였다.

당시에 세례자 요한은 사해 동편 베레아 지역에 있는 마케루스 요새에 감금되어 있었다. 안디바에게 요한은 뜨거운 감자였다. 살려 두자니 위험했고, 죽이자니 백성들에게 받을 원망이 두려웠다. 이러지도 저러지도 못한 채 몇 달이 흘렀다. 요한은 감금 상태에서 제자들을 통해 선생의 소문을 듣고 있었다. 소문을 들은 요한은 궁금해했다. 느다넬이 말을 전했다.

"선생님이 물으셨습니다. '오실 그분이 당신입니까? 아니면 다른 이를 기다려야 합니까?'라고요."

요한이 말한 '오실 그분'은 메시아를 가리키는 말이었다. 광야 시절에 요한은 이미 자기 제자들에게 선생을 가리켜 그분이라고 말한 바 있다. 나와 세베대의 아들 요한이 선생을 따라나선 것도 요한이 그 말을 했기 때문이었다. 그랬던 요한이 새삼스레 선생에게 그분이냐고 물은 것은 아마도 불안 때문이었을 것이다. 자신이

삶의 마지막 단계에 있음을 인식한 요한은 선생의 메시아 됨을 선
생의 입을 통해 직접 확인받고 싶었을 것이다.

선생은 잠시 생각에 잠기더니 이렇게 말했다.

"요한 선생께 전하시오. 눈먼 사람이 보고, 다리 저는 사람이 걸
으며, 나병 환자가 깨끗하게 되며, 듣지 못하는 사람이 들으며, 죽
은 사람이 살아나며, 가난한 사람이 복음을 듣는다고 말이오."

느다넬이 실망스러운 표정으로 말했다.

"그런 소문에 대해서는 선생님도 이미 알고 계시오. 선생님이
물으시는 것은 그래서 예수 당신이 그분이냐는 것입니다."

선생이 말했다.

"형제여, 내 말을 전하면 요한 선생은 알아들으실 것이오."

느다넬과 함께 온 요한의 제자 바기엘이 눈을 동그랗게 뜨며 말
했다.

"우리는 더 확실한 답을 얻고 싶습니다. 지금 요한 선생님은 바
람 앞의 등불 같은 신세입니다. 안디바가 마음만 먹으면 언제라도
목숨을 잃을 수 있습니다."

안디바의 이름이 거론되자 무리에 섞여 있던 마가단 사람의 눈
이 가늘어졌다.

"만약 당신이 그분이라면, 더 늦기 전에 움직여야 합니다. 그렇
지 않으면 요한 선생을 잃게 될 겁니다."

선생이 바기엘에게 말했다.

"형제여, 요한 선생은 자신의 운명을 이미 알고 있을 것이오."

바기엘이 발끈했다.

"마치 요한 선생님의 죽음을 전제하고 하는 말씀 같소?"

"유감스럽지만 무사히 풀려나긴 어렵지 않겠소?"

"그래서 이대로 선생님을 보낼 생각이란 말이오?"

"내가 무엇을 할 수 있겠소?"

"당신에게는 따르는 이들이 많소. 그들과 함께 선생님을 구출할 방도를……"

그때 시몬이 느다넬의 입을 막았다.

"쉿! 말조심하시오. 여기는 안디바의 첩자들이 곳곳에 깔린 갈 릴리요."

느다넬이 무언가 눈치를 챈 듯 말을 얼버무렸다.

"답답해서 해본 소리요."

선생이 말했다.

"요한 선생은 용감한 분이오. 그는 자신의 운명을 기꺼이 받아 들일 것이오. 가서 선생께 나의 인사를 전하시오. 평안히 가시라 고. 내가 그를 만나서 기뻤고, 감사했노라고. 조만간 다시 만나게 될 것이라고."

나는 선생의 말이 의아했다. 분명히 무언가를 암시하는 것 같은 데 진의를 헤아리기 어려웠다.

선생의 말이 끝나자, 느다넬과 바기엘은 비통한 표정을 지으며 언덕 아래로 내려갔다.

그들이 시야에서 멀어지자 선생이 무리를 향해 말했다.

"세상이 낳은 자 중에 세례자 요한보다 큰 자는 없습니다. 그러 나 이제 요한이 선포했던 나라가 임하고 있는데, 아니, 이미 임했는데, 그 나라에서는 가장 작은 자라도 요한보다 큽니다. 그 작은 자는 바로 여러분입니다. 하나님 나라는 모세나 다윗 같은 탁월한 지도자를 통해 오지 않습니다. 요한과 같은 이를 통해서도 오지 않습니다. 오히려 그 나라는 여러분처럼 작고 약한 이들 속에서 꿈틀대며 일어나 온 세상 속으로 퍼져 나갈 것입니다.”

선생이 잠시 생각에 잠기더니 말을 이었다.

“내가 요한에게 말해 주고 싶었던 게 이것이었습니다. 아마도 그는 하나님 나라가 자신이 기대했던 나라와 다르다는 사실을 알고 실망할 겁니다. 하지만 또한 그는 그 나라가 자신이 기대했던 것보다 훨씬 더 강하고 끈질기고 아름다운 모습으로 이 세상에 임하고 있음을 알고 기뻐할 겁니다. 이제 우리는 그를 보내야 합니다. 그리고 그가 떠난 자리에서 그가 바라던 것을 이뤄 내야 합니다.”

선생이 말하는 동안 나는 계속 마가단 사람을 주시했다. 작은 시몬도 그에게서 눈을 떼지 않았다. 하지만 그는 선생의 말을 주의 깊게 들었을 뿐 어떤 행동도 하지 않았다.

날이 저물어 산에서 내려올 때 습기를 먹은 바람이 불어왔다. 갈릴리 바다 건너편 산등성이에 걸린 해가 호수 전체를 붉게 물들이고 있었다. 우기가 시작되고 있었다.

29

시몬의 장모가 선생과 제자들을 저녁 식사에 초대했다.

시몬과 나는 일행보다 한 걸음 앞서 집에 도착했다. 시몬의 장모는 푸짐한 저녁상을 마련했다. 양을 한 마리 잡고 포도주도 두 항아리나 내왔다. 상 위에는 구운 생선, 건포도, 볶은 아몬드, 석류, 염소젖으로 만든 치즈 등이 잔뜩 쌓여 있었다. 상차림에 놀란 시몬이 장모에게 말했다.

"장모님, 이게 다 뭡니까?"

장모가 상 위에 술잔을 늘어놓으며 말했다.

"아무래도 더는 기회가 없을 것 같아서……. 그리고 무엇보다도 자네 안사람이 원했네."

형수 이야기가 나오자 시몬의 얼굴에 그늘이 졌다.

"떠나기 전에 자네 안사람 한번 챙기시게."

"떠나다니요? 제가 어디로 간다는 말씀입니까?"

시몬의 장모가 혀를 찼다.

"정녕 자네는 지금 자기가 어디로 가고 있는지 모른다는 말인가?"

"……"

그때 선생을 비롯한 제자 무리가 집 안으로 몰려들었다. 대화는 중단되었고, 시몬의 장모는 손님들을 맞이하느라 분주해졌다.

저녁 식사는 밤늦도록 이어졌다. 그날 선생은 많이 먹고, 많이 마시고, 많이 웃었다. 사람들과 어울릴 때 선생은 마치 잔치를 위해 살아가는 사람처럼 보였다. 요한이 금욕하는 사람이었다면, 선생은 잔치하는 사람이었다. 요한의 하나님 나라가 심판으로 다가왔다면, 선생의 하나님 나라는 잔치로 다가왔다. 잔치가 벌어질 때 선생은 동네 개구쟁이처럼 즐거워 보였다.

포도주 항아리 하나가 바닥을 드러낼 때쯤에 취기가 오른 다대오가 자리에서 일어나 선생의 말투를 흉내 내며 말했다.

"하나님 나라가 가까웠으니……."

모두가 폭소를 터뜨렸다. 선생도 크게 웃었다.

시몬만 표정이 어두웠다. 나다나엘이 몇 해 전 예루살렘에 공부하러 가서 겪은 일을 늘어놓을 때 시몬이 슬그머니 자리에서 일어나 밖으로 나갔다. 문틈으로 내다보니 마당 어두운 곳에서 시몬이 형수의 등을 두드리는 모습이 보였다. 형수는 우는 것 같았다.

두 사람의 모습을 지켜보다가 문득 내가 아직 장가가지 않은 것이, 아니 못 간 것이 차라리 다행이다 싶었다. 생각해 보니 제자 중에 혼인한 이들이 몇 있었다. 야고보와 도마에게는 자식까지 있었다. 갑자기 강한 의문이 들었다. 도대체 지금 우리는 무엇을 하는 걸까. 부모와 처자식까지 외면하면서 추구하는 게 무엇일까. 시몬의 장모는 우리가 어디론가 가고 있다고 말했는데, 도대체 지금 우리는 어디로 가고 있는 것일까.

시몬이 다시 방으로 들어와 내 곁에 앉았다. 내가 귓속말로 물었다.

"형수가 뭐래요?"

시몬이 나직이 답했다.

“선생님 따라다니는 일 그만두면 안 되냐고…… 무섭다고…….”

나는 고개를 끄덕였다. 남자들에게야 남자들 일이 있지만, 여자들에게는 남편과 자식이 전부인 세상이었다. 그런 세상에서 남편이 집을 나가 떠도는데 어느 여자가 좋아하겠는가?

하지만 시몬도 나도 쉽게 결정한 일이 아니었다. 선생은 평생 세상을 원망하며 물고기나 잡다가 삶을 끝낼 우리 형제에게 가슴 두근거리는 꿈을 꾸게 해주었다. 인제 와서 그만둘 수는 없었다.

시몬과 내가 귓속말을 나눌 때 선생의 눈길이 잠시 우리에게 머물렀다. 시몬의 어두운 표정을 보던 선생의 얼굴에도 슬그머니 그늘이 졌다.

그때 다대오만큼이나 취기가 오른 빌립이 선생에게 도발적인 질문을 던졌다.

“선생님, 혹시 마음에 두셨던 여인이 있습니까?”

좌중의 모든 눈이 선생에게 쏠렸다.

선생이 발을 뺐다.

“이 사람, 뭐, 그런 걸 묻나…….”

제자들이 일제히 외쳤다.

“말씀해 주십시오.”

선생이 난감한 듯 팔깍지를 끼고 몸을 뒤로 젖혔다. 제자들이 눈을 말똥거리며 쳐다보자 선생이 숨을 들이마셨다 내쉬며 말했다.

“열여섯 살 때 나사렛 우물가에서 아가씨 하나를 만난 적이 있지.”

선생의 눈이 아련해졌다.

"그때 그 아가씨가 나에게 물을 한 그릇 떠 주었어. 이름도 모른 채 헤어졌는데, 이상하게 자꾸 생각이 나더라고. 그래서 몇 차례 그 아가씨가 왔던 시간에 맞춰 우물가를 찾아갔어."

빌립이 손나팔을 불었다.

"우! 우!"

선생이 빌립을 보며 웃었다.

"잡소리 넣으면 그만하겠네."

"입 다물겠습니다. 계속하십시오."

"그 후에 한 번 더 마주쳤는데, 마침 우물가에 다른 사람들이 있어서 말도 못 건넨 채 헤어지고 말았네. 목도 마르지 않았는데 동네 아주머니가 떠 주는 물만 한 그릇 마시고 물가를 떠났어. 그때 무척 아쉬웠는데, 내 생각에는 그녀도 그렇지 않았나 싶어. 뭐, 그냥…… 눈빛이 그래 보였어."

레위가 끼어들었다.

"뒤따라가지 그러셨어요."

"그럴 만한 숫기가 없었어. 그냥 돌아서서 아무 일 없는 듯 걸어갔지."

"이런 답답한……."

작은 시몬이 한 말이었다. 선생이 손등으로 작은 시몬의 가슴팍을 한 대 치며 웃었다.

"나중에 알고 보니 아버지의 동료였던 분의 맏딸이더군. 나이는 열넷, 이름은 미리암이라고 했어. 아버지가 살아 계셨더라면 혼담이 오갔을 수도 있겠다 싶더군. 유감스럽게도 아버지가 돌아가신 후 우리 집은 다른 식구를 들일 만한 상황이 아니었고, 그쪽 집 사정도 우리만큼이나 어려웠어.”

“그래서요? 그대로 끝난 거예요?”

요한이 물었다.

“내가 디베랴에서 몇 달 일하다 돌아와서 다시 우물가를 찾아갔지. 두 번째 갔을 때 그녀가 물을 길으러 나왔더군. 마침 다른 사람들도 없었고. 처음으로 그녀에게 말을 붙였어. ‘그동안 잘 계셨소? 궁금했소이다’라고.”

“그랬더니요?”

“그녀가 모깃소리로 답하더군. ‘저도 궁금했어요’라고.”

좌중에서 일제히 “와!” 소리가 났다.

“내가 말했어. ‘나는 요셉과 마리아의 아들 예수라 하오. 나이는 열일곱이고 직업은 목수요.’ 그녀가 말하더군. ‘알고 있어요.’ 그녀도 나에게 관심이 있었구나 싶어서 용기를 내어 말했지. ‘우리 가끔 이곳에서 만나면 어떻겠소?’ 했더니 그녀가 눈물을 글썽이며 아까보다 더한 모깃소리로 말하더군. ‘저, 곧 결혼해요’라고.”

좌중에서 일제히 탄식이 터졌다.

“얼마 후 그녀는 진짜로 시집을 갔어. 세포리스에 있는 어느 홀아비의 후처로 갔다고 하더군. 집안 형편이 어려워 돈에 팔려 간 거지. 그 후로는 그녀에 관해 듣지 못했네.”

잠시 어색한 침묵이 흘렀다.

침묵을 깬 것은 시몬이었다.

"가슴 아픈 얘기인데 덤덤하게 말씀하시네요."

"……꽤 세월이 흐르지 않았는가."

선생의 표정이 다시 아련해졌다.

식사가 끝날 즈음에 선생이 시몬을 곁으로 불렀다. 선생이 귓속
말을 하자 시몬이 강하게 고개를 가로저었다. 하지만 선생은 계속
해서 무언가를 말했고, 마침내 시몬은 고개를 끄덕였다. 우리가 시
몬의 장모에게 감사 인사를 하고 집을 나올 때 시몬은 따라 나오
지 않았다.

30

이른비는 이미 다 내렸고, 겨울비가 한창 내리고 있었다.* 그해
겨울에는 유독 비가 잦았다. 수시로 비바람이 불고 천둥과 번개가
쳤다.

비 오는 날이 잦자 선생은 제자들의 순회 전도 여행을 잠정 중
단시켰다. 선생은 자신의 거처에 머물면서 찾아오는 병자들을 만
났다. 소문을 듣고 오는 이들은 갈릴리 사람들만이 아니었다. 베레
아, 유대, 데가볼리, 가울라니티스, 파네아스, 그리고 두로와 시돈

•

이스라엘의 계절은 건기(그레고리력 4-9월)와 우기(10-3월)로 나뉜다. 우기에 내리는 비는
이른비(10-11월), 겨울비(12-2월), 늦은비(3-4월)로 나뉜다. 겨울비가 일 년 강우량의 약 70
퍼센트를 차지한다.

에서도 사람들이 찾아왔다.

선생은 인종이나 국적, 빈부귀천을 따지지 않았다. 그들 모두를 만나 병을 고치고 하나님 나라를 전했다. 그러다 비가 그치면 무리를 모두 이끌고 산으로 올라갔다. 선생의 움직임에 대한 소문이 퍼져 나갔는지 각처에서 많은 사람이 가버나움으로 몰려들었다. 때로는 수가 너무 많아 가버나움의 언덕이 사람들로 가득 찼다. 이제 선생이 사람들에게 끼치는 영향력은 장로 요세나 회당이 통제할 수 있는 정도를 훨씬 넘어서고 있었다.

어느 날, 선생은 여느 때처럼 자신을 찾아온 이들을 모두 이끌고 산으로 올라갔다. 그날도 마가단 사람이 무리 가운데 있었는데, 곁에는 그 사람만큼이나 단단하고 날카로워 보이는 사내들 몇이 함께 있었다. 마가단 사람과 사내들은 서로 아는 사이인 것 같았다. 사내들이 마가단 사람에게 다가가 귓속말하자, 마가단 사람이 고개를 가로저었다. 사내들의 동태에 주목하던 작은 시몬이 시몬에게 다가와 나직이 말했다.

"형님, 아무래도 상황이 심상치 않아 보여요."

시몬은 제자들에게 선생 주변을 에워싸라고 지시했다. 한데 놀라운 일이 벌어졌다. 제자들이 선생 주변에 모이자, 선생을 따르는 무리가 눈치를 챘다. 무리 중에 몇이 수군거리더니 갑자기 사람들이 우르르 몰려와 선생을 에워싼 제자들을 에워쌌다. 선생은 사람들에게 완벽하게 둘러싸였다.

마가단 사람과 낯선 사내들은 상황을 지켜보기만 할 뿐 다른 행동을 취하지 않았다. 잠시 후 사내들은 자리를 뜨고 마가단 사람만 남았다. 우리는 그를 노려보았으나 그는 꿈쩍도 하지 않았다.

사내들이 자리를 뜰 즈음에 아비람이 나타났다. 그의 곁에도 낯선 이가 둘 있었다. 평상복 차림이기는 했으나 누가 봐도 갈릴리 사람들이 아니었다. 조금 전의 사내들처럼 거칠어 보이지도 않았다. 누구인지 짐작이 갔다.

시몬과 내가 다가가 인사를 건네자 아비람이 두 사람을 소개했다.

"예루살렘에서 온 율법학자들이시오. 선생의 말을 직접 듣기 위해서 오셨소."

시몬이 두 사람에게 인사를 건넸다.

"어서 오십시오. 저는 선생님의 제자 시몬입니다."

"여호나답이오."

"압탈리온이오."

"오셔서 선생님과 인사 나누시지요."

"아니요. 우리는 갈릴리의 선생이 평소에 무슨 말을 하는지 듣고자 하오."

선생은 우리가 아비람 일행과 대화하는 모습을 잠깐 쳐다보았으나 이내 얼굴을 돌려 무리를 향했다. 그날 선생은 남왕국의 예언자 예레미야에 관해 말했다. 유다 왕국 말기에 활동한 예레미야는 어느 날 성전을 찾아온 이들을 향해 외쳤다. "너희는 이것이 여호와의 성전이라, 여호와의 성전이라, 여호와의 성전이라 하는 거짓말을 믿지 말라." 예레미야의 말의 요지는 유대인들이 자신들을 적에게서 지켜 주리라고 믿은 성전이 무용하다는 것이었다.

예레미야에 따르면, 하나님이 자기 백성에게 원하시는 것은 때마다 성전에 몰려와 제사를 지내는 것이 아니라 이웃과 더불어 우애하고 협력하는 삶이었다. 살인하고, 간음하고, 도둑질하고, 거짓말하는 이들이 성전에 나와 제사를 지내 봤자 아무 소용이 없다는 것이었다. 예레미야는 백성들이 악한 삶에서 돌이키지 않는다면 성전이 파괴될 것이라 경고했다. 오래전 하나님의 임재를 상징한 물건인 법궤가 안치되었던 실로가 블레셋에 의해 철저하게 파괴되었던 것처럼.

"예레미야의 예언이 있고서 얼마 후 예루살렘은 바벨론에 의해 멸망했고, 성전은 철저하게 파괴되었습니다. 바벨론은 성전을 모두 허물고 그 안에 있던 금과 은과 놋으로 만든 성물들을 모두 바벨론으로 가져갔습니다. 다윗의 아들 솔로몬이 '주께서 영원히 계실 처소'라고 말했던, 예언자 이사야가 '주께서 높이 들린 보좌에 앉으셨는데 그의 옷자락은 성전에 가득하였고'라고 노래했던 예루살렘 성전이 이방인들에 의해 무참히 무너진 것입니다."

무리 중 하나가 물었다.

"혹시 지금의 성전도 그렇게 될 수 있습니까?"

나는 질문을 듣고 예루살렘에서 온 학자들을 쳐다보았다. 그들이 실눈을 뜨는 게 보였다. 나는 선생이 그 질문을 피해 가기를 바랐다. 이번에도 선생은 내 기대를 저버렸다.

"혹시 정도가 아니라, 분명히 그럴 겁니다."

"어째서 그렇습니까?"

"예레미야 때와 같은 이유에서입니다. 성전이 제사를 핑계 삼아 백성의 재물을 빨아들일 뿐 백성을 옳은 길로 이끌지 않기 때문입니다. 단순히 옳은 길로 이끌지 않는 정도가 아니라 잘못된 길로 이끌고 있기 때문입니다.”

선생의 말에 학자 두 사람의 표정이 엇갈렸다. 사두개파 여호나답은 미간을 찌푸리며 입꼬리를 길게 내렸다. 반면에 바리새파 압탈리온은 눈을 지그시 감고 입꼬리를 일자로 폈다.

선생이 말을 이었다.

“예레미야의 말대로, 하나님이 이스라엘 백성에게 바라셨던 것은 제사가 아니라 그분의 뜻을 따라 사는 것이었습니다. 한데 지금 성전은 백성들에게 삶은 어찌 되었든 제사만 드리면 하나님이 지켜 주실 거라고 가르칩니다. 그것은 성전의 이름으로 하나님을 능멸하는 것입니다. 하나님이 그런 성전을 놔두실 리 없습니다.”

그때 여호나답이 말을 가로챘다.

“선생! 선생은 잘못된 주장으로 사람들을 현혹하고 있소이다.”

선생이 여호나답에게 눈을 돌리자 그가 말을 이었다.

“성전 제사는 주께서 모세를 통해 우리 조상들에게 직접 명령하신 일이오. 제사의 목적은 하나님께 영광을 돌리는 것뿐 아니라 백성을 정결케 함으로써 그들을 하나님의 백성답게 만드는 것에 있소. 우리 인간은 연약하여 끊임없이 죄를 짓소. 제사는 그런 이들이 하나님과 화해하고 그분의 은혜를 입게 하는 방편이오. 명색이 선생이라는 자가 어떻게 제사를 이토록 경시할 수 있단 말이오? 이건 신성모독을 논하기 이전에 선생의 자격을 의심케 하는 말이오.”

                                                          갈릴리

무리의 눈이 일제히 선생에게 쏠렸다.

선생이 물었다.

"당신이 예루살렘에서 왔다는 율법 선생이시오?"

"그렇소."

"율법 선생이시라니 묻겠소이다. 선생께서 말하는 제사법이라는 것이 정말로 하나님께서 모세에게 주신 것이오?"

여호나답이 눈을 동그랗게 뜨면서 말했다.

"혹시 그렇지 않다고 말하려는 것이오?"

"나는 하나님께서 모세를 통해 백성에게 제사를 명령하셨다는 것은 의심하지 않소. 그러나 지금 예루살렘 성전이 이스라엘 백성에게 요구하는 제사 방식 대부분은 모세의 것이라기보다는 당신들 스스로가 만든 것 아니오?"

"율법이 하나님께로부터 왔음을 부인하는 게요?"

여호나답이 낮은 목소리로 단호하게 물었다.

선생이 답했다.

"어떤 법들은 하나님께로부터 왔으나 어떤 법들은 당신들이 당신들의 필요 때문에 만든 것이오."

"말씀을 가려서 하시오! 선생은 지금 신성한 율법을 모독하고 있소이다."

"율법을 모독하는 것이 아니라 율법의 위치를 바로잡는 것이오. 지금 성전이 주장하는 율법들 대부분은 바벨론에 포로로 끌려갔다가 돌아온 유대인들이 만들었소. 당신들의 시조인 학사 에스라가 선봉이었다고 들었소. 나는 그때 예루살렘으로 귀환한 이들이 자신들의 필요 때문에 율법을 만들어 지킨 일을 잘못이라 여기지 않소. 그러나 당신들의 조상이 율법을 만들었을 때 유대와 갈릴리는 이미 수백 년 넘게 남남으로 지내 오고 있었소. 왜 인제 와서 우리 갈릴리 사람들이 당신네 조상이 만든 율법을 하나님의 법이라 여기며 지켜야 하는 것이오?"

선생의 지적에 따르면, 특히 예루살렘 성전 중심의 제사법은 갈릴리 사람들과는 아무 상관이 없는 유대인들만의 법이었다. 유다 말기에 히스기야 왕이 유다 백성의 우상숭배를 막고자 지방 산당을 모두 폐하고 성전에서만 제사하게 한 것은 강력한 중앙집권이 필요했던 당시 유다 상황에서는 이해할 만한 일이었다. 하지만 이해할 수 있든 없든, 그것은 유다의 현실적 필요였을 뿐이지, 오랜 세월 유다와 상관없이 살았던 갈릴리 사람들이 신경 쓸 일은 아니었다. 더구나 그때로부터 다시 수백 년이 흐른 지금, 그 법을 갈릴리 사람들에게까지 적용하는 것은 터무니없는 일이었다. 선생은 유대인들이 만든 그런 법을 인정하지 않았다.

"지금 성전은 제사장들의 나라를 위한 도구와 수단일 뿐 하나님 나라와는 아무 상관이 없소. 하나님은 성전을 폐하실 것이오."

여호나답의 얼굴이 터질 듯 붉어졌다.

"백성들의 선생이라는 자가 솔로몬 왕이 성전을 봉헌한 후에 여호와께서 그에게 나타나 '나는 네가 건축한 이 성전을 거룩하게 구별하여 내 이름을 영원히 그 곳에 두며 내 눈길과 내 마음이 항상 거기에 있으리니'라고 말씀하신 것을 알지 못하는 게요? 성전은 감히 당신 따위가 폐함을 운운할 대상이 아니오. 당신은 미친

게 분명하오!"

선생이 여호나답을 노려보며 말했다.

"미친 것은 내가 아니라 성전이오. 당신네 성경에서도 여호와께서 솔로몬에게 그 말씀을 하신 후에 이렇게 말씀하시지 않소? '만일 너희나 너희의 자손이 아주 돌아서서 나를 따르지 아니하며 내가 너희 앞에 둔 나의 계명과 법도를 지키지 아니하고 가서 다른 신을 섬겨 그것을 경배하면, 내가 이스라엘을 내가 그들에게 준 땅에서 끊어 버릴 것이요, 내 이름을 위하여 내가 거룩하게 구별한 이 성전이라도 내 앞에서 던져버리리니, 이스라엘은 모든 민족 가운데에서 속담거리와 이야기거리가 될 것이며 이 성전이 높을지라도 지나가는 자마다 놀라며 비웃으리라.' 어째서 당신들은 성전의 거룩성만 주장하고, 그 거룩성을 유지하는 계명과 법도는 무시하는 게요? 도대체 당신들은 굶주리는 백성들이 절기마다 바쳐서 성전 창고에 그득 쌓여 있는 제물로 무엇을 하고 있소? 당신들 자신의 배를 채우고 로마에 아부하며 지위를 유지하는 것 말고 도대체 무슨 일을 하고 있느냐는 말이오?"

"닥치시오! 이곳이 예루살렘이라면 당신은 돌에 맞았을 것이오!"

그때 무리 중 하나가 여호나답을 향해 소리쳤다.

"당신이야말로 닥치시오! 선생님 말씀을 들어 보니 틀린 말이 하나도 없소이다. 우리 갈릴리 사람들이 절기 때 예루살렘 성전에 다녀오려면 보통 열흘이 걸리오. 갈릴리에서 그렇게 할 수 있는 이들은 먹고살 만한 이들뿐이오. 우리들 대부분은 아직 예루살렘을 구경조차 하지 못했소. 당신들이 그런 법을 고집하는 한 우리는 별수 없이 율법을 어기는 죄인으로 살아갈 수밖에 없소. 이건 옳은 게 아니오! 옳지 않은 법이 하나님께로부터 왔을 리 없소!”

무리 여기저기에서 “아멘!” 소리가 터져 나왔다. 상황이 불리하다고 느꼈는지 여호나답이 붉어진 얼굴을 찌푸리며 입을 다물었다.

선생과 여호나답의 공방을 지켜보던 압탈리온이 점잖게 입을 열었다.

“선생도 아시겠지만, 그동안 우리 바리새파는 늘 백성 편에 서서 성전의 폐해를 경계해 왔소. 특히 성전이 로마의 하수인 노릇을 하는 것을 비판하고 있소이다. 해서 선생 말씀에 공감하는 부분이 없지 않소. 그럼에도 율법에 대한 선생의 견해에는 문제가 있어 보이오.”

선생이 압탈리온에게 물었다.

“어떤 문제를 말씀하는 게요?”

“선생은 모든 율법이 하나님께로부터 온 것이 아니기에 신성시하면 안 된다고 하셨소.”

“그렇소.”

“그러나 그 모든 율법은 결국 하나님께로부터 온 율법을 좀 더 정확하게 지키기 위한 노력의 산물이오. 잘 아시겠지만, 안식일을 지키라는 아주 간단한 계명만 하더라도 제대로 지키려면 여러 가지 판단이 필요하오. 안식일에 무엇을 할 수 있고 무엇을 해서는 안 되는지를 판단해야 하오.”

 갈릴리

선생이 계속해 보라는 듯 말없이 압탈리온을 바라보았다.

"그래서 우리는 율법을 지키기 위해 좀 더 구체적인 율례와 규례를 만드는 것이 그분의 뜻을 받드는 길이라고 믿고 있소. 게다가 그런 율례와 규례는 어느 한 사람이 임의로 만드는 것이 아니라, 최고의 율법학자들이 오랜 세월 치열한 논의를 거쳐 만드는 것이오. 그들은 단순히 유대인들을 위해서가 아니라 하나님이 지으신 세상의 모든 사람을 위해서 율법을 해석하고 적용하고 있소. 그러니 선생께서 세상을 지으신 하나님을 경외한다면, 율법은 유대인들이 만든 것이니 갈릴리 사람들은 지킬 필요가 없다고 주장하는 것은 잘못이오."

설명을 듣던 선생이 냉소를 보이며 말했다.

"꽤 그럴듯하게 들리나 여전히 일방적인 말씀이오. 아버지께서는 사람을 만드실 때 그들 스스로 생각하고 판단하는 능력을 주시었소. 사람이 사람답게 살도록 몇 가지 기본적인 계명을 주시기는 했으나, 계명 안에서 내리는 세세한 판단은 각 사람이 알아서 하게 하시었소. 그럼에도 당신들은 사람들을 바르게 이끈다는 명목하에 세상을 벼랑 끝으로 몰아붙이고 있소. 한 발만 삐끗해도 나락으로 떨어지게 말이오. 덕분에, 갈릴리에서는 실제로는 아무 잘못도 저지르지 않는 수많은 이들이 속절없이 죄인이 되고 있소. 굶주린 배를 채우기 위해 안식일에 들판에서 낟알 한 움큼만 털어서 먹어도 죄인이 된다는 말이오. 당신들이 만든 세상은 하나님 나라는 고사하고 사람들의 나라조차 되지 못하오."

"율법의 폐해만 지적해서는 안 되오. 우리 조상들이 율법을 지키지 않아서 남왕국과 북왕국 모두가 망한 것을 모르는 것이오?
그것은 예언자들이 끊임없이 지적했던 문제요."

"옳소이다. 예언자들은 우리 조상들에게 계속해서 율법을 지키
라고 말했소. 하지만 그들이 말했던 율법은 당신들이 말하는 율법
과는 다르오. 호세아, 아모스, 이사야, 미가, 예레미야 같은 예언자
들이 줄곧 외쳤던 것은 당신들이 말하는 제사와 정결례가 아니라
공평과 정의 같은 삶의 문제였소."

"우리가 제사와 정결례에만 관심을 두는 것 같소? 우리도 백성
들의 어려움에 늘 가슴 아파하며 최선을 다해 어려운 백성들을 도
우려 애쓰고 있소."

그 말에 선생의 표정이 더 냉랭해졌다.

"집어치우시오. 당신들은 유복한 삶의 터 위에서 유유자적하며
다른 이들을 열등한 사람들로 만들고 있을 뿐이오. 당신들은 자신
들의 유복함을 하나님의 계명에 대한 순종 때문이라고 주장하지
만 사실은 그 반대요. 당신들은 계명에 순종했기에 복을 얻은 것
이 아니라, 먹고살 만하기에 계명에 순종할 수 있는 것이오. 당장
먹을 양식이 없다면 당신들도 안식일에 밭을 갈거나 물고기를 잡
으러 나갈 수밖에 없을 것이오. 당신들은 모든 소득의 십일조를
바쳐서 재물의 축복을 얻었다고 하지만, 만약 당신들 수중의 재물
이 보리빵 한 덩이뿐이라면, 그런 상황에서도 빵 한 덩이의 십일
조를 바칠 수 있을 것 같소? 세상에는 나면서부터 가난하고 몸에
병이 있는 이들이 있소. 당신들은 그들의 불행을 모두 그들의 죄
때문이라고 여기오. 당신들은 여기에 모인 무리가 모두 당신들보

다 불경하고 불성실해서 힘들게 살아간다고 여길 거요. 망상이오. 이들 중에는 당신들보다 몇 배나 더 열심히 살았음에도 상황을 극복하지 못해 주저앉은 이들이 아주 많소. 애초에 부유하게 태어났다면, 혹은 자기 노력에 합당한 결과를 얻었다면, 이들 중에서도 당신들 못지않게 경건한 율법학자들이 나왔을 것이오. 지금 당신들은 자신들의 의로움을 내세우기 위해 다른 이들을 죄인으로 만들고 있소."

무리 가운데서 다시 "아멘!" 소리가 터져 나왔다.

어호나답과 압탈리온은 분위기를 살피며 낮은 소리로 몇 마디를 주고받았다. 여호나답이 선생에게 말했다.

"선생의 생각은 충분히 알겠소. 우리는 예루살렘으로 돌아가 선생에 관해 가감 없이 보고할 것이오. 좋은 보고를 할 수 있기를 바랐는데 그러지 못할 것 같아서 유감이오."

두 사람이 돌아섰고, 아비람이 길을 잡았다.

그들이 시야에서 사라졌을 때 선생이 무리를 향해 말했다.

"율법학자들과 바리새인들이 구원의 길이라고 제시하는 율법에 얽매이지 마십시오. 그들은 여러분 어깨에 무거운 짐을 올려놓고 자신들은 그 짐을 옮기기 위해 손가락 하나 까딱하지 않습니다. 그들이 누리는 것은 다른 이들의 수고 없이는 얻을 수 없는 것들입니다. 세상의 모든 것은 서로 연결되어 있습니다. 어떤 이는 연결된 고리 중 강한 부분에 해당하고 어떤 이는 약한 부분에 해당할 뿐입니다. 그러나 약한 부분 하나가 끊어지면 결국 고리 전체가 쓸모가 없어집니다. 약한 부분을 더 소중히 여기며 살펴야 하는데, 저들은 자신의 강함을 자랑하느라 약한 이들을 경멸하고 있습니다.”

무리 중 하나가 말했다.

“그러나 우리는 어려서부터 줄곧 율법을 지키는 것만이 살길이고, 우리가 어려움을 당하는 이유가 율법을 지키지 않아서라고 들어 왔습니다. 정말로 우리가 선생님 말씀대로 율법을 지키지 않아도 되는 겁니까?”

선생이 무리를 측은하게 바라보며 말했다.

“율법 자체는 악한 게 아닙니다. 사람들이 율법을 잘 지키며 살면 세상은 그만큼 좋아질 것이고 하나님은 그런 세상을 좋게 여기실 겁니다. 그러나 세상의 어떤 것도 절대화되면 위험해지고 악해집니다. 어떤 것을 절대화하면 다른 모든 것을 부정하게 됩니다. 그것의 절대성을 유지하기 위해 모든 것을 용인하게 됩니다. 예루살렘의 위험성과 악은 바로 거기에 있습니다. 율법을 절대화하면서 모든 것을 부정하고 동시에 모든 것을 용인하는 것에.”

“말씀이 어렵습니다.”

“아까 그 두 사람은 서로 입장은 조금 다르지만 결국 사람들이 율법을 지키며 사는 것 외에 모든 가능성을 부정했습니다. 그들은 갈릴리 민중의 삶을 고려하지 않았습니다. 그러면서도 자신들의 권력과 지위를 유지하는 데 도움이 되는 것은 모두 용인했습니다. 그들은 성전의 권위와 로마의 힘을 어쩔 수 없는 것으로 받아들였습니다. 세상의 고통은 늘 그렇게 시작됩니다. 무언가를 기어이 부정하고 무언가를 결국 용인하는 것을 통해서 말입니다.”

선생의 말이 이어지는 사이에 하늘이 어두워졌다.

편서풍이 몰고 온 먹구름이 해를 가리더니 멀리서 번개가 쳤다. 이어서 하늘로부터 우르르 소리가 나더니 쾅, 하고 천둥이 울었다. 마른번개와 천둥이 몇 차례 교차한 후 빗방울이 떨어지기 시작했다. 사람들은 비를 피하고자 서둘러 언덕 아래로 내려갔다.

선생은 사람들을 내려보낸 후, 우리의 만류에도 불구하고 산에 머물렀다. 선생만 남겨 둘 수 없어서 시몬과 나, 작은 시몬이 곁에 머물렀다. 우리는 선생을 커다란 상수리나무 아래로 이끌었다.

앞이 트여 있어서 갈릴리 바다가 한눈에 들어왔다. 우리가 나뭇가지 아래로 들어설 때 비가 퍼붓기 시작했다. 선생은 갈릴리 바다 위로 비가 내리는 모습을 말없이 한참 동안 바라보았다. 우리 셋도 선생을 따라 말없이 서 있었다. 그러는 사이에도 천둥과 번개가 이어졌는데, 그것들은 점점 굵어지는 빗줄기를 몰며 남쪽으로 내려갔다.

시몬이 뜬금없이 물었다.

"지금 예루살렘에도 비가 내릴까요?"

선생의 답도 뜬금없었다.

"하늘에는 경계가 없으니 비야 내리겠지만, 빗물을 받아 둘 땅이 있을지 모르겠구나."

선생의 말은 더 이어지지 않았다. 선생과 우리는 다시 말없이 갈릴리 바다 위로 내리는 비를 바라다보았다. 상수리나무 밑에서 큰 빗줄기는 피할 수 있었으나 비를 피할 수는 없었다. 우리 네 사람은 모두 비를 흠뻑 맞았다. 선생은 일부러 비를 맞으려는 듯 눈을 감고 고개를 젖혀 얼굴을 하늘로 향했다.

천둥과 번개가 멀어지면서 빗줄기가 잦아들기 시작했다. 시몬이 거듭 하산을 권하자 선생이 갈릴리 바다 너머를 바라보며 말했다.

"그래, 내려가자꾸나. 내려가야 할 때가 된 것 같구나."

고백

3I

세례자 요한이 죽었다는 소식이 전해졌다. 소식에 의하면, 안디바의 생일에 그의 의붓딸 살로메가 내빈들 앞에서 춤을 추었고, 흥겨워진 안디바가 살로메에게 소원을 말하면 무엇이든 들어주겠다고 약속했다. 어미 헤로디아의 사주를 받은 살로메는 세례자 요한의 목을 달라고 요구했다. 안디바는 예언자로 알려진 이를 죽이고 싶지 않았음에도 공언한 말을 지켜야 했기에 시위병에게 요한의 목을 가져오라고 명령했다.

그러나 안디바가 살로메의 요청으로 어쩔 수 없이 요한을 죽였다는 주장은 정확한 설명이 아니었다. 이미 삼십 년 넘게 갈릴리와 베레아를 통치해 온 안디바는 정치적 감각이 뛰어난 자였다. 한마디로, 노회한 정치인이었다. 안디바가 요한을 체포한 일은 단순히 그가 헤로디아와의 결혼을 비판해서가 아니었다. 그 정도 이유로 누군가를 체포해야 했다면, 갈릴리 사람 중 절반은 감옥에 있어야 했을 것이다. 안디바는 요한의 주변에 사람들이 몰리는 것을 두려워했다. 그는 요한을 감옥에 넣은 후에도 그를 죽일 명분을 찾고 있었다. 그러다가 살로메의 춤값을 핑계 삼아 마지못해 그를 죽이는 모양새를 취했던 것이다.

세례자 요한이 처형되기 나흘 전, 요한의 제자들은 베레아 일대에서 활동하는 열심당원들과 합세해 마케루스에 공격을 감행했다. 애초에 무모한 일이었다. 마케루스는 마카베오 가문의 알렉산더 얀네우스가 세운 천연 요새였다. 안디바는 로마군의 협조 없이 자신이 부리는 용병만으로도 요한의 제자들과 열심당원들의 협공을 간단하게 격퇴할 수 있었다. 이 무모한 구출 작전 과정에서 요한의 제자 느다넬과 바기엘이 죽었다. 살아남은 다른 제자들은 뿔뿔이 흩어졌다. 한때 세상의 발아래에 심판의 도끼를 세워 두고 호령했던 세례자 요한의 시대는 맥없이 끝났다.

요한이 죽었다는 소식이 전해진 날, 우리는 늦은 밤까지 선생의 거처에서 요한의 죽음이 불러올 파장에 관해 이야기를 나눴다. 제자들은 분노하고 두려워했으나 선생은 침통한 표정을 지을 뿐 별말이 없었다.

유다가 입에 거품을 물며 안디바를 성토할 때 밖에서 인기척이 났다.

문을 열어 보니 마가단 사람이 서 있었다. 작은 시몬이 긴장하며 선생 곁으로 다가섰다. 방 안으로 들어온 첩자가 선생에게 눈인사를 하며 말했다.

"나는 마가단의 지주 후람 밑에서 일하는 삼무아라고 하오."

시몬이 답했다.

"알고 있소. 무슨 일이오?"

"선생께 몸을 피하시라는 말씀을 드리기 위해 왔소이다."

삼무아는 침착하게 제자들을 돌아보며 말을 이어 나갔다. 그는 안디바가 그동안 여러 경로를 통해 선생의 행적을 보고받았다고 했다. 갈릴리 곳곳에 안디바에게 잘 보이기 위해 애쓰는 이들이 있었다. 그들은 자기 지역의 온갖 정보를 취합해 보고를 올렸다. 정보 중에는 선생에 관한 것도 있었다. 처음에 안디바는 선생에게 별다른 신경을 쓰지 않았다. 갈릴리는 워낙 소문이 많은 곳이었고 그동안 선생은 누구에게도 폭동을 부추기지 않았기 때문이다. 그랬던 그가 어느 때부터인가 선생에게 관심을 보이기 시작했다. 가버나움의 장로 요세 때문이었다.

안디바의 군대에 염장한 정어리를 납품하는 요세가 궁에서 안면을 튼 안디바의 핵심 참모 알렉산더에게 말했다고 했다. "예수가 갈릴리 백성에게 끼치는 영향은 과거에 폭동을 부추겼던 자칭 메시아들보다 심각합니다." 알렉산더가 요세의 말에서 가장 관심을 둔 것은 선생이 자기 곁으로 수많은 사람을 불러 모으고 있다는 것이었다. 어디서 들었는지 요세는 언젠가 선생이 벳새다 들판에서 보리빵 다섯 개와 물고기 두 마리로 장정만 5천 명에 이르는 무리를 먹이면서 떠들썩한 잔치를 벌였다고 전했다. 그런 믿기지 않는 소식을 접한 안디바는 알렉산더에게 선생에 관해 좀 더 상세하게 알아보라고 지시했다.

알렉산더는 갈릴리 전역에 퍼져 있는 안디바의 개들을 이용해 선생의 동향을 살폈다. 그로 인해 선생이 갈릴리 전역을 순회하며 복음을 전할 때 선생 주변에 모였던 무리 중에는 거의 언제나 첩자가 섞여 있었다. 그러나 안디바에게 올라가는 보고 중 가장 정확한 것은 가버나움의 요세에게서 나왔다. 다른 정보원들은 수하들을 통해 정보를 얻었으나 요세는 직접 선생과 대면해 생각을 읽었기 때문이었다. 그러자 정보의 양과 질에서 요세에게 밀리고 있다고 여긴 안디바의 개들이 긴장하기 시작했다. 마가단의 후람도 그중 하나였다. 후람은 자신의 수하인 삼무아에게 선생을 밀착 감시하라고 지시했다. 우리는 몰랐으나, 안디바의 개들 사이에서는 이미 치열한 첩보전이 벌어지고 있었던 것이다. 안디바가 오랜 세월 갈릴리를 통치해 온 비결이기도 했다.

그러다가 갑자기 상황이 바뀌었다. 마케루스 요새를 공격했다가 실패하고 흩어진 요한의 제자들과 열심당원들이 갈릴리에서 활동 중인 선생을 중심으로 무장 세력을 형성하려 한다는 첩보가 안디바에게 들어갔기 때문이다. 첩보의 출처는 모호했다. 근거가 있는지도 명확하지 않았다. 우리 쪽에서는 그런 생각을 해본 적이 없었고, 내가 아는 한, 요한 쪽에서도 우리에게 그런 의견을 전한 적이 없었다. 한 가지 분명한 사실은 첩보를 전한 이가 요세였다는 것이다.

안디바는 알렉산더에게 선생을 체포하라고 명령했다. 단, 백성들 가운데서 소요가 일어나지 않도록 은밀하게 하라고 지시했다. 그는 선생까지 체포되면, 요한의 죽음에 분개하는 백성이 반기를 들고 일어나지 않을까 두려워했다. 실제로 두려워할 만했다. 당시 백성들 사이에서 선생의 인기는 이미 요한의 그것을 훨씬 넘어서고 있었기 때문이다.

시몬이 물었다.

"왜 우리에게 이런 정보를 전하는 것이오?"

삼무아가 잠시 숨을 고르더니 말을 이었다.

"나는 오랫동안 후람 밑에서 일했소. 악한 일이었지만 사는 게 어려워서 어쩔 수가 없었소. 하지만 늘 나 때문에 다른 이들이 고통을 당하는 게 괴로웠소. 이번에 선생을 밀착 감시하면서 여러 차례 선생의 말씀을 들었는데, 듣다 보니 이렇게 살면 안 되겠구나 싶었소. 선생 같은 분을 고통에 빠뜨리고는 이 너절한 삶마저 제정신 갖고 살기가 어려울 것 같았소."

선생이 삼무아 곁으로 다가가더니 손을 잡았다.

"형제여, 용기 내 주어서 고맙소. 악한 세상을 바르게 살기는 어려운 일이오. 그러나 세상의 악을 핑계 삼아 자신의 악까지 정당화해서는 안 되오. 이번에 형제는 그 악에서 떠나는 용기를 내었소. 좀 더 용기를 내시오. 하나님 나라는 그렇게 용기 내는 이들에 의해 이루어지오."

삼무아가 말했다.

"명심하겠습니다. 그러나 선생님도 제 말씀을 소홀히 듣지 마십시오. 알렉산더의 수하들이 이미 움직였습니다. 제가 한때 그들의 동료였기에 꽤 잘 압니다. 그들은 아주 거친 자들입니다. 며칠 전 산에서 이미 그들을 보셨으리라고 짐작합니다만……."

선생이 고개를 끄덕였다.

"얼마 전에 세례자 요한을 잡아들인 것도 그들이었습니다. 그날 그들은 그저 정탐하러 왔을 뿐입니다. 하지만 지금은 선생님을 체포할 계획을 세우고 있습니다. 당장 피하셔야 합니다."

삼무아가 돌아간 후 우리는 대책 회의를 했다.

회의는 시몬이 주도했다. 여러 의견이 오간 후 시몬이 말했다.

"선생님, 이번에는 선생님이 저희 의견을 따라 주십시오. 내일 아침 일찍, 우리는 이곳을 떠나야 합니다. 선생님을 따르는 무리와 함께 갈 수는 없습니다. 이동이 느리고 움직임이 쉽게 드러나기 때문입니다. 저희들만 선생님을 모시고 떠나겠습니다."

선생이 잠시 고민하더니 고개를 끄덕였다.

"그렇게 하세. 아직 할 일이 남아 있으니……."

이튿날 새벽에 우리는 조용히 가버나움을 떠났다. 빌립과 작은 야고보가 남았다. 선생을 따르는 무리에게 우리가 은밀하게 떠난 이유를 알려 주기 위해서였다.

32

우선 안디바의 영토에서 벗어나야 했다. 우리는 갈릴리를 벗어나 요단강 동편 빌립의 영토인 가울라니티스로 건너갔다. 그곳에서 다시 요단강을 왼쪽에 두고 북쪽으로 올라갔다.

멀리 헤르몬산 정상이 보이는 울라타에 이르렀다. 갈릴리에서 멀지 않은 곳이었다. 흔히 이방이라고 불리기는 하나, 갈릴리에서 보자면, 남쪽으로 사마리아 너머에 있는 유대보다는 북쪽에 있는 이 지역이 훨씬 더 가까웠다. 앗수르가 근동 일대를 제패한 후 아람어가 이 지역 공용어가 되었기에 주민들과 소통하는 데도 문제가 없었다.

심지어 과거에 우리와 같은 갈릴리 사람이었던 이들도 살고 있었다. 갈릴리에서 고기를 잡거나 양을 키우다가 앗수르에 의해 강제 이주한 이들이거나, 더 나은 삶을 위해 자발적으로 삶의 터를 옮긴 이들이었다. 갈릴리 바깥으로 나가 본 적이 없었던 나는, 갈릴리와 비슷한 듯 다른 이방 세상이 신기했다. 우리는 울라타의 마을 한 곳을 둘러보며 사람들을 만났다.

저녁 식사를 마치고 여관 마당 모닥불 곁에 둘러앉았을 때 선생이 불쑥 물었다.

"오늘 마을을 둘러보니 어떻든가?"

요한이 답했다.

"갈릴리보다 살기가 좋더군요. 무엇보다도 사람들이 친절해서 놀랐습니다."

선생이 재미있다는 듯 눈을 반짝이며 다시 물었다.

"사람들이 친절한 게 어째서 놀랄 일이었는가?"

"저는 지금까지 갈릴리와 유대 밖으로 나가 본 적이 없습니다. 늘 갈릴리와 유대 바깥은 위험하고 악하다고 배웠습니다. 그런데 오늘 이곳 사람들을 만나 보니 제 생각과 다르다는 것을 알 수 있었습니다."

선생이 고개를 끄덕였다.

"우리 조상들은 자신들만이 여호와의 선민이라고 주장했네. 하지만 여호와의 선민이었다는 그들이 세운 나라는 이미 먼 옛날에 망해서 없어졌네." 그때 이후 갈릴리 사람들은 좋든 싫든 이방인들과 섞여서 살아왔지. 마카베오 가문에 의해 다시 유대로 강제 통합되기 전까지** 갈릴리 사람들은 유대인들보다는 가울라니티스, 바타네아, 울라타, 파네아스 사람들, 수리아에 속한 두로와 시돈 사람들과 훨씬 가깝게 지냈네. 심지어 유대인들이 짐승보다 못한 존재로 여기는 사마리아 사람들과도 말일세. 지난 수백 년간 그렇게 살아온 우리가 여전히 유대적 선민의식에 빠져 있다면, 우스운 일 아니겠는가?"

나는 선생이 하는 말이 어려웠다. 선생이 말한 대로라면, 우리가 그동안 목숨을 바쳐 가면서 지켜 왔고 지금도 지키고자 애쓰는 민족 공동체에 무슨 의미가 있을까 싶었다. 다른 제자들도 비슷한 생각을 하는 것처럼 보였다. 도마가 난감하다는 듯 머리를 긁적이며 물었다.

"혹시 선생님은 우리가 선민이 아니라고 여기시는 겁니까?"

"그렇다네!"

갈릴리는 기원전 732년에 앗수르 제국에게 정복당했다(열왕기하 15:29). 이후 기원전 722년에 북왕국 전체가 앗수르 제국에 의해 멸망하면서, 갈릴리는 완전히 앗수르의 지배 아래 놓이게 된다.

••

마카베오 가문의 아리스도불로(아리스토불로스 1세)가 기원전 104년에 갈릴리를 정복하면서 이 지역을 유대 영토로 재통합했다.

　모닥불 주위에 긴장된 침묵이 흘렀다. 우리 중 누구도 감히 자신이 하나님의 신실한 백성이라고 주장하는 이는 없었다. 그럼에도 우리는 여전히 우리가 명목상으로나마 선민이라고 여겼다. 어릴 때부터 회당에서 그렇게 배웠기 때문이다. 한데 선생이 그런 인식을 단호하게 부정한 것이다.

　"설령 한때 우리가 선민이었을지라도, 우리는 이미 오래전에 그 지위를 잃어버렸네. 우리가 선민답게 살지 못했기에 하나님이 우리에게서 그 지위를 거두신 걸세. 다윗의 나라가 북과 남으로 갈라진 것, 갈라진 두 나라가 각각 지리멸렬해진 것, 그렇게 망한 나라가 지금까지 수백 년이 넘도록 다른 나라의 식민지로 살고 있는 것 모두가 우리가 하나님의 백성이라는 지위를 잃어버렸음을 보여 주는, 부정할 수 없는 증거일세."

　"하지만 유대인들은 지금도 우리가 여전히 선민이라고 가르치지 않습니까?"

　도마가 물었다.

　"솔직히 유대인뿐 아니라 갈릴리 사람들도 대부분 그렇게 믿고 있지 않습니까?"

　요한도 질문을 거들었다.

　"사실 그런 가르침과 믿음은 어제오늘의 것이 아니네. 남왕국이 망한 후 바벨론에 포로로 끌려간 유대인들 가운데도 그런 가르침과 믿음이 존재했지. 그때 그들은 머지않아 하나님이 바벨론을 무너뜨리시고 선민인 자신들을 고향으로 돌려보내실 거라고 믿었네."

선생이 잠시 말을 끊더니 우리를 둘러보았다. 우리는 긴장했다.

"하지만 그들의 예언자 예레미야는 달리 말했네. 그는 포로지에 끌려간 이들에게 헛꿈 꾸지 말고 그곳에서 적응하며 살아가라고 했지. 장사하고, 결혼하고, 애를 낳아 키우고, 그 나라의 평안을 빌면서 말이네."

내가 물었다.

"말씀이 사실이라면, 예레미야는 반민족적인 사람 아닙니까?"

"얼핏 보기에 예레미야는 분명히 반민족적이었어. 동포들을 향해 자신들을 압제하는 이방인들과 더불어 살면서 그들의 평안을 빌라고 했으니 말이네. 그러나 엄밀하게 말하자면, 예레미야는 민족을 배반했던 게 아니라 참으로 위했던 거지. 예레미야는 자기 동포가 어설프게 독립과 해방을 추구하다가 멸절하지 않기를 바랐어. 그래서 그들에게 독립과 해방은 하나님께 맡기고, 우선 안전과 평화를 도모하라고 했던 걸세."

그때 유다가 나섰다.

"민족을 위하는 일이 예레미야가 했던 방식으로만 가능한 건 아니지 않습니까? 그보다 오래전에 모세는 우리 민족을 애굽의 압제에서 해방하지 않았습니까?"

유다를 향했던 눈들이 선생에게 쏠렸다. 선생이 천천히, 그러나 단호하게 답했다.

"물론 모세의 민족 해방은 위대한 일이었네. 하지만 그렇게 해방되어 하나님의 백성이 된 이들이 결국 실패하지 않았는가? 그 실패의 결과가 지금 우리 모습이고……"

다시 유다가 말했다.

"그렇다고 우리가 또 다른 시도를 하지 말아야 하는 건 아니지 않습니까?"

"옳은 말이네. 하지만 그 시도가 이미 실패한 방식이어야 할 이유도 없지 않은가?"

"……"

"자네들도 알다시피, 우리 조상들은 애굽에서 나온 후 독립된 왕국을 세웠네. 하지만 왕국 시절 내내 우리는 행복하지 않았어. 지금도 우리는 로마로부터 해방되기만 하면 행복해질 거라고 여기지만 그런 일은 일어나지 않을 걸세. 마카베오 시대에 이미 경험했듯이, 이방인의 지배가 물러가고 나면 동족의 지배가 이어졌을 뿐이지. 그러니 우리 고통의 원인이 우리 바깥에 있다고 여기는 것은 어리석은 일이네. 적은 외부가 아니라 내부에 있네. 우리 곁에서 우리를 위하는 척하는 이들이 사실은 우리의 가장 큰 적일 수 있네."

"안디바나 요세 같은 이들을 말씀하시는 겁니까?"

눈치 빠른 요한의 말이었다.

선생이 긍정도 부정도 하지 않은 채 말을 이어 갔다.

"지배 세력을 바꾸는 것만으로는 고통을 멈출 수 없네. 바로의 지배가 다윗의 지배로, 다윗의 지배가 가이사의 지배로 바뀔 뿐이지. 그럼에도 우리는 늘 지배자만 탓하며 우리 자신의 삶을 바꾸려 하지 않았어."

다시 유다가 나섰다.

"지금 우리가 고통을 겪는 원인이 로마가 아니라 우리 자신에게 있다고 말씀하시는 겁니까?"

"아니네. 지금 나는 고통의 원인이 아니라 해결책에 관해 말하는 것일세."

"그 해결책이 무엇입니까?"

"아직도 모르겠는가?"

선생이 딱하다는 듯 우리를 둘러보며 말했다.

"하나님 나라일세. 세상의 통치가 아닌 하나님의 통치를 받아들이는 걸세. 힘이 아니라 공평과 정의와 긍휼과 사랑이 우리를 지배하게 해야 하네. 낯설고 가난하고 약한 이웃을 받아들이고 그들과 더불어 살아가려고 애써야 하네. 그런 변화가 없다면, 우리의 지배자가 바로가 되든, 다윗이 되든, 가이사가 되든 관계없이, 불행과 고통은 계속될 수밖에 없네."

그러자 유다가 불퉁거렸다.

"그 말씀은 여러 번 들었지만, 저희 눈에는 그 나라가 보이지 않습니다."

선생이 딱하다는 표정으로 유다를 바라보며 말했다.

"어허, 그런가? 내 눈에는 이미 누룩이 밀가루를 부풀리는 모습이 보이는데······."

"도대체 그런 누룩이 어디에 있다는 말씀입니까?"

도마가 믿기지 않는다는 듯 물었다. 선생이 답했다.

"바로 자네들일세. 자네들 하나하나가 하나님 나라의 누룩일세. 하나님은 선민 이스라엘을 폐하시고, 대신 자네들을 자기 백성으

 갈릴리

로 삼으셨네. 그분이 자네들을 택하신 것은 자네들의 혈통 때문이 아니라, 자네들이 그분의 나라를 받아들이기로 했기 때문이네."

"……"

우리가 눈만 껌뻑거리고 앉아 있자 선생이 자리에서 일어서며 말했다.

"그리고 잊지 말게. 오늘 자네들이 만난 이방인들 역시 머지않아 그 나라의 백성이 될 걸세."

33

북쪽으로 조금 더 올라갔다. 헤르몬산이 손에 잡힐 듯 가까웠다. 헤르몬산 밑에 숲이 우거지고 물이 맑은 마을이 하나 있다. 예전에는 파네아스라고 불리었던 곳이다. 그 지역을 다스리는 빌립이 자기 영토 중 북부의 수도로 삼은 성읍이다. 빌립은 그 성읍을 가이사와 자신의 이름을 합쳐 가이사랴 빌립보라고 불렀다. 그의 아비 헤롯이 갈멜산 남쪽 대해 연안에 도시를 세우고 자신의 후원자인 가이사를 기념하는 의미로 가이사랴라는 이름을 붙였던 전례를 따른 것이었다.

가이사랴 빌립보에는 요단강 원류를 형성하는 지류 중 하나인 수원이 있다. 오래전 헬라 사람들이 그 지역을 점령했을 때, 그들은 수원을 품은 동굴을 목신(牧神) 판에게 헌상했다. 그 후 이 지역의 지배권을 물려받은 로마가 마을을 헤롯에게 하사하자, 헤롯은 가이사를 기념하는 대리석 사원을 건축하고 사원 곁 산자락에 벽감을 파고 판의 신상을 세웠다. 그리고 훗날 아비에게서 이 지역을 물려받은 빌립이 사원과 신전을 재건했다. 그런 이유로 가이사랴 빌립보는 황제 숭배와 판 숭배가 동시에 이루어지는 곳이 되었다.

마을로 들어서니, 오른편 산자락 밑에 판의 신전이 있었다. 어쩐지 으스스한 느낌이 들어 몸을 움츠리자, 선생이 눈을 반짝이며 말했다.

"한번 가 봄세. 다들 처음이지 않은가?"

동굴 입구를 다듬고 대리석으로 마감한 신전은 크지 않았다. 동굴 입구 벽감에 판의 동상이 자리하고 있었다. 인간의 얼굴을 가진 산양이 두 발로 서 있는 형상이었다. 우리는 판의 얼굴을 한참 들여다보았다. 처음에는 무서웠는데 계속 들여다보니 친근하고 귀엽게 느껴졌다.

우리가 판의 동상을 둘러보고 있을 때 동굴 안쪽에서 몇 사람이 나왔다. 판에게 제사를 지내고 나오는 것 같았다. 다대오가 그들에게 물었다.

"이 신은 어떤 신이시오?"

동굴에서 나온 털북숭이 하나가 유쾌하게 말했다.

"다른 지역에서 온 분들인가 보오. 판은 목축의 신이외다. 산과 들에서 짐승을 키우며 살아가는 우리는 판 신을 모신다오. 당신들은 어느 신을 모시오?"

요한이 답했다.

"우리는 여호와를 모시오."

"여호와? 그런 신도 있소이까?"

눈이 왕방울만한 다른 털북숭이 하나가 끼어들었다.

"아, 여호와! 들어 본 적 있소이다. 갈릴리와 사마리아와 유대 사람들이 모시는 신이라고 하던데."

"그렇소이다."

"그러면 당신들은?"

"갈릴리에서 왔소이다."

"아, 그러시구먼. 여행 중이시오?"

"여행도 하고 돈벌이가 될 일이 있는지 알아도 볼 겸해서……."

요한이 선생과 다른 제자들에게 한쪽 눈을 찡긋하며 말했다. 안디바를 피해 도피하는 중이라는 말은 할 필요가 없지 않으냐는 뜻이었다. 그 눈짓에 선생이 피식 웃었다.

"돈벌이를 위해서라면 두로나 시돈 쪽으로 가셔야지, 이런 산골에서 뭘 찾을 수 있겠소?"

"그렇지 않아도, 이 지역을 둘러본 후 그곳들을 둘러볼까 생각하고 있었소이다. 일러 줘서 고맙소!"

털북숭이들은 우리에게 행운을 빌며 떠났다.

우리는 동굴 안으로 들어갔다. 가장 안쪽에 샘이 있었다. 샘에서는 맑은 물이 힘차게 솟아났다. 헤르몬산의 눈이 녹아 땅으로 스몄다가 그곳에서 분출하는 것이라고 했다. 이 샘은 요단강의 세 기점 중 하나였다. 그곳에서 시작된 물이 요단강을 타고 흘러 갈릴리 바다까지 이어진다는 것이 신기했다.

동굴에서 나와 가이사를 기념하는 사원 안으로 들어섰다. 사원 입구 대리석 벽면에 가이사의 조상(彫像)이 있었다. 갈릴리에서 통용되는 동전에 새겨진 형상과 비슷한 얼굴이었다. 크기 때문인지 동전에 그려진 것보다 훨씬 입체적으로 보였다. 기단(基壇)에 로마 글자가 잔뜩 쓰여 있었다. 세리 시절에 로마 글자를 배운 레위가 한 부분을 더듬거리며 읽었다.

"……신의 아들 가이사 아구스도……"

가이사랴 빌립보는 신의 아들 가이사의 땅이었다!

"온 세상이 가이사의 것이에요."

나다나엘이 말했다. 선생은 아무 말이 없었다.

사원을 떠나려 할 때 빌립과 작은 야고보가 합류했다.

<h2 style="text-align:center">34</h2>

우리는 마을을 지나 숲속으로 들어갔다. 백향목이 빽빽하게 늘어선 숲을 지나니 널찍한 마당바위가 나타났다. 바위 앞이 절벽이어서 시야가 탁 트여 있었다.

바위에 앉아 마을에서 구입한 빵과 물로 이른 저녁을 먹었다. 식사가 끝날 즈음에 서쪽 하늘이 장밋빛으로 물들기 시작했다. 모두 바위 위에 비스듬히 누워 저녁노을을 바라보고 있을 때 도마가 혼잣말하듯 말했다.

"노을은 아름다운데 우리의 처지는 처량하군."

우리 모두가 그 말의 의미를 알았다. 우리는 너무 위태로운 처

갈릴리

지에 있었다. 그동안 우리는, 비록 조금씩 생각이 다르기는 했으나, 선생이 어떤 방식으로든 우리를 그럴듯한 승리의 길로 이끌 것이라고 여겼다. 우리가 꿈꿨던 승리는 결국 로마에 대한 승리였고, 그 이전에 로마의 앞잡이 안디바에 대한 승리였다. 그런데 지금 우리는 얼굴 한 번 마주한 적 없는 안디바의 수하들에게 쫓기고 있었다.

그즈음에 한창 불만이 많아진 유다가 말했다.

"내가 누차 말했잖아요. 힘을 갖지 않으면 안 된다고요. 아무리 뜻이 좋아도 뜻을 이루기 위한 힘을 갖지 않으면 소용없다고요."

시몬이 유다를 나무랐다.

"유다! 선생님 앞인데……."

그러자 유다는 오히려 작정한 듯 목소리를 높였다.

"아니, 내가 틀린 말 했습니까? 선생님 앞에서 이런 말씀을 드리기가 뭣하기는 하나, 사람들이 기대하는 건 하나님 나라에 대한 교훈이 아니라 그 나라를 이끄시는 선생님의 힘입니다. 선생님 자신이 이렇게 쫓기고 계신데 누가 선생님이 가르치시는 하나님 나라를 바라겠습니까?"

"유다! 선 넘지 마라!"

시몬이 말했다. 그는 유다의 입이라도 틀어막을 기세였다.

그러나 선생이 시몬에게 고갯짓했다. 그냥 놔두라는 뜻이었다. 유다가 말을 이었다.

"오늘 다들 보았잖습니까? 온 천지가 가이사의 땅입니다. 사람들은 가이사를 신의 아들이라고 부릅니다. 이유는 간단합니다. 그가 힘을 가졌기 때문입니다. 힘을 가진 자가 사람들의 주인이 되는 게 세상의 이치입니다. 분명히 말씀드리지만, 저는 선생님이 가이사보다 큰 힘을 갖고 계시다고 믿습니다. 제가 답답한 건, 도대체 선생님이 왜 그 힘을 쓰시지 않느냐는 것입니다. 그동안 저도 선생님 말씀을 들어 왔기에 선생님 뜻을 모르는 건 아닙니다. 그럼에도 저는 그 뜻에 동의하기가 어렵습니다. 선생님을 따르는 사람들 대부분이 저처럼 생각할 겁니다."

유다가 열변을 토하는 동안 선생은 바위에 앉아 두 팔을 뒤로 뻗어 몸을 받친 채 검푸르게 변해 가는 하늘을 올려다보고 있었다. 유다의 말에 귀를 기울이기는 했으나 그 말 때문에 노여워하는 것 같지는 않았다. 오히려 슬퍼하는 듯 보였다.

유다가 속엣말을 냅다 쏟아 내고 찔렸는지 슬금슬금 선생의 눈치를 보았다. 다른 이들도 마찬가지였다. 분위기가 아주 어색해졌다.

선생이 어색한 침묵을 깨면서 물었다.

"여보게들, 사람들이 나에 대해 무어라고 말하던가?"

질문의 진의가 분명치 않아서였는지 모두가 말이 없었다.

선생이 다시 물었다.

"자네들이 만나 본 이들이 나를 누구라 하던가 말이네."

요한이 나섰다.

"세례자 요한과 비슷하다고 하는 이들이 있습니다."

"어째서 그리 말하던가?"

"선생님이 요한처럼 하나님 나라에 대해 자주 말씀하시기에 그

                                                                갈릴리

러는 것 아니겠습니까?"

"자네도 그렇게 생각하는가?"

"저는 유대 광야에서 잠시 요한을 따랐던 적이 있습니다."

"그랬지."

"제가 아는 한, 요한과 선생님은 닮은 듯하지만 다릅니다."

"어떻게 다른가?"

"두 분 모두 하나님 나라를 말씀하시는데, 요한은 그 나라가 조만간 하나님의 초자연적인 개입을 통해 올 것처럼 말합니다. 반면에 선생님은 그 나라가 이미 시작되었으나 눈에 보이지 않을 정도로 희미하게 성장한다고 하십니다."

선생이 기특하다는 듯 요한을 바라보며 말했다.

"잘 보았네. 그러나 그 나라는 자네가 말한 것처럼 희미하게 성장하지는 않을 걸세. 이미 씨앗이 뿌려졌으니 조만간 여기저기서 싹을 틔우며 솟아오를 걸세. 그 어떤 힘으로도 봄이 오는 것을 막을 수 없듯이 말이네."

빌립이 끼어들었다.

"선생님, 사실 씨앗은 이미 돋기 시작한 듯합니다."

모두의 눈이 그에게 쏠렸다.

"저와 작은 야고보가 가버나움을 떠날 때 선생님을 따르던 무리가 저희에게 말했습니다. 선생님이 안 계시더라도 자기들끼리 서로 돕고 의지하며 살겠다고요."

선생이 고개를 끄덕였다.

"그랬는가? 좋은 소식이로군. 하나님 나라는 그렇게 작고 초라

한 이들을 통해 진행되고 완성될 걸세.”

그때 레위가 끼어들었다.

“제가 만났던 이들 중에는 선생님을 엘리야나 예레미야와 같은 선지자로 여기는 이들이 있었습니다.”

“그들은 어째서 그렇게 여기던가?”

“두 예언자 모두 당시의 왕들과 맞서 싸웠기 때문이 아닐까요?”

선생이 슬그머니 미소를 지으며 물었다.

“그런가? 내가 언제 안디바와 싸운 적이 있던가? 나는 안디바를 마주한 적도 없는데…….”

“두 사람이 꼭 얼굴을 맞대야 싸우는 건 아닙니다. 그런 싸움은 일선의 졸개들이나 하는 거지요. 장수들은 서로 만나지 않고도 큰 싸움을 합니다.”

레위의 말에 모두가 귀를 쫑긋했다. 자신이 가졌던 직업에 대한 부채 의식 때문인지 자기 생각을 밝히는 경우가 거의 없던 레위가 그렇게 말하는 것이 놀라웠다. 선생도 그런 것 같았다. 미소를 지으며 고개를 끄덕이던 선생이 말을 이었다.

“그러면 자네들은 어떤가? 자네들은 나를 누구라고 하는가?”

누구도 선뜻 나서려고 하지 않았다.

제자들을 둘러보던 선생의 눈길이 시몬에게 머물렀다. 눈길을 받은 시몬은 숨을 한 차례 들이마신 후 또박또박 말했다.

“선생님은 그리스도이시고, 살아 계신 하나님의 아들이십니다!”

시몬이 의도한 것 같지는 않았는데, 결과적으로 이 고백은 반역적인 말들의 조합이었다. '그리스도'는 히브리어 '메시아'에 해당하는 헬라어였다. 당시 이스라엘 사람들은 메시아의 일차적 사명을 민족의 독립, 곧 로마로부터의 해방이라고 여겼다. 그러니 시몬은 이 말로 선생을 독립 투쟁의 선봉에 세운 셈이었다. '하나님의 아들'이라는 말은 더 심각했다. 우리가 가이사의 사원에 있는 조상 기단에서 읽었듯이, 로마 제국에서 그 말은 황제 가이사를 가리키는 표현이었다. 한데 시몬이 선생을 그렇게 부른 것이다.

나는 시몬이 정치적 의도를 품었다고 생각하지 않는다. 내가 아는 시몬은 정교한 표현을 사용해 자신의 정치적 의두를 드러내는 사람이 아니었다. 시몬에게 그리스도와 하나님의 아들이라는 표현은, 그가 한 사람에게 바칠 수 있는 가장 숭고한 칭호였을 뿐이다.

하지만 그것은 시몬 혼자만의 답이 아니었다. 누구도 발설한 적은 없지만 우리는 모두 선생을 그렇게 여기고 있었다. 구체적인 방법에 대해서는 서로 의견이 달랐고 심지어 상충하기까지 했으나, 우리는 선생이 우리를 로마의 압제에서 벗어나게 할 메시아, 곧 그리스도라고 여겼다. 그럼에도 선생은 그동안 갈릴리와 유대에서 출몰했던 자칭 타칭 메시아들과는 분명히 달랐다. 그들은 강력한 지도자들이었으나 여전히 모세나 다윗 같은 인간에 불과했다. 반면에 선생에게는 늘 인간 이상의 기운이 느껴졌다. 선생 스스로 억제하고 있음에도 그러했다.

유다가 선생에게 불퉁거리는 것도 선생에게서 느껴지는 기운 때문이었다. 유다가 보기에 선생은 갈릴리의 메시아들, 즉 헤롯 시

절에 봉기했던 히스기야나 안디바 시절 초기에 봉기했던 갈릴리
의 유다 같은 인물들과 분명히 달랐다. 그들이 용맹함을 자랑하는
군사 지도자였다면, 선생은 기적이라고 부를 수밖에 없는 치유, 세
상 모든 것을 달리 보게 만드는 말, 그리고 누구도 거부하기 어려
운 성품으로 사람들을 불러 모으고 있었다. 유다는 선생이 그 능
력을 적극적으로 사용해서 더 신속하게, 큰 규모로 세를 결집하기
를 바랐다. 그에게도 선생은, 의미를 규정하기는 여전히 어려웠으
나, 분명히 하나님의 아들이었다.

시몬의 고백을 들은 선생이 말했다.

"시몬아, 그런 고백을 한 너에게 복이 있다."

선생은 지금껏 한 번도 자신을 메시아나 하나님의 아들이라고
칭한 적이 없었다. 그랬던 선생이 시몬의 고백을 긍정하고 받아들
인 것이다. 내가 기억하는 한, 그때가 처음이자 마지막이었다. 선
생은 다른 어느 때에도 자신을 메시아로 칭한 적이 없었다.

선생의 느닷없는 시인에 놀라서였을까? 아무도 입을 열지 않았
다. 모두가 기다렸던 말인데, 정작 그 말을 듣고 나니 갑자기 두려
움이 몰려왔다. 선생이 우리 민족이 기다려 왔던 메시아라면 로마
와의 대결은 불가피했다. 무기를 들지 않겠다는 것은 선생의 뜻일
뿐, 만약 선생이 메시아로 밝혀진다면 로마가 선생을 그냥 놔둘
리 없었다. 그렇다면 선생은 좋든 싫든 손에 무기를 들어야 할 것
이다.

나는 다른 제자들 얼굴을 살폈다. 모두가 기대와 두려움이 뒤섞
인 복잡한 심경을 드러내고 있었다. 단 한 사람, 유다만은 예외였

다. 그의 입가에 알 듯 모를 듯한 미소가 번졌다. 그는 마침내 선생이 속마음을 드러냈다고 여기는 것 같았다. 내 눈에 그의 미소는 양양해 보였다.

그런데 갑자기 선생의 표정이 심각해졌다. 선생은 제자들을 둘러보며 말했다.

"여보게들, 그래서 이제 나는 예루살렘으로 가려고 하네."

모두가 다시 한번 놀랐다. 예상했던 일이고, 언젠가는 그래야 한다는 걸 모르지 않았음에도 막상 선생이 직접 그 문제를 거론하니 놀랄 수밖에 없었다. 한데 선생은 이어서 훨씬 더 놀라운 말을 했다.

"그곳에서 장로들과 대제사장들과 율법학자들이 나를 붙잡아 고문하고 십자가에 매달 걸세."

제자들 모두가 몸을 곤추세웠다. 느닷없이 날아온 돌팔매에 맞아 정신이 혼미해진 것처럼 모두가 머리를 한 번씩 흔들었다. 침묵이 더 깊고 무겁게 이어졌다. 그날 선생은 우리를 놀래 주기로 작정한 듯했다.

긴장 어린 침묵을 깬 사람은 시몬이었다. 그가 자리에서 일어나더니 성큼성큼 선생에게 다가갔다. 그러더니 두 손으로 선생의 어깨를 붙잡았다. 모르는 이가 보면 몸싸움이라도 하려는 모양새였다. 시몬이 선생의 어깨를 흔들며 말했다.

"선생님! 그게 무슨 말씀입니까? 그런 일은 절대로, 절대로 일어나지 않을 것입니다. 제가 그런 일이 일어나도록 놔두지 않을 겁니다."

선생이 잠시 흠칫하더니 자기 어깨를 잡은 시몬의 팔을 거칠게 밀어냈다. 그러더니 말했다.

"사탄아! 물러가라! 네가 하나님의 일이 아니라 사람의 일을 생각하는구나!"

느닷없이 사탄 소리를 들은 시몬이 깜짝 놀라 뒤로 물러섰다. 다른 제자들도 모두 가슴팍을 세게 두들겨 맞은 듯 고개를 뒤로 젖히며 물러섰다. 누가 봐도 선생을 위해서 한 말인데 사탄이라니!

잠시 숨을 고른 선생이 우리 무리를 둘러보며 말했다.

"사람들을 악에서 구원한다는 의미에서 나는 분명히 메시아일세. 요단강에서 요한에게 세례를 받았을 때 하늘 아버지께서는 나에게 메시아의 사명을 주셨네. 그러나 분명히 말해 두지만, 나는 다른 사람들과 자네들이 기대하는 방식으로 온 메시아가 아닐세. 나에게는 로마 황제의 군대는커녕 분봉왕 안디바의 군인들조차 물리칠 힘이 없네. 그럼에도 하늘에 계신 아버지께서는 나를 통해 세상에 자신의 나라를 세우기 시작하셨다네. 그분은 그 나라가 세상 곳곳으로 퍼져 나가게 하실 것인데, 그 일을 위해서는 나의 죽음이 필요하다네. 나는 죽을 것이고, 계속해서 나를 따른다면, 아마 자네들 역시 그렇게 될 걸세. 그러나 나와 자네들의 죽음은 땅에 떨어진 밀처럼 더 많은 밀알로 부활할 걸세. 하나님 나라는 우람한 백향목이 아니라 밀알의 모습으로 세상 가운데 퍼져 나갈 것이네. 나의 죽음이 그 첫 단계가 되어야 하네. 나의 길은 곧 십자가의 길이네. 나를 따르려면, 자네들 역시 자네들 자신의 십자가를 져야 하네."

갈릴리

시몬이 선생에게 한 말이 선생에 대한 그의 고백이었다면, 선생이 우리에게 한 말은 우리에 대한 선생 자신의 고백이었다. 그날 선생은 자신이 처음부터 계획했던, 지금껏 우리에게도 말하지 않았던 자신의 삶의 목표를 고백한 것이다. 그리고, 어처구니없게도, 그 목표는 십자가였다!

선생은 자신의 고백이 우리에게 어떤 충격을 줄 것인지 알았다. 승리의 면류관을 기대하던 이들에게 십자가라니! 그래서였을까? 선생이 근심스러운 표정으로 우리를 둘러보며 조심스럽게 말했다.

"하지만 그것은 강요할 수 없는 일이고 강요해서도 안 되네. 나는 자네들에게 나와 함께 십자가를 지자는 말을 할 수 없네. 그러니 이제라도 아니다 싶으면, 내 곁을 떠나게."

휘황한 달빛 덕분에 백향목이 가득한 숲속의 마당바위가 등불로 환한 잔칫집 마당처럼 밝았다. 그 맑고 고요한 달빛과 선생의 비장한 말이 도무지 어우러지지 않았다. 또 한 번 무겁고 긴 침묵이 이어졌다.

그 침묵을 깬 이는 이번에도 시몬이었다.

"선생님을 떠나 우리가 어디로 가겠습니까? 죽을지라도 선생님을 따르겠습니다."

그 말에 다른 제자들의 말이 이어졌다.

"저도요."

"죽음 따윈 두렵지 않습니다."

나도 그렇게 말했다. 그때까지만 해도 나는, 아니 우리는, 우리가 하는 말의 의미를 제대로 알지 못했다. 알지 못했기에 현실적이지 않았고, 현실적이지 않았기에 두렵지도 않았다.

제자들의 다짐이 끝나자 선생이 말했다.

"고맙네. 하지만 십자가를 지는 일은 인간의 의지만으로 할 수 있는 일이 아니네. 훗날 아버지께서 자네들이 그 일을 감당하도록 힘을 주실 걸세."

그렇게 말하며 선생은 시몬에게 다가갔다. 선생이 그의 어깨를 토닥거렸다.

35

겨울에 헤르몬산에 내린 눈은 이른 초여름이 되어서야 녹는다. 눈이 녹으면 그 물이 땅으로 스며들고, 땅 밑을 흐르던 물은 샘이 되어 분출한다. 그런 샘들의 물이 계곡을 타고 흘러 요단강을 이루고, 갈릴리와 사마리아와 유대 지방을 거쳐 사해에 이른다.

다음 날, 선생은 우리를 헤르몬산으로 이끌었다. 우리는 마을에서 밀빵과 말린 양고기와 포도주를 구입한 후 헤르몬산을 향해 나아갔다. 멀리서 바라본 헤르몬산은 나무들로 빽빽한 거대한 숲이었다. 가이사랴 빌립보는 높은 산지여서 곳곳이 나무들로 덮여 있었다. 헤르몬산 정상 쪽으로 다가갈수록 나무들의 몸집이 커지고 밀도도 높아졌다. 멀리서 빽빽한 숲만 바라봤을 때는 산을 오르는 일은 불가능해 보였다. 정상은커녕 산자락을 벗어나기도 어려울 듯했

갈릴리

다. 그러나 산 쪽으로 다가가자 멀리서는 보이지 않던 길들이 나타났다.

언제 누가 만들었는지는 알 수 없었지만, 산 밑에는 산 위로 오르는 길들이 나 있었다. 산에서 무언가를 얻으려는 이들이 오르내리며 만든 길이었다. 산은 사람들에게 아주 많은 것을 제공한다. 그것을 아는 이들은 산이 주는 것을 얻기 위해 부지런히 산을 오르내린다. 그 과정에서 길이 생긴다. 세상의 모든 길은 먹고사는 일과 연관되어 있다.

가이사랴 빌립보에서 헤르몬산을 오르려면 서쪽의 이온 계곡이나 동쪽의 훌라 계곡을 타고 가야 했다. 우리는 훌라 계곡 쪽을 택했다. 요단강의 또 다른 발원지가 그쪽에 있다고 들어서였다.

선생은 뜬금없이 이스라엘 땅 전체를 먹여 살리는 주된 수원인 요단강의 근원을 보고 싶어 했다. 산을 오르며 선생은 모든 산등성이와 계곡을 눈에 담았고, 자주 심호흡을 했다. 마치 산의 모든 정기를 빨아들이려는 듯했다. 제자들 중 어부들이 바다에 익숙했다면, 나사렛 산촌 출신인 선생은 산에 익숙했다. 선생은 갈릴리에서도 늘 바다보다는 산을 찾았다. 산이 없는 곳에서는 야트막한 언덕이라도 올랐다. 특히 괴롭거나 힘든 일이 있을 때는 지친 몸을 이끌고서라도 산을 찾아갔다.

제자들이 숨이 턱에 닿아 기진맥진할 즈음에 선생이 걸음을 멈췄다. 아니, 산이 발걸음을 멈춰 세웠다. 빼곡한 삼나무 숲을 끼고 이어지던 계곡의 등성이 어느 곳에서 갑자기 길이 끊어졌기 때문이다. 가이사랴 빌립보 사람들에게서 요단강의 근원이 계곡 어딘

가에 있다는 이야기를 듣고서 나선 길이었다. 누군가는 그 근원에
간 적이 있었을 것이다. 하지만 누구라도 쉽게 갈 수 있는 곳은 아
니라서, 또한 굳이 가지 않더라도 필요한 것을 얻을 수 있는 곳은
널려 있어서, 사람들은 더 이상 그곳을 찾지 않았다. 우리도 기를
쓴다면 어떻게든 길을 찾아 근원에 이를 수 있을 것이다. 하지만
그렇게 해야 할 절박한 이유가 없었다. 선생도 산이 감추고 있는
길을 굳이 찾아내려고 하지 않았다.

"그만 돌아가세. 우리가 돌아설지라도 강은 계속해서 흐를 테
니……."

선생이 산 정상에 오를 듯 보이던 기세가 무색하게 등산을 포기
하는 이유가 궁금해서 내가 물었다.

"요단강의 근원을 보고자 하셨던 것 아닙니까?"

선생이 답했다.

"옳으이. 갈릴리 바다를 볼 때마다 궁금했었네. 저 넓은 바다를
채우는 물이 어디서 시작되는가 하고 말일세. 마침 이곳에 왔다가
그 물의 근원이 근처에 있다길래 보고 싶었던 걸세."

"그런데 어째서 이렇게 쉽게 돌아서시는 겁니까?"

"여기까지 올라오는 동안 알게 되었네. 어딘가에 수원이 있기는
하겠지만, 결국 강과 바다를 만드는 것은 단 하나의 수원이 아니
라 크고 작은 물줄기의 연합이라는 걸 말일세. 설령 물줄기 모두
가 헤르몬산 꼭대기의 만년설이 녹아 흐른 것이라고 할지라도, 각
각의 물줄기가 산을 타고 내려오는 과정이 달랐다면, 그것들은 각
각의 개체이지 하나일 수 없네. 게다가 우리는 이미 판의 동굴에

　　　　　　　　　　　　　　　　　　　　　　갈릴리

서 수원 하나를 보았지. 그러니 다른 수원 하나를 더 본다고 달라질 건 없을 듯하네. 근원에 대한 호기심은 이쯤에서 멈춰도 되지 않을까 싶네. 중요한 것은 어디에서 시작되었느냐가 아니라, 어디로 가느냐겠지.”

선생은 뒤돌아서서 남쪽을 향했다. 우리 발밑에서 크고 작은 산봉우리들이 굽이져 있었다. 눈에 보이지는 않으나 봉우리들 사이로 물이 흐르고 있었다. 물은 남쪽으로 내려가면서 강과 호수를 이뤘다. 호수를 가득 채운 물은 다시 강줄기를 따라 흐르고 흐르다가 더 흐르지 못하는 곳에서 멈췄다. 물이 흐르기를 멈췄기에 어떤 이들은 그곳을 사해(死海)라고 불렀다. 하지만 사해에서는 사람들에게 꼭 필요한 소금이 나왔다. 헤르몬산의 물은 죽어도 죽지 않았다!

우리는 산길이 끊어진 곳에서 걸음을 멈추고 앉아 말린 염소 고기와 포도주로 점심을 먹었다. 하늘은 구름 한 점 없이 푸르렀다. 하늘보다 맑은 계곡물이 쿵쾅거리며 흘러내렸다.

36

선생은 예루살렘에 가기로 결심을 굳혔다. 한데 어째서 예루살렘이었을까? 선생이 이유를 상세하게 밝힌 적은 없다. 하지만 그동안 벌어진 일을 종합하면, 짐작하는 것은 어렵지 않다.

먼저, 갈릴리에서 할 일이 모두 끝났다. 지난 몇 개월 동안 선생은 갈릴리 전역을 순회하며 하나님 나라를 전했다. 순회를 마친 후에는 제자들을 짝지어 각 마을로 보내 자신이 했던 일을 반복하게 했다. 그렇게 순회가 끝나자 갈릴리 전역에서 사람들이 스스로 선생을 찾아왔다. 선생은 그 기회를 통해 사람들에게 충분히 말하고 가르쳤다.

선생의 활동은 갈릴리에서 동조만이 아니라 반대도 만들어 냈다. 많은 이들이 환호했으나 두려움을 품는 이들도 있었다. 대표적인 이들이 가버나움의 장로 요세와 그의 측근들이었다. 그들은 그동안 자기들이 주민들 가운데서 쌓아 온 신뢰와 권위를 선생이 무너뜨리고 있다고 여겼다. 그런 불안은 가버나움뿐 아니라 갈릴리 전역에서 나타났다. 자신이 애써 세운 것을 무너뜨리는 듯한 행위를 그냥 지켜보는 사람은 없다. 그들은 갈릴리의 회당을 중심으로 선생을 압박하기 시작했다. 우리는 이미 오래전부터 회당을 출입하지 못하고 있었다. 갈릴리에서 그것은 공동체로부터의 추방을 의미했다. 그렇게 추방된 이가 더 할 수 있는 일은 없었다.

무엇보다 안디바가 움직이기 시작했다. 바리새파의 반대는 견딜 수 있었다. 아무리 생각이 다르더라도 그들이 직접 선생에게 위해를 가할 수는 없었다. 하지만 안디바의 경우는 달랐다. 그는 무력을 사용할 수 있는 사람이었다. 안디바의 움직임이 포착된 이상, 그가 다스리는 영토에서 이전처럼 활동하기란 불가능했다.

마지막으로 결정적인 이유는, 선생이 모든 문제의 원인을 예루살렘에 있다고 여겨서였다. 예루살렘은 다윗이 수도로 삼고 솔로몬이 성전과 왕궁을 세운 이후로 이스라엘 역사의 중심지가 되었다. 예루살렘은 유대가 바벨론에 의해 멸망한 후에도 여전히 유대인들의 왕도였다. 고레스가 내린 칙령을 따라 귀환한 유대인들이 무너진 성전을 재건했을 때 예루살렘은 세상 곳곳에 흩어져 있는 유대인들의 영원한 마음의 고향이 되었다. 그곳에서 유대인들은 바벨론 자치구에서 시작한 성경 집필과 편집을 완성하고, 조상들의 여호와 신앙을 율법으로 체계화하면서 유대교를 만들었다. 선생은 유대교를 부정하지 않았다. 유대인들이 유대교를 만들어 낸 이유도 이해했다. 선생이 반대한 것은, 유대교가 사람들을 지배하고 통제하는 방식이었다. 선생이 보기에 그 종교의 율법 체계는 히브리인들의 하나님처럼 사람들을 해방하기보다는 오히려 얽어맸다. 정치적으로 억압받는 이들에게 종교가 위안을 주기는커녕 무거운 짐이 되었다. 선생에게 그것은 단순히 아쉬운 정도가 아니라 그의 삶의 목적인 하나님 나라를 거스르는 악이었다. 선생은 자신이 로마를 상대로 싸울 수는 없으나 예루살렘의 성전 세력과는 싸울 수 있으며 어떻게든 싸워야 한다고 여겼다.

제자 중에 예루살렘행을 반대한 이는 없었다. 갈릴리가 예루살렘에 정치적, 경제적, 종교적으로 예속된 이상, 예루살렘의 변화 없는 갈릴리의 변화는 꿈에 불과했다. 선생의 꿈을 이루기 위해서는 결국 예루살렘으로 가야 한다는 것쯤은 제자라면 누구나 알았다.

그런데 놀랍게도 다른 이도 아닌 유다가 선생의 예루살렘행에 제동을 걸었다.

"우리는 아직 예루살렘으로 갈 준비가 안 되었습니다."

선생이 의외라는 눈빛으로 물었다.

"무슨 준비를 말하는 것인가?"

"지금 우리의 힘만으로 성전 사람들과 싸우는 건 불가능합니다. 다른 세력들과 연대해야 합니다."

"어떤 세력을 말하는 것인가?"

"우선 열심당입니다."

선생이 미간을 찌푸렸으나 유다는 자기 말을 계속했다.

"열심당은 갈릴리와 유대 전역에 지부를 두고 있습니다. 저는 아직도 열심당원 중 일부와 연결되어 있습니다. 제가 듣기로, 지금 열심당 쪽에서도 선생님과의 연대를 모색하고 있습니다. 그다음은 세례자 요한의 추종자들입니다. 요한이 죽은 후 그들은 목자 없는 양처럼 방황하고 있습니다. 우리 쪽에서 손만 내밀면, 그들은 우리 쪽으로 넘어올 겁니다. 마지막으로, 에세네파*가 있습니다. 선생님도 아시겠지만, 유대에서 에세네파는 성전을 거부하고 비판하는 대표 세력입니다. 에세네파는 일사불란하기가 어지간한 군대 못지않습니다. 선생님이 이 모든 세력과 연대하면서 그들을 이끄신다면, 예루살렘에서 로마군 수비대와 성전 세력 정도는 충분히 몰아낼 수 있을 겁니다. 이런 세력들과 연대하기 위해서는

---

* 에세네파(Essenes)는 성경에 등장하지 않으나 사두개파와 바리새파와 함께 당대 유대교 3대 종파 중 하나였다. 사두개파가 성전 세력이고 바리새파가 성전 비판 세력이었다면, 에세네파는 노골적인 반성전 세력이었다. 은둔 생활을 하면서 종말을 준비했다고 알려졌으며, 오늘날 많은 학자가 세례자 요한, 그리고 더 나아가 예수가 에세네파와 관련되어 있었다고 여긴다. 복음서에서 예수가 에세네파를 비판하지 않는 것도 이런 맥락에서일 수 있다.

갈릴리

시간이 조금 더 필요합니다."

유다는 제법 큰 그림을 그리고 있었다.

선생은 유다의 말이 마땅치 않은 듯 보였다. 열변을 토하는 유다를 측은하게 바라보던 선생이 물었다.

"자네는 나의 제자가 맞는가?"

"그게 무슨 말씀입니까?"

"자네는 나를 따르기보다, 나를 통해 자네 뜻을 이루려는 것처럼 보이네. 그래서 하는 말이네."

"로마에 대한 투쟁이 옳지 않다고 말씀하시는 겁니까?"

"투쟁은 옳을지라도 유혈 투쟁은 옳지 않네."

"어째서 그렇습니까?"

"지금 우리가 아무리 많은 세력을 규합할지라도 로마 군대와 싸워서 이길 수는 없네. 일시적으로 예루살렘에서 로마군 수비대를 몰아내더라도 곧 제국 전역에서 로마 군대가 예루살렘으로 몰려오겠지. 그러면 다 죽고 말 걸세. 아무도 살아남을 수 없어. 사람들을 그런 상황에 밀어 넣는 것은 결코 옳은 일이 아닐세."

"그렇게 말씀하시니 묻겠습니다. 선생님 자신의 싸움은 승리할 가능성이 있습니까?"

유다의 질문에 제자들 모두가 눈을 크게 떴다.

"아마도…… 실패할 것이네."

유다가 양양한 표정으로 다시 물었다.

"선생님의 싸움도 실패할 거라면 어째서 그 싸움은 여전히 필요하다고 말씀하시고, 무력 투쟁은 무익하다고 단정하십니까?"

유다가 연속해서 선생을 도발하자, 제자들 모두가 조용히 침을 삼켰다. 선생이 답했다.

"로마에 대한 무력 투쟁이 소용없다는 것은 오랜 경험을 통해 입증되었네. 전략이 잘못되었거나 용맹한 장수가 없어서가 아니라 로마의 무력이 압도적으로 강하기 때문일세. 지금 로마는 갈릴리와 유대뿐 아니라, 온 세상이 힘을 합쳐 싸워도 상대하기 어려울 만큼 강하네. 아마 앞으로도 오랫동안 로마는 불굴의 제국으로 남아서 세상을 다스릴 것이네. 그런 상대와 칼로 맞서는 것은 승산 없는 싸움일 뿐이네."

선생은 시선을 제자들에게로 옮겼다.

"하지만 나의 싸움은, 비록 꽤 오랜 시간이 필요하겠지만, 결국에는 승리할 것이네. 내가 전하는 하나님 나라는 겨자씨처럼, 빵에 넣은 누룩처럼 세상 곳곳으로 퍼져 나갈 것이네. 하지만 그러기 위해서는 우선 나의 실패가 필요하네."

"선생님, 로마와의 싸움에서 실패는 곧 죽음입니다. 죽음 이후에 무언가가 일어난들 죽은 자에게는 소용이 없습니다."

"열심당원들도 대의를 위해서 죽지 않는가? 자기 죽음이 더 나은 미래를 위한 밑거름이 되기를 바라면서 말일세."

"방금 선생님은 열심당식 투쟁이 무익하다고 하시지 않았습니까?"

"옳으이. 그것이 더 나은 미래를 만들어 낼 수 없기 때문일세. 그러나 나의 싸움은 그렇지 않네."

유다가 무언가를 말하려다가 입을 닫았다. 같은 말이 반복되고 있다고 여겨서였을 것이다. 선생과 유다의 말은 접점을 찾지 못한 채 맴돌았다. 유다는 자신의 주장을 철회할 생각이 없으나 스승과의 반복적인 설전은 바람직하지 않다고 여기는 듯했다.

선생도 제자와의 논쟁을 지속할 마음이 없는 듯했다. 선생이 우리에게 눈을 돌리며 말했다.

"다시 말하지만, 나는 자네들에게 나의 뜻을 강요할 생각이 없네. 그러나 분명히 말하지만, 나의 뜻을 접을 생각도 없네. 더는 지체하지 않을 생각이네. 예루살렘으로 갈 걸세. 떠날 자는 떠나고 따를 자는 따르게."

시몬이 답했다.

"따르겠습니다."

모두가 그렇게 답했다.

맨 마지막으로 유다가 인상을 쓰며 답했다.

"저도요."

여리고

37

우리는 빌립의 영토를 북에서 남으로 가로지르다가 벳새다에서 잠시 멈췄다. 시몬은 유다와 나를 가버나움으로 보냈다. 가버나움 사람들에게 선생의 근황을 알리고 예루살렘까지 가는 데 필요한 여비를 얻어 오게 하기 위해서였다.

유다와 나는 한밤중에 시몬의 집 문을 두드렸다. 자다가 일어나 우리를 맞아들인 시몬의 장모가 세베대의 집으로 사람을 보냈다. 잠시 후 살로메와 막달라 마리아가 찾아왔다. 우리는 그들에게 선생의 결심을 밝혔다. 모두의 표정이 어두워졌다. 그러나 여자들은 남자들보다 강했다. 모두가 근심했으나 아무도 선생의 결심을 만류하지 않았다.

우리는 동틀 무렵에 시몬의 집을 나섰다. 여자들이 음식과 여비를 챙겨 주었다.

가버나움과 벳새다의 경계에 이르렀을 때 뒤에서 누군가 소리쳐 우리를 불렀다. 돌아보니 가버나움 사람 여남은 명이 잰걸음으로 따라오고 있었다. 선생이 갈릴리를 순회할 때 늘 동행하던 이들이었다. 마리아에게서 소식을 들은 이들은 여자들의 만류에도 불구하고 우리를 따라왔다. 선생은 그들을 반갑게 맞이했다.

우리 일행은 벳새다를 떠나 남쪽으로 향했다.

우리가 도달한 첫 번째 마을은 갈릴리 바다 동쪽 해안에 있는 거라사였다. 백여 년 전 로마의 폼페이우스가 그 일대를 정복해 세운 열 개 도시(데가볼리) 중 하나인 거라사는 이미 완전하게 로마화되어 있었다. 거라사 해변에 인접한 구릉에서 마을을 내려다보던 선생이 자신을 따르는 무리에게 말했다.

"이스라엘이 이 땅에 처음 자리했을 때부터 거라사는 므낫세 지파에게 주어진 땅이었소. 거리로만 보자면, 가버나움보다 이곳이 유대에서 훨씬 가깝소. 그럼에도 유대인들은 이곳 사람들에게 율법을 강요하지 않소."

무리 중 하나가 물었다.

"어째서 그런 겁니까?"

"거라사가 갈릴리처럼 유대의 영향 아래에 있지 않기 때문이오."

"무슨 뜻입니까?"

"유대인들이 갈릴리 사람들에 율법을 강요하는 이유는 율법이 옳아서가 아니라 그들이 어떤 식으로든 우리를 지배하고 있기 때문이라는 뜻이오."

선생의 말은 어려웠다. 다른 이들도 선생의 말을 이해하지 못하는 것 같았다.

"엄밀하게 말하자면 사람들이 데가볼리라고 부르는 요단강 동편 지역, 사해 북동쪽에 자리한 베레아, 유대 남쪽에 있는 이두매까지도 모두 옛 이스라엘의 땅이었소. 갈릴리와 유대 사이에 있는 사마리아는 말할 것도 없고."

선생의 말이 점점 어려워졌다. 무리가 어려워한다는 사실을 눈치챘는지 선생이 막대기를 집어 지도를 땅에 그려 가면서 설명했다. 지도를 보니 선생의 말이 이해되기도 했다.

"이 모든 지역이 옛 이스라엘에 속하는데 유대인들은 다른 곳은 놔둔 채 유독 손바닥만한 갈릴리에만 힘을 쓰고 있소."

"듣고 보니 그러네요. 어째서 그런 걸까요?"

나다나엘이 물었다.

"갈릴리의 장로들 때문이네."

"장로들이요?"

"그렇다네. 갈릴리의 장로들이 유대교를 받아들인 것이 문제였네."

선생이 다시 무리를 둘러보며 말했다.

"어느 공동체든 지도자들은 자신을 다른 이들과 구별하려 하오. 구별을 통해 힘을 얻는다고 믿기 때문이오. 갈릴리의 장로들은 그 구별을 유대교의 율법을 통해 얻으려 했소. 기본적으로 유대교는 율법을 기준으로 의인과 죄인을 구분하는데, 그것이 장로들에게 꽤 유익했던 모양이오. 그래서 그들은 갈릴리 백성이 동의한 적도 없고 실제로는 알지도 못하는 유대교의 율법을 내세우며 자신들

　　　　　　　　　　　　　　　　　　　　갈릴리

은 의인이고 가난하고 무지한 백성들은 죄인이라고 주장해 왔소. 그렇게 자신들의 의로움을 내세우며 다른 이들을 지배하고 통제해 왔던 것이오."

"그러나 갈릴리가 아닌 지역에도 회당과 장로들이 있지 않습니까?"

무리 중 하나가 물었다.

"아마도 이곳 거라사에도 있을 것이오. 하지만 거라사는 이미 오래전에 로마화되었소. 이런 곳에서는 공동체의 지도자가 회당의 장로들이 아니라 무력을 지닌 자들일 거요, 혹시 기억들 하시오? 우리가 세포리스를 찾아갔을 때 겪었던 일을? 우리는 그곳에 발도 들이지 못한 채 쫓겨났소."

나 역시 그때의 상황을 기억하고 있었다. 의문이 들어서 물었다.

"선생님 말씀은, 갈릴리가 유대교의 영향을 받는 이유가 아직 로마화되지 않아서라는 건가요?"

"그러하네. 갈릴리에서 유대교가 힘을 쓰는 것은 흔히 생각하듯 갈릴리 사람들이 지닌 전통적인 여호와 신앙 때문이 아닐세. 아직 로마의 직접 통치 아래에 있지 않기 때문이지."

나는 선생이 무언가 심각한 말을 하고 있다고 느꼈으나 그게 뭔지는 잘 몰랐다.

다른 이들도 마찬가지였다. 그러자 선생이 무리를 둘러보며 말을 이었다.

"알다시피, 갈릴리에는 늘 죽음을 무릅쓰고 로마와 맞서 싸우는 민족주의자들이 있었소. 로마와 안디바는 그들을 자극하지 않기 위해 갈릴리의 로마화를 감행하지 못했던 것이오. 유대인들은 그틈을 타서 갈릴리에 유대교를 침투시킨 것이고."

"하지만 결국 유대교는 우리 모두의 조상인 아브라함과 모세의 여호와 신앙으로부터 온 것 아닙니까?"

나다나엘의 질문이었다. 선생이 계속 무리를 둘러보며 말했다.

"이삭과 이스마엘은 아브라함이라는 같은 뿌리에서 나왔음에도 서로 다른 삶을 살아왔소. 갈릴리는 유대가 아니오. 여러분 중에 같은 갈릴리 지역에 속한 가버나움과 디베랴가 같다고 여기는 이가 있소? 여러분이 보기에 가버나움과 세포리스가 같은 마을이오?"

아무도 답하지 않았다. 다름을 알았기 때문이다.

"그렇다면 갈릴리와 유대가 어떻게 같을 수 있소?"

무리 중 어떤 이가 답했다.

"같지 않습니다."

"분명히 다르오. 문제는 유대의 영향을 받은 장로들이 그런 다름을 무시하고 유대의 잣대로 갈릴리 사람들을 지배하고 통제하려 드는 데 있소. 우리 갈릴리 사람들은 로마와 안디바의 폭압만으로도 고통스럽게 살고 있소. 그런 우리가 어째서 유대의 예루살렘 성전이 지우는 짐까지 짊어져야 한단 말이오?"

이제야 비로소 분명해졌다. 그동안 나는 선생을 오해하고 있었다. 나는 선생이 회당 예배에 참여하고 유대교의 성경에 박식한 모습을 보면서, 그가 유대교를 어느 정도 받아들이는 줄 알았다. 그저 유대교의 주장과 선생의 주장이 몇 가지 해석에서 차이가 날

뿐이라고 여겼다. 아니었다. 갈릴리 사람인 선생에게 유대교는 태어나 자라면서 어쩔 수 없이 접했던 환경이었을 뿐 그가 마음으로 받아들이는 종교가 아니었다.

"물론 유대교의 어떤 점들은 분명히 훌륭하오. 그러나 그 정도로 훌륭한 종교는 우리 조상들이 도망쳐 나온 애굽에도, 유대인들이 붙잡혀 갔던 바벨론에도, 심지어 지금 우리 민족을 억압하는 로마에도 있소. 그럼에도 우리는 애굽이나 바벨론이나 로마의 종교가 우리를 지배하도록 허락하지 않소. 그러니 유대교만을 예외로 삼아야 할 이유는 어디에도 없소."

선생에게 유대교는 여러 장점에도 불구하고 본질상 사람들을 구속하고 억압하는 종교였다. 그리고 이제 선생은 그 종교의 심장부인 예루살렘을 향해 나아가고 있었다. 항복하고 굴종하기 위해서가 아니라 거부하기 위해서. 거부하다가 죽임을 당하기 위해서.

우리는 마을 쪽으로 걸어갔다. 마을 입구 오른편 산자락에는 사람들이 판 것으로 보이는 굴이 몇 개 있었다. 마을 사람들이 함께 사용하는 묘지였다.

묘지 앞을 지나는데 한 사내가 괴성을 지르며 튀어나왔다. 누더기나 다름없는 옷, 헝클어진 머리, 번득이는 눈, 손목과 발목에 부서진 채 남아 있는 쇠사슬, 드러난 몸에 나 있는 깊은 상처. 누가 봐도 미친 사람이었다.

그가 돌을 들어 자기 몸을 긁어 대며 선생을 향해 소리쳤다.

"지극히 높으신 이여! 어째서 내게 간섭하십니까?"

선생이 그를 노려보며 말했다.

"네 이름이 무엇이냐?"

그가 답했다.

"레기온*입니다."

"당장 그에게서 나오라!"

그가 쉿소리를 내며 청했다.

"이대로 허공에 흩어질 수는 없습니다. 저 언덕에 돼지 떼가 있습니다. 우리가 그 안으로 들어가게 해주십시오."

"가라!"

명령이 떨어지자, 언덕에 있던 돼지들이 소리를 지르기 시작했다. 굴에서 나온 이가 땅바닥에 누워 몸부림을 치는 사이 돼지 떼가 호수로 돌진했다. 호수가 순식간에 아수라장이 되었다. 사납게 요동치는 물결, 돼지들의 마지막 버둥거림과 비명…….

수면이 잔잔해질 즈음, 땅에 누워 있던 이의 몸부림도 잦아들었다.

정신을 차린 이가 몸을 추스르고 선생 앞에 무릎을 꿇었다. 레기온이 떠난 것이다.

선생이 물었다.

"언제부터 그렇게 되었던 것이오?"

"제가 열 살 때 이 지역에서 로마에 맞서는 반란이 일어났습니다. 그때 저희 집안 남자들이 모두 죽었습니다. 여자들은 모두 붙

레기온(legion, 군단)은 로마 군대에서 가장 큰 단위의 편제로, 로마 군인 4천 명에서 6천 명으로 이루어진다.

 갈릴리

잡혀서 로마인들의 종이 되었고요. 저는 어머니가 풀숲에 숨겨 주어서 겨우 목숨을 건졌습니다. 목숨은 건졌으나 귀신에 씌고 말았습니다. 가끔 정신이 돌아왔으나 대개는 귀신에 씐 상태로 살아왔습니다."

사내가 말하는 동안 마을 사람들이 몰려나왔다. 장로로 보이는 이가 선생에게 말했다.

"우리는 선생을 감당할 수 없소이다. 우리대로 살게 내버려두고 이곳을 떠나 주시오."

선생이 물었다.

"돼지를 잃어서 그러오?"

"그것 때문만은 아니오. 그동안 우리도 선생이 호수 건너편 갈릴리에서 한 일에 관해 들었소. 하지만 로마의 지배를 받는 우리의 형편은 분봉왕이 다스리는 갈릴리와 다르오. 이곳의 로마군 사령관은 거침이 없소. 그는 누군가 질서를 깨뜨리면 즉각적이고 무자비한 탄압을 가하오. 험한 꼴을 당하지 않으려면 선생도 서둘러 떠나는 게 좋을 거요. 이곳은 선생이 활동할 수 있는 곳이 아니오."

선생은 그와 논쟁하지 않았다. 애초에 이 지역을 통과하려 했을 뿐 머물 계획은 없었기 때문이다. 우리가 마을을 떠나려 할 때 동굴에서 나온 이가 선생에게 자신도 무리에 끼어 달라고 청했다. 선생이 만류하며 말했다.

"당신은 마을로 돌아가 하나님께서 당신에게 행하신 일을 전하시오. 그것이 구원을 얻은 당신이 살아야 할 삶이오."

38

데가볼리 지역을 서둘러 통과한 우리는 힙포와 가다라를 지나 스키토폴리스에서 서쪽으로 방향을 틀어 사마리아로 들어섰다. 스키토폴리스에서 계속 남하할 경우 베레아로 들어서게 되는데, 베레아는 갈릴리처럼 안디바의 영토였기 때문이다.

사마리아의 에발산과 그리심산 사이에는 수가라는 동네가 있다. 그곳에 이르렀을 때 선생은 목이 말랐다. 마을에서 물동이를 이고 나오는 여자를 본 선생이 그녀에게 다가갔다.

"물 좀 얻을 수 있겠소?"

여자가 흠칫 놀라며 물러섰다.

"갈릴리에서 오신 분들 같은데 어째서 사마리아 여자인 나에게 물을 달라고 하십니까?"

이해할 만한 질문이었다. 그동안 갈릴리인과 유대인은 모두 사마리아인을 이방인보다 못하게 여겼다. 갈릴리에서 유대로 가거나 유대에서 갈릴리로 갈 때 사마리아인과 접촉하지 않으려고 일부러 길을 돌아가는 이들까지 있었다. 그들에게 사마리아인은 어떻게든 피해야 할 짐승이나 전염병 같은 존재였다.

그러나 오래전에 갈릴리와 사마리아는 한 나라였다. 다윗과 솔로몬 시절뿐 아니라 이스라엘이 북과 남으로 분열된 후에도 그러했다. 갈릴리와 사마리아는 함께 북왕국에 속했고, 앗수르가 북왕국을 멸망시켰을 때도 같은 운명이었다. 사는 지역이 조금 다르기는 했으나 오고 가다가 물 한 잔 얻어먹기도 어려운 사이는 결코 아니었다. 갈릴리와 사마리아가 멀어진 것은 유대인들 때문이었다.

마카베오 가문의 아리스도불로가 이 땅을 다스릴 때 갈릴리와 사마리아를 유대에 병합했다. 유대는 그때부터 분열 이후 수백 년 동안 유대와 상관없이 살아온 갈릴리와 사마리아를 유대화하기 시작했다. 직접적으로는 유대인을 이주시켜 정치적 압박을 가했고, 간접적으로는 회당을 매개로 이 지역에 유대교를 심었다. 갈릴리와 사마리아는 그런 시도들에 격렬하고 끈질기게 맞섰다. 하지만 머지않아 갈릴리와 사마리아의 유대화도, 갈릴리와 사마리아의 저항도 좌절되고 말았다. 범람하는 강물이 강가의 모든 마을을 마구 휩쓸듯, 초강대국 로마가 이스라엘 땅 전체를 식민지로 만들었기 때문이다. 그 후 로마는 유대인들이 이방인으로 여기는 이두매 출신 헤롯에게 이 지역에 대한 통치를 위임했다. 그러다가 헤롯이 죽자, 이 지역은 맹수에게 죽은 고기 찢기듯이 분할되어 통치되기 시작했다. 그때 사마리아와 유대는 가이사랴에 주재하는 로마 총독에게, 갈릴리는 분봉왕 안디바에게 맡겨졌다. 오래전부터 운명 공동체였던 갈릴리와 사마리아는 그렇게 서로 다른 길을 걷게 되었다.

로마는 식민지를 통치하면서 각 지역의 종교에 개입하지 않는 원칙을 유지했다. 그로 인해 로마 총독이 다스리는 사마리아와 유대는 그들의 종교를 유지할 수 있었다. 사마리아인들에게는 북왕국 시절부터 이어 온 전통이 있었고, 유대인들에게는 바벨론 포로기에 새로 형성된 유대교가 존재했다. 유대인들은 사마리아가 고집하는 북부 지역의 전통을 경멸하고 증오했다. 특히 사마리아인들이 그리심산에 성전을 세워 유대인들이 가장 소중히 여기는 예루살렘 성전의 가치를 떨어뜨린 일에 분개했다. 그래서 유대인들은 같이 로마의 통치를 받는 처지임에도, 사마리아인들을 세상에서 가장 더러운 잡종처럼 취급하며 멀리했다. 한때 동족이었고 지금도 분명히 피가 섞여 있는 사마리아인들에 대한 반감은 이방인들에 대한 반감보다 훨씬 컸다.

유감스럽게도 다른 통치 영역에 속한 갈릴리의 백성 일부, 특히 회당 사람들은 사마리아인들을 향한 유대인들의 반감을 자기 것으로 삼았다. 갈릴리는 사마리아나 유대와 달리 꼭두각시 왕 안디바의 왕국이었다. 안디바는 숱한 신들로 가득한 로마에서 성장한 탓에 자기 백성이 어떤 종교를 가져야 하는지에 아무런 관심이 없었다. 그로 인해 갈릴리의 종교적 향방을 결정한 자들은 안디바와 그의 측근들이 아니라 회당을 중심으로 활동하는 장로들이었다. 한데 그들은 마카베오 시대부터 갈릴리에 이식되기 시작한 유대교를 받아들이면서 사마리아인들을 향한 반감도 함께 받아들였다. 실제로 그들은 마치 자신들이 유대인인 것처럼 사마리아인들을 대했다. 하지만 그것은 회당 사람들의 입장일 뿐 갈릴리의 민중들과는 상관없는 일이었다. 회당의 영향을 받지 않는 갈릴리인들에게 사마리아인들은 그저 곁에서 살아가는 이웃이었을 뿐이다. 선생이 거리낌 없이 사마리아로 들어간 것과 사마리아 여자에게 다가가 물을 달라고 한 것은 그런 이유 때문이었다.

선생은 경계심을 잔뜩 드러내는 여자에게 미소를 보이며 말했다.

“우물에서 물 한 잔 얻어 마시는 데 갈릴리와 사마리아가 무슨 상관이오?”

여자가 답했다.

“우리가 아니라 당신들이 상관하지요.”

“우리는 상관하지 않소.”

“우리는 그리심산에서 예배하고 당신들은 예루살렘에서 예배하는데도 말인가요?”

“그리심이냐 예루살렘이냐는 중요하지 않소. 하나님께 예배 장소는 아무런 의미가 없소. 중요한 것은 장수가 아니라 예배하는 자가 어떤 마음을 지니고 사느냐는 것이오.”

“당신들은 지금 예루살렘으로 가고 있으면서 그렇게 말하십니까?”

“예루살렘으로 가고 있기는 하나, 성전에서 예배하러 가는 것은 아니오.”

“……”

“오히려 우리는 성전 사람들과 맞서기 위해 가는 것이오.”

그 말에 여자는 말없이 두레박으로 물을 길었다. 우물가에 늘어선 무리가 목을 축이다가 물이 떨어지면 여자가 다시 물을 길어 올렸다. 유대인들이 짐승보다 더럽게 여겼던 사마리아 여자와 갈릴리 사람들이 두레박 하나로 간단하게 하나가 되었다.

우리가 여자의 두레박에 신세를 지는 사이에 마을 주민들이 우물가로 모여들었다. 주민들 표정이 험악했다. 우리가 여자를 겁박하거나 희롱하고 있다고 여긴 듯했다.

여자가 나서서 우리를 옹호했다.

"이분들은 갈릴리에서 오셨는데 유대인들과 싸우러 가신대요."

사마리아 주민들이 표정을 바꿨다. 몰려온 이들 중 가장 나이가 많아 보이는 노인만은 의심을 완전히 거두지 않은 듯했다. 그가 우리를 둘러보며 말했다.

"유대인들과 싸우러 간다? 그게 무슨 말이오?"

선생이 말했다.

"유대인들이 아니라 성전 사람들과 싸우러 가는 겁니다."

"그게 그 소리 아니오?"

"아닙니다. 예루살렘 성전을 지배하고 있는 이들이 문제이지 유대 주민들은 잘못이 없습니다. 어쩌면 그들 역시 잘못된 지배 체제의 희생자일 수 있습니다."

노인이 언짢아하며 말했다.

"무슨, 말도 안 되는 소리를……. 유대인들에게 우리는 더러운 짐승이나 다름없소. 성전 사람들뿐만이 아니라 유대인 모두가 우리를 그렇게 취급해 왔소."

"여러분도 유대인들을 그렇게 여기지 않습니까?"

선생이 질문하자 노인이 눈을 치켜떴다.

"유대인들이 먼저 시작했소. 우리는 그에 대응했을 뿐이오. 세상에 나 싫다는 사람을 좋아할 이가 어디 있겠소? 솔직히 우리는 유대인이 로마인보다도 싫소!"

"어르신, 그건 좀 심한 말씀 아닙니까?"

"심하다고? 우리 사마리아는 오래전 앗수르에게 망했소. 그 후 지금의 로마에 이르기까지 우리의 지배자가 몇 번이나 바뀌었는지 알잖소. 아무리 강한 지배자라도 세월이 흐르면 결국 사라지기 마련이오. 그 긴 세월 동안 일관되게 우리를 적대시하고 증오하고 경멸한 이들이 바로 유대인들이오.”

“여러분도 유대인들을 적대시하지 않았습니까? 바벨론에서 예루살렘으로 귀환한 이들이 성전과 성벽을 재건하려고 했을 때 방해하면서…….”

“그때 우리 조상들은 유대인들의 성전 건축을 방해하지 않았소. 무너진 성전을 함께 재건하자고 제안했던 것이지. 우리의 조상들이 예루살렘과 그리심에 각각 성전을 세우고 다투었던 과거를 되풀이하지 않기 위해서였소. 한데 유대인들은 우리의 제안을 거부하고 독자적으로 성전을 건축했소. 그리고 성벽까지 재건한 후에 그 안에 틀어박혀 버렸소. 이웃이자 동족이었던 우리를 상종해서는 안 되는 더러운 짐승 취급을 하면서 말이오.”

선생이 노인의 말을 들으며 고개를 끄덕였다. 나는 오래된 고정관념 하나가 뿌리부터 흔들리는 느낌을 받았다. 그동안 우리는 바벨론에서 귀환한 유대인들이 예루살렘 성전을 재건한 것은 무조건 옳고 사마리아인들이 성전 재건을 방해한 것은 무조건 옳지 않다고 여겼다. 어릴 때 회당에서 그렇게 들었기 때문이다. 하지만 사마리아 사람에게 그들의 입장을 들으니 생각이 조금 달라졌다.

어째서 예루살렘 성전은 선이고, 그리심 성전은 악인가? 혹자는 예루살렘 성전은 하나님께 예배하는 곳이고 그리심 성전은 우상에게 예배하는 곳이어서 그렇다고 말할지도 모른다. 그러나 유대의 역사를 조금만 떠올려 봐도 알 수 있다. 멸망하기 직전의 예루살렘 성전이 얼마나 추악한 우상숭배 장소였는지를.

물론 유대인들은 포로기에 과거를 돌이키며 반성했다. 예루살렘으로 귀환한 후에는 새로운 민족으로 거듭나기 위해 애썼고, 그 과정에서 율법을 만들어 지키며 오늘에 이르렀다. 그러나 과연 지금의 유대인들이 이사야나 미가나 예레미야 같은 그들의 예언자들이 꿈꿨던 민족이 되어 있는가? 그들의 예언자 에스겔이 묘사했던 것처럼 마른 뼈들의 상태를 벗어나 생기를 얻어 살아가고 있는가? 학사 에스라 이후 이미 수백 년이 흘렀음에도 여전히 이방인들의 압제 아래에 있지 않은가. 그토록 소중히 여기는 예루살렘 성전은 로마가 그들을 지배하기 위한 가장 효과적인 도구가 되어 있지 않은가.

그렇다면 유대인들이 그토록 자랑하는 성전과 율법에는 도대체 무슨 의미가 있는가. 제사장과 사두개인과 바리새인 외에 누구에게 유익한 것인가? 성전과 율법이 한때 동족이었던 갈릴리인과 사마리아인과 유대인을 갈라놓고 서로 다투게 하는 일이 옳은가?

선생도 비슷한 생각을 했던 것 같다.

"말씀을 듣다 보니, 성전과 율법이 사람들을 어울려 살게 하기보다 분열시켜 왔다는 것을 분명히 알게 되었습니다."

"우리가 유대인을 로마인보다 나쁘게 여기는 이유가 거기에 있소. 유대인들은 오랜 세월 자신들이 세상 모든 나라와 민족을 하나님과 연결하는 제사장 민족이라고 자처해 왔소. 그럼에도 사실상 그들은 자기들 외에 모든 이를 죄인으로 만들어 하나님과 멀어

갈릴리

지게 했소. 나는 당신들이 어떤 싸움을 위해 예루살렘으로 가는지 모르오. 그러나 이왕 싸우러 간다면, 그들에게 이 한마디는 분명하게 전해 주시오. '당신들은 사람들을 하나님에게서 멀어지게 하고 있다'라고 말이오."

선생은 고개를 끄덕였다.

주민들 몇이 우리 무리에게 마을로 들어와 음식을 먹고 몸을 추스른 후에 떠나라고 권했다. 우리는 그들과 함께 마을로 들어갔다. 주민들은 염소 고기와 빵과 포도주를 내놓았다. 우리는 함께 둘러앉아 먹고 마셨다.

선생은 갈릴리에서처럼 병자들을 고치고 하나님 나라에 관해 설교했다. 핵심은 우물가 여자에게 한 말과 같았다. 하나님 나라는 예루살렘이나 그리심이 아니라 하나님의 뜻을 따라 살고자 하는 이들의 마음에 있다! 그분이 원하시는 삶이 없다면, 예루살렘이든 그리심이든 아무 소용이 없다!

우리는 수가에서 이틀을 머물렀다. 계획이 살짝 어그러지기는 했으나 선생은 애초의 계획보다 사마리아 사람들과의 만남을 귀하게 여겼다. 우리는 이 만남을 통해 갈릴리 사람인 우리를 유대인과 별 차이 없다고 보는 사마리아 사람들과 친구가 되었다. 그들과 친구가 되는 것은 생각보다 쉬웠다. 우리 입장만 되풀이하지 않고, 그들이 하는 말을 듣는 것으로 충분했다. 유대인들은 그러지 않았다. 늘 자기네 말만 되풀이할 뿐 다른 이의 말을 들으려 하지 않았다.

사마리아 사람들의 배웅을 받으며 길을 떠났다. 우리는 그리심산을 오른쪽에 두고 요단강이 흐르는 평지로 접어들었다. 유대의 산악 지대를 피해 가기 위해서였다. 하루를 걸어 여리고에 도착했다. 여리고에서 예루살렘까지는 지척이었다.

39

여리고는 유대에서는 특이하다 할 만큼 풍요로운 마을이었다. 기후가 온화했고, 마르지 않는 샘과 오아시스가 있었고, 종려와 바나나와 무화과가 많았다. 예루살렘 귀족들에게 휴양지 역할을 하는 여리고에는 헤롯이 지은 겨울 궁전도 있었다. 게다가 여리고는 유대를 베레아와 그 너머 아라비아로 연결하는 간선도로가 지나는 마을이었다. 유대에서 생산되는 몇 안 되는 물품인 양털, 유황, 역청, 소금이 이곳을 통해 이방으로 나갔고, 이방에서 유통되는 온갖 물품이 이곳을 통해 유대로 들어왔다. 따라서 경제적 요충지인 이곳에 자리 잡은 세관은 규모가 클 수밖에 없었다.

여리고에 도착했을 때, 놀랍게도 꽤 많은 이들이 우리를 마중하러 나왔다. 가버나움 사람들이었다. 우리가 안디바를 피해 갈릴리 바다 동편을 돌아 데가볼리와 사마리아를 거쳐 유대에 이르리라는 소문을 들은 모양이었다. 그들은 빠른 길을 택해 우리보다 먼저 여리고에 도착했다. 그중에는 막달라 마리아와 다른 여자 몇 사람도 끼어 있었다.

선생은 가버나움에서처럼 행동했다. 사람들이 하는 말을 듣고,

갈릴리

병자들에게 안수하고, 하나님 나라에 관해 가르쳤다. 그런 일을 보고 합류한 여리고 주민들까지 합치면 선생의 무리는 백 명이 훌쩍 넘었다.

선생이 무리를 이끌어 여리고 외곽의 한적한 들로 나갈 때였다. 많은 무리가 이동하는 소리를 그 지역의 맹인 거지 바디매오가 들었다. 그가 떠들썩한 무리를 향해 물었다.

"이 무슨 소동이오?"

무리 중 하나가 답했다.

"갈릴리에서 오신 예수 선생이 하나님 나라의 복음을 전하고 계시오."

그 말에 바디매오가 고래고래 소리를 쳤다.

"다윗의 자손 예수여, 나를 불쌍히 여기소서!"

몇 사람이 나무라며 저지했으나 고함은 멈추지 않았다.

"다윗의 자손 예수여, 나를 불쌍히 여기소서!"

소리를 들은 선생이 그를 불러서 물었다.

"내가 무엇을 해주길 원하오?"

"보기를 원하나이다."

"내가 당신이 보게 해줄 거라고 믿소?"

"믿나이다!"

선생이 그의 눈에 손을 대며 말했다.

"당신의 믿음이 당신을 구원하였소."

바디매오는 흠칫 몸을 떨더니 눈을 껌뻑이기 시작했다. 같은 행동을 두 차례 반복하자 그의 눈이 뜨였다. 그가 열병으로 시력을 잃은 지 일곱 해 만의 일이었다.

선생이 놀라는 무리를 둘러보며 말했다.

"구원의 능력은 내가 아니라 여러분 자신에게 있습니다. 하나님의 선하심과 관대하심을 믿으십시오. 그리고 간절히 바라고 기도하십시오. 하나님 나라는 믿음과 소망 속에서 시작되고 자랍니다. 여러분 안에서 그 나라가 시작되거든 그 나라를 이웃에게 전하십시오."

선생이 무리를 이끌고 다시 여리고 안으로 들어갈 때였다. 바디매오가 눈을 떴다는 소식을 접한 여리고 주민들이 선생을 맞이하러 나왔다. 주민들 가운데서 이런 말이 터져 나왔다.

"다윗의 자손 예수여, 영광 받으소서!"

선생이 의아한 표정을 지으며, 자신을 '다윗의 자손'이라고 부른 이에게 물었다.

"도대체 이곳 사람들은 왜 자꾸 나를 다윗의 자손이라고 부르는 것이오?"

그가 답했다.

"우리는 메시아가 다윗의 자손 중에서 나올 것이라고 배웠습니다. 선생께서 하신 일은 오직 메시아만이 할 수 있는 일입니다. 우리는 선생님이 다윗의 자손일 거라고 믿습니다."

"아니요, 나는 갈릴리 사람이오. 다윗과는 아무런 상관이 없소."

하지만 그는 물러서지 않았다.

"그렇지 않을 겁니다. 혹시 선생님이 자신의 족보를 잘 모르시는 것 아닐까요?"

갈릴리

선생이 껄껄 웃으며 답했다.

"당신은 나를 다윗의 자손으로 만들기 위해 조상도 몰라보는 후레자식으로 만드는구려."

무리 전체가 크게 웃었다.

선생과 여리고 주민들 사이에 유쾌한 대화가 오가는 동안 무리 뒤편이 소란스러웠다. 어떤 이가 무리 안으로 들어오려다가 거칠게 밀려났다. 그를 밀어낸 이들은 입에 담지 못할 욕설을 그에게 퍼부었다.

그는 키가 작고 뚱뚱한 사람이었다. 몇 차례 발뒤꿈치를 들고 뛰어 보았으나 도저히 무리 안을 들여다볼 수 없자 무리 뒤편에 있는 커다란 뽕나무를 기어올랐다. 그가 뚱뚱한 몸을 이끌고 아슬아슬하게 나무 위로 기어오르는 모습을 선생이 보았다. 선생은 자신을 다윗의 자손이라고 불렀던 이에게 물었다.

"저 사람은 누구요?"

그가 미간을 찌푸리며 답했다.

"삭개오라는 작자입니다."

삭개오라는 이름이 들리자 여리고 사람들 입에서 야유와 욕설이 터졌다.

"저자는 여리고의 세리장입니다. 충실하고 악독한 로마의 똥파리지요."

뽕나무 위로 올라갔던 삭개오가 선생과 눈이 마주쳤다. 선생이 천천히 뽕나무를 향해 걸어갔다. 선생이 한 걸음 움직일 때마다 무리가 한 걸음씩 물러서면서 길을 만들었다. 선생이 뽕나무 위를 처다보며 말했다.

"삭개오여, 내려오시오. 오늘 내가 당신의 집에서 묵어야겠소이다."

삭개오가 굴러떨어지듯 나무에서 내려와 선생에게 머리를 조아리며 말했다.

"선생님, 저희 집을 개방하겠습니다. 필요한 만큼 머물다 가십시오."

"고맙소. 며칠 신세 지겠소."

"신세라니요. 저로서는 영광입니다. 이곳 주민들은 저를 개나 똥파리로 취급합니다. 제가 그렇게 살았기 때문입니다. 저는 주민들을 원망하지 않습니다. 그저 그동안 그들을 괴롭힌 게 미안하고 죄스러울 뿐입니다."

"진정 주민들에게 잘못했다고 여기오?"

"그렇습니다."

"혹시 유대 광야에서 활동했던 세례자 요한을 기억하시오?"

"뵙지는 못했으나 들어서 알고 있습니다."

"그가 회개의 세례를 받기 위해 자신을 찾아온 세리들에게 했던 말이 있소. 회개에 합당한 열매를 맺으라, 정해진 세금 외에는 거두지 말라."

"저도 요한 선생이 그렇게 가르치셨다고 들었습니다. 유대 율법이 그 이상을 요구한다는 것도 알고 있습니다. 저는 오늘 선생님과 주민들 앞에서 맹세합니다. 제 소유의 절반을 가난한 자들에게 내놓겠습니다. 그리고 제가 누군가의 것을 강제로 빼앗았다면 그

금액의 네 배를 갚겠습니다."

무리 가운데서 탄성과 갈채가 쏟아졌다.

선생이 삭개오의 어깨에 손을 얹고 무리를 향해 말했다.

"오늘 이 사람의 집에 구원이 이르렀습니다. 이 사람도 우리와 같은 아브라함의 자손입니다."

무리가 합창했다.

"아멘!"

삭개오가 선생과 무리를 집으로 이끌었다.

오아시스 곁에 있는 그의 저택은 크고 화려했음에도 스산한 관공서 같은 느낌이었다. 동료 세리들 외에는 그 넓은 집에 찾아오는 이들이 없어서였다. 삭개오는 허둥지둥 집으로 들어서면서 하인들에게 외쳤다.

"방과 마당에 불을 밝혀라! 가장 좋은 식탁을 차려라! 돈을 아끼지 마라!"

서쪽 하늘에 장밋빛 노을이 질 즈음에 늘 적막강산이었던 삭개오의 집이 떠들썩한 잔칫집으로 변했다. 하인들은 식료품 창고와 부엌 사이를 분주하게 오갔다. 일손이 부족해지자 마리아를 비롯해 갈릴리에서 온 여자들이 팔을 걷어붙이고 부엌에 들어갔다. 남자들은 창고에서 식탁으로 쓰기에 적당한 나무 상자와 돗자리를 꺼내와 마당에 펼쳤다. 마당 울타리 역할을 하는 튼실한 아몬드나무의 나뭇가지 곳곳에 등이 걸렸다.

잔치 준비가 한창인 마당의 떠들썩한 소리가 마을 사람들을 불러 모았다. 주민들 사이에서 말이 오갔다.

"뭔 일이래요?"

"삭개오가 재산을 내놓기로 했다네요."

"그 악독한 인간이 왜요?"

"갈릴리에서 온 예수라는 이가 그의 마음을 바꿨다고 하더군
요."

"어떻게요?"

"나도 모르겠어요. 그가 뽕나무에 올라간 삭개오를 부르자 나무
에서 내려오더니 그렇게 공언했다네요. 자기 재산 절반을 내놓고
사람들에게 갈취한 돈은 네 배씩 갚겠다고."

"미친 걸까요?"

"미쳤더라도 우리에게는 좋은 일이죠."

식사 준비가 끝나자, 선생은 거실 중앙에 마련한 주빈석을 마다
하고 굳이 마당으로 나왔다. 삭개오도 뒤를 따랐다. 사람들로 가득
한 마당 한가운데 서서 포도주잔을 든 선생이 말했다.

"형제들이여! 오늘 하나님 나라는 또 한 명의 백성을 얻었습니
다. 아마도 여러분은 다른 사람은 몰라도 이 사람만큼은 절대로
그 나라의 백성이 될 수 없다고 여겼을 것입니다. 하지만 하나님
나라는 잘못된 삶에서 돌아서는 모든 이에게 열려 있습니다. 그
돌이킴은 쉽지 않습니다. 그럼에도 돌이킨다면, 이전과는 완전히
다른 삶이 열릴 것입니다. 물론 그 삶도 쉽지 않습니다. 그럼에도
그 삶에는 기쁨이 충만할 것입니다. 하나님 나라는 그렇게 기쁨으
로 충만한 이들이 함께 어울려 살아가는 나라입니다. 여러분, 오늘
이 집에 임한 그 나라를 함께 기뻐하고 감사합시다!"

선생이 포도주 잔을 입에 대는 것으로 잔치가 시작되었다. 사람들은 함께 먹고 마시며 떠들었다. 삭개오의 하인들과 갈릴리에서 온 여자들은 부엌과 마당을 부지런히 오가며 빵, 포도주, 염소고기, 양고기, 말린 무화과, 치즈, 벌꿀, 사과 등을 날랐다. 잔치가 무르익어 가면서 마당은 환호와 박수와 노랫소리로 가득 찼다. 그때 새삼 다시 느꼈다. 아, 바로 이것이 선생이 말하는 하나님 나라로구나!

40

초저녁에 시작된 잔치는 밤이 이슥할 무렵에 끝났다.

여리고 주민들은 모두 집으로 돌아갔다. 삭개오의 집 마당에는 갈릴리에서 온 이들만 남았다. 삭개오는 모든 방을 열어 사람들을 안으로 들였다. 그러나 방이 부족해서 선생과 여자들 그리고 몸이 좋지 않은 이들 외에는 마당에 친 천막 안으로 들어가야 했다.

모두가 자리를 잡았을 때 삭개오가 선생과 제자들을 자기 방으로 초대했다. 하인들이 식탁으로 꿀물과 말린 무화과를 내왔다.

삭개오가 상기된 얼굴로 말했다.

"선생님, 제가 세리가 된 지 올해로 십오 년째인데, 십오 년 만에 처음으로 사람 사는 것 같았습니다."

선생이 답했다.

"마음을 바꿔 주어 고맙소. 그러나 앞으로의 삶이 쉽지만은 않을 것이오."

삭개오가 무슨 말인지 안다는 듯 고개를 끄덕였다.

세리 출신 레위가 조심스럽게 끼어들었다.

"결심하신 대로 한다면, 세관 일을 계속하시기는 어려울 겁니다."

삭개오가 근심과 단호함이 뒤섞인 복잡한 표정으로 답했다.

"그렇겠지요. 이 일에도 관례라는 게 있는데, 앞으로는 그 관례를 지키지 않을 생각입니다. 내 동료들은 나를 마땅치 않게 여기겠지요. 나는 나에게 요구되는 실적을 못 채울 것이고, 그러면 결국……."

"앞으로 벌어질 일을 예상하면서도 그런 결심을 하신 겁니까?"

"그렇소."

"어째서인가요?"

삭개오가 레위에게 친근한 미소를 보이며 말했다.

"듣자 하니 당신도 세리였다면서요? 당신은 왜 그런 결정을 하셨던 거요?"

"세관에 앉아 있다가 선생님의 부르심을 듣고……."

"나는 뽕나무 위에서 선생님의 부르심을 들었소."

선생이 입으로 가져갔던 잔을 식탁 위에 내려놓으며 말했다.

"내가 부르기 전에 이미 두 사람의 마음속에 새로운 삶에 대한 갈망과 의지가 있었던 것이오. 그런 게 없었다면, 내가 아무리 큰 소리로 부르더라도 소용없었을 것이오. 두 사람의 회심은 내가 병자들을 고치는 것과 같은 일이오. 내가 아무리 원하더라도, 병자

                                             갈릴리

자신의 갈망과 의지가 없다면, 그들을 고칠 수 없을 것이오. 하나님 나라가 그렇소. 그 나라의 삶을 향한 갈망과 의지가 먼저요. 나는 그런 갈망과 의지를 구현하는 일에서 작은 불씨 역할을 할 뿐이오.”

삭개오가 고개를 가로저었다.

“선생님은 선생님의 역할이 별것 아닌 것처럼 말씀하시지만 그렇지 않습니다. 물론 제 안에는 꽤 오랜 기간 동안 새로운 삶에 대한 갈망이 있었습니다. 하지만 그 갈망이 아무리 컸을지라도, 선생님이 저를 부르지 않으셨다면, 여전히 저는 이전처럼 살아갈 수밖에 없었을 겁니다. 작은 불씨요? 그게 중요합니다. 아무리 큰 땔감도 불씨 하나가 없으면 소용이 없습니다. 선생님의 부르심은 제게 짙은 어둠 속을 꿰뚫고 들어오는 강력한 빛이었습니다.”

“진정 그렇게 생각하오?”

“물론입니다.”

“만약 당신을 부른 게 다른 사람이었다면 어땠겠소?”

“다른 이가 불렀다면…… 선생님의 부르심만큼은 아니었겠지만, 그래도 기뻤을 것 같습니다.”

선생이 삭개오에게 미소를 보였다.

“아마 그랬을 것이오. 짙은 어둠 속에 있는 이들에게는 아주 작은 불빛 하나로도 충분하오. 우리 모두 다른 이에게 그런 존재가 될 수 있소. 그리고 오늘 당신은 많은 이에게 그런 존재가 되었소. 많은 이가 당신의 돌이킴을 보고 이 캄캄한 세상에서 불빛을 발견했을 것이오. 물론 그런 불빛 역할을 하려면 자신을 태워서 없애야 하오. 스스로 타오르지 않으면서 빛을 발하는 불은 없기 때문이오. 당신은 결국 타서 없어질 것이오. 그러나 당신 덕분에 잠시라도 세상이 밝아진다면, 당신의 존재는 충분히 의미 있는 것 아니겠소?"

"저는 타서 없어질 각오가 되어 있습니다."

"고맙소."

그날 선생은 제자들에게 긴 가르침을 전했다. 핵심은 서로 사랑하라는 것이었다. 선생은 하나님 나라는 결국 이 땅에서 함께 어우러져 살아가는 사람들로 이루어진다고, 서로 다른 사람들이 어우러지기 위해서는 무엇보다도 사랑이 필요하다고, 그 사랑은 서로의 기쁨과 고통을 함께 나누는 데 있다고, 그러니 늘 자기 곁에 있는 이들의 사정을 살피고 헤아리며 상관해야 한다고 말했다.

한데 그날 선생이 거듭 사랑을 강조한 데는 이유가 있었다. 선생은 자신이 이제 곧 우리 곁을 떠날 것이라고 했다. 선생은 자기가 떠난 후 우리만 남게 되었을 때 우리에게 가장 필요한 것이 서로 사랑하는 것이라고 했다. 훗날 사람들은 선생이 한 말을 세상에 필요한 보편적 사랑으로 해석했다. 그런 해석이 잘못은 아니다. 하지만 그날 선생이 분명하게 강조했던 사랑은 제자들 사이의 사랑, 우리로 인해 만들어질 공동체 안에서의 사랑이었다.

그날 선생이 특별히 우리에게 사랑을 강조한 것은 우리의 약함때문이기도 했다. 당시 우리는 오합지졸이었다. 이른바 첫 제자인우리 넷은 가버나움의 어부들이었다. 그나마 동류의식을 가질 수도 있었겠으나, 사실 각각의 성향이 다 달랐다. 우리보다 늦게 제자가 된 이들은 어떤 식으로도 공통점을 찾기 어려운, 그야말로 어중이떠중이였다. 출신도, 직업도, 나이도, 관심사도 전부 달랐다. 공통점이 없는 정도가 아니라, 얼핏 보면 도저히 하나가 될 수 없는 이들도 있었다. 대표적인 이들이 세리 출신 레위와 열심당원 출신인 작은 시몬과 유다였다. 선생의 제자가 되지 않았더라면, 서로 원수처럼 지냈을 사람들이었다.

그날 선생은 자정이 넘도록 말을 이어 나갔다. 그날 우리를 향한 마지막 말은 이러했다.

"자네들 바깥의 세상은 크고 험하네. 그런 세상을 자네들 각자의 힘만으로 헤쳐 나가는 것은 불가능하네. 훗날 어려운 일을 만나거든, 나를 기억하게. 그리고 하나가 되게. 나는 포도나무이고 자네들은 가지일세. 가지는 제각각처럼 보이지만 결국 포도나무와 연결되어 있네. 나에 대한 기억이 자네들을 하나로 연결해 줄 걸세. 모든 차이와 이견을 넘어 서로 사랑하게. 내가 자네들을 사랑했던 것처럼 서로를 사랑하게."

떠남을 전제한 선생의 말이 거슬려서였을까. 시몬이 나섰다.

"선생님, 오늘은 이쯤 하시지요. 밤이 깊었습니다."

선생이 고개를 끄덕였다.

41

삭개오는 자신의 침실을 선생에게 내주었다. 하지만 선생은 극구 마다했다. 선생은 제자들이 누운 방에 함께 누웠다.

긴 하루에, 포도주까지 취하도록 마셔서였는지 금세 여기저기서 코 고는 소리가 들렸다. 나는 잠이 오지 않았다. 선생의 말 때문이었다. 선생은 예루살렘으로 오는 과정에서 이미 몇 차례 분명하게 자신의 죽음에 대해 말했다. 그동안 나는, 아마도 다른 제자들역시, 선생이 한 말을 그저 하나의 가능성 정도로 여겼다. 아니, 그렇게 믿고 싶어 했다. 무언가 큰일을 앞둔 이가 근심과 걱정 때문에, 혹은 주변 사람들이 실망하게 될 것을 고려해서, 만에 하나 있을지도 모를 실패의 가능성을 언급하는 정도로.

오늘은 선생의 말이 그렇게 느껴지지 않았다. 갈릴리에서는 멀게만 보이던 예루살렘이 지척이었다. 마음만 먹으면 내일이라도예루살렘에 입성할 수 있었다. 유다는 선생이 지금이라도 많은 사람을 불러 모으고, 열심당 그리고 에세네파 사람들과 연합해 성전세력과 싸워야 한다고 주장했다. 그러나 선생의 태도를 보면 그럴 가능성은 없어 보였다. 선생은 예루살렘 코앞에 왔어도 사람을모으려 하지 않았다. 그저 소문을 듣고 찾아오는 이들을 마다하지않을 뿐이었다. 열심당이나 에세네파와는 어떤 접촉도 시도하지않았다.

유다가 무슨 일을 꾸미고 있는지는 분명치 않았으나, 설령 무언가를 꾸민다고 할지라도, 그것은 선생의 뜻과는 상관이 없는 일이었다. 선생은 그저 묵묵히 예루살렘을 향해 나아가고 있었다. 만약선생이 예루살렘에서도 갈릴리에서처럼 행동한다면, 성전 세력의심기를 건드릴 것은 뻔한 일이었다. 성전 세력은 갈릴리의 바리새파와는 성격이 다르다. 바리새파는 논쟁하는 것 외에 다른 수단을 갖고 있지 않았으나, 성전 세력은 이견을 가진 이들을 짓밟을 수 있는 무력을 지니고 있었다. 무엇보다도 그들 뒤에는 로마가 있었다. 선생은 아무런 대책도 없이 칼과 창 앞으로 돌진하고 있었다.

내가 잠이 오지 않아 뒤척이고 있을 때였다. 선생이 어둠 속에서 슬그머니 일어나더니 방문을 열고 밖으로 나갔다. 나는 선생이 요의를 느꼈나 보다 했다. 그러나 꽤 시간이 흘렀음에도 돌아오지 않았다. 걱정이 되어 자리에서 일어났다.

숙소 밖은 이른 봄의 달빛으로 환했다. 하늘은 반짝이는 별들로 가득했다. 울타리 노릇을 하는 아몬드나무의 잎사귀들이 사방으로 봄 냄새를 실어 보냈다. 밤공기는 서늘했으나 춥지는 않았다. 맑고 고요한 봄밤이었다.

앞마당에 들어선 천막은 세 개였다. 여기저기서 코 고는 소리가 났다. 굳이 살펴볼 필요가 없을 것 같아 뒷마당으로 갔다.

뒷마당은 호젓했다. 마당 오른쪽에 커다란 올리브나무가 하나 있었다. 달빛 아래에서 올리브나무는 봄바람에 살랑대는 나뭇잎들로 고즈넉한 그늘을 만들고 있었다. 그늘에서 말소리가 들렸다. 선생의 음성이었다. 살펴보니 한 사람이 더 있었다. 막달라 마리아였다. 나는 흠칫 뒤로 물러섰다.

"그런 뜻이 아니에요, 마리아."

선생이 마리아의 어깨에 손을 얹으려다 거뒀다. 마리아가 울고 있는지 어깨가 조용히 들썩였다.

"당신의 과거는 이미 흘러가고 없어요. 지금 당신은 그 누구보다도 순결해요. 과거에 얽매이지 말아요.”

“그러면 왜 제 곁에 머물지 못하시겠다는 거예요?”

마리아가 울음을 삼켰다.

“당신에게 문제가 있어서가 아니에요. 나에게는 해야 할 일이 있어요. 그 일은 내가 해야 하는 일이고 나만이 할 수 있어요.”

“선생님이 죽는 일이잖아요. 왜 꼭 그러셔야 하나요? 다른 방법은 정말 없는 건가요?”

“없어요. 전에 내가 말했죠? 밀이 떨어져 썩지 않으면 열매가 열리지 않아요.”

“제 곁에서 오랜 시간에 걸쳐서 하시면 안 되나요? 제가 도울게요. 저의 모든 것을 바쳐서 도울게요. 선생님의 다른 제자들도 기꺼이 그렇게 할 거예요.”

“나도 알아요. 마리아의 마음도, 제자들의 마음도 알아요.”

“그런데 왜……?”

마리아의 목소리가 높아지면서 흔들렸다.

선생이 멈칫거리던 손을 마리아의 어깨에 얹었다.

“쉿, 마리아, 목소리를 낮춰요. 사람들이 깨겠어요.”

선생이 마리아의 어깨에서 손을 떼고 한 걸음 물러서면서 아까보다 더 낮은 소리로 말을 이었다.

“그 마음들을 구현하기 위해서라도 나의 희생이 필요해요. 하나님 나라는 나 한 사람의 안전과 행복보다 훨씬 더 소중해요.”

“아니에요! 저에게는 그 나라보다 선생님이 더 소중해요!”

마리아는 더 이상 감정이 다스려지지 않는 듯, 두 손으로 얼굴을 감싸며 울음을 터뜨렸다.

선생이 다시 마리아에게 다가가 두 손으로 그녀의 어깨를 붙잡으며 말했다.

"미안해요, 마리아! 정말 미안해요."

마리아의 울음소리가 높아서였는지 두 사람이 어슬렁거리며 뒷마당으로 다가왔다.

나는 그들에게 다가가며 물러서라고 손짓했다. 그들이 나를 알아보더니 뒤로 물러갔다.

내기 디시 선생과 마리아 쪽으로 돌아섰 때, 집 뒤편 종려나무 가지에서 새 한 마리가 푸드덕 날아올랐다. 새는 달을 가로지르며 예루살렘 쪽으로 날아갔다. 선생의 손은 여전히 마리아의 어깨 위에 있었다.

"마리아, 기억해 둬요. 나에게도 당신은 특별한 존재예요. 당신은 나의 제자들 중 그 어떤 이 못지않게 나에게 충실했고 당신의 모든 것으로 나를 섬겼어요. 내가 떠난 후에도 그럴 것을 의심치 않아요. 당신은 내가 떠난 후에 아주 중요한, 당신이 아니면 누구도 할 수 없는 일을 할지도 몰라요. 어쩌면 나는 당신 때문에 여전히 세상에 남아 있게 될 수도 있어요."

"싫어요. 선생님이 떠나시고 선생님에 대한 기억만 남는 건 싫어요."

"미안해요, 마리아! 정말 미안해요. 그리고 고마워요. 잊지 않을게요."

마리아의 어깨가 더욱더 들썩이더니 울음소리가 점점 높아졌다.

멈칫거리던 선생이 마리아의 두 어깨를 잡아 살포시 자신의 품
으로 끌어당겼다.

나는 돌아서서 침소로 향했다. 아까 뒷마당을 기웃거렸던 이들
이 앞마당에서 서성거리고 있었다. 나는 그들에게 뒷마당에 얼씬
거리지 말라고 부탁했다. 나는 다짐까지 받은 후 내 자리로 돌아
와 누웠다.

선생은 곧 돌아왔다. 선생은 자기 자리에 앉은 채 길게 심호흡
을 했다. 마리아를 겨우 설득한 듯했다. 선생이 어둠 속에서 몸을
눕히다가 멈칫하더니 나를 향해 낮게 말했다.

"고맙네, 안드레."

"……주무세요."

42

이튿날, 아침 식사가 끝났을 때였다. 삭개오의 하인 하나가 방으
로 들어오더니 성전에서 손님들이 찾아왔다고 전했다. 선생이 안
으로 들이자고 하자 삭개오가 침울한 표정으로 말했다.

"성전 사람들은 세리의 집에 발을 들이지 않습니다."

시몬과 내가 밖으로 나갔다.

얼마 전 가버나움으로 찾아왔던 율법학자 여호나답과 압탈리온
이었다. 그들 곁에 한 사람이 더 있었다. 성전경비대장 밑에서 참

모 노릇을 하는 제사장 메넬라우스였다. 날카롭게 각진 얼굴, 얇은 입술, 독수리처럼 번득이는 눈을 가진 그는, 생김새로 보면 제사장보다 로마 군인에 가까워 보였다.

세 사람은 선생을 오아시스 곁에 있는 주막으로 초청했다. 위험을 감지한 시몬이 핑계를 댔다.

"지금 선생님은 몸이 좋지 않으시오. 할 얘기가 있으면 우리랑 합시다."

세 사람은 마땅치 않은 듯 고개를 끄덕였다. 시몬과 나, 야고보와 요한이 그들을 따라나섰다. 시몬은 작은 시몬에게 선생에 대한 밀착 경호를 지시하고, 갈릴리 사람들에게는 삭개오의 집 마당을 떠나지 말라고 부탁했다.

주막에 도착해 보니 성전경비대 소속 병사 다섯이 기다리고 있었다. 그들은 말없이 주막 문을 열었을 뿐 특별한 위협을 가하지는 않았다.

성전 측에서 미리 손을 써 두었는지 주막 안은 텅 비어 있었다. 주막 한가운데 있는 식탁 한편에 우리 넷이, 그 맞은편에 그들 셋이 앉았다.

먼저 입을 뗀 사람은 여호나답이었다.

"당신들이 여기까지 오지 않기를 바랐는데……."

압탈리온이 말을 이었다.

"이제라도 돌아가는 게 어떻겠소?"

시몬이 말을 받았다.

"갈릴리 사람은 누구라도 예루살렘에 올 수 있소. 무엇보다도 당신들 율법에 따르면, 이스라엘 사람이라면 누구나 일 년에 세 차례씩 성전에서 제사를 드려야 하지 않소?"

여호나답이 그 말을 받았다.

"제사만 드리고 돌아갈 것 같지 않아서 하는 말이오. 우리가 입수한 정보에 의하면 당신들이 성전에서 소동을 일으킬 거라고 하던데……."

"누가 그런 소리를 했소? 이번에도 가버나움의 요세요?"

그들이 우물쭈물하는 모습을 보니 시몬의 짐작이 맞는 듯했다.

대화를 지켜보던 메넬라우스가 끼어들었다.

"누가 그 말을 했는지는 중요하지 않소. 중요한 것은 예루살렘에서 그 어떤 소동도 일으켜서는 안 된다는 것이오."

그의 말은 표정만큼이나 권위적이었다.

"이번 유월절에도 가이사랴에서 총독이 군대를 이끌고 올라올 것이오. 평시라면 성전에서 소동이 벌어져도 우리 경비대가 처리할 수 있소. 그러나 유월절 기간에 소동이 벌어지면 우리가 아니라 로마 군대가 개입하게 되어 있소. 로마 군대는 우리 경비대와는 성격이 다르오. 그들이 움직이면 성전은 삽시간에 피바다가 될 것이오. 당신들은 모조리 죽을 것이오."

성전 사람들은 우리의 소동과 그로 인한 로마군의 개입이 예상되어 두려워하고 있었다. 그럴 만했다. 로마는 현지 풍습과 종교를 최대한 활용해서 지배하는 방식을 식민지 정책으로 삼았다. 왕이 없는 유대의 지배 세력은 예루살렘 성전의 제사장들이었고, 그들의 우두머리는 대제사장이었다. 애초에 대제사장은 아론의 후손 중에서 선별되었다. 한데 로마는 오래전부터 자기들 마음대로 대제사장을 임명하고 폐했다. 대제사장은 로마에 잘 보이기 위해 애쓸 수밖에 없었다.

로마에 잘 보이는 길은 두 가지였다. 하나는 로마에 바치는 세금과 공물을 틀림없이 거둬들이는 것이었고, 다른 하나는 예루살렘에서 소요가 일어나지 않도록 관리하는 것이었다. 세금과 공물에는 문제가 없었다. 수백 년 동안 율법을 강조하다 보니, 어느덧 유대뿐 아니라 전 세계의 디아스포라* 유대인들이 시도 때도 없이 성진을 찾아와 제물을 바쳤기 때문이다. 성전 창고에는 로마로 보낼 세금과 공물은 걱정할 필요도 없을 만큼 많은 재물이 쌓여 있었다. 문제는 소요였다. 율법에 대한 강조는 유대인들을 율법주의적인 백성으로 만들었다. 그들은 무언가가 율법에 어긋난다고 여기면 벌떼처럼 들고일어났다. 율법을 위해서라면 목숨도 기꺼이 내놓았다. 이미 크고 작은 소요가 여러 차례 발생했고, 그때마다 예루살렘과 유대에는 피바람이 불었다.

그러고 나면 로마는 으레 성전 세력을 협박하기 시작했다. 무능한 대제사장을 갈아 치우겠다는 것이었다. 대제사장이 바뀌면 그 밑의 핵심 성전 세력이 모두 바뀌었다. 그들에게 이것은 성전을 통해 들어오는 모든 권력과 재물을 잃는다는 것을 의미했다. 성전 세력이 백성들의 소요에 민감할 수밖에 없는 이유였다. 성전경비

디아스포라(diaspora)는 신앙적·경제적·정치적 이유로 고향을 떠나 타지에서 살아가는 사람들을 가리킨다.

대장이라는 직책이 대제사장 바로 밑의 고위직인 이유이기도 했다.

메넬라우스가 경고했다.

"당신네 선생에게 분명하게 전하시오. 성전에서 소동을 일으키면 경비대에 체포될 거라고. 혹시라도 경비대를 피할지라도 결국에는 로마 군대에 체포될 거라고 말이오."

거기까지 말한 후 잠시 뜸을 들이던 그가 말을 이었다.

"내일 빌라도 총독이 가이사랴에서 예루살렘으로 올라올 거요. 빌라도는 아주 포악한 자요. 그에게 붙들리면 죽소. 그것도 처참하게 죽소. 나는 동족이 로마인들에게 죽는 것을 원하지 않소."

주막 안 공기가 갑자기 사라지는 느낌이었다. 선생은 이미 얼마 전부터 자신의 죽음에 관해 말했다. 우리는 한편으로는 '그럴 수도 있겠다' 싶으면서도, 다른 한편으로는 '설마 그렇게까지야' 하면서 선생이 한 말을 무시했다. 그러나 선생의 말은 현실이었다. 이제 그 현실이 코앞에 다가왔다. 나는 몸에 한기를 느꼈다.

시몬이 정신을 추스르며 답했다.

"무슨 말인지 알겠소. 선생님께 말씀드리겠소."

그들 셋이 먼저 자리에서 일어나 밖으로 나갔다. 잠시 후 우리도 일어나 가려는데 압탈리온이 어색한 표정을 지으며 되돌아왔다. 그가 바깥에 들리지 않도록 나직이 말했다.

"기억할지 모르겠으나 나는 바리새파요. 우리 바리새파는 어쩔 수 없어서 성전과 협력하며 지내고 있으나 사두개파와는 달리 성전 세력에 대해 비판적이오. 가버나움에 다녀온 후, 당신들 선생에 관한 얘기를 예루살렘의 바리새파 사람들과 나눴소. 우리 측에서는 선생의 주장을 다 받아들일 수는 없으나 공통점을 발견할 수도 있으리라 보고 있소."

요한이 불퉁거렸다.

"요세와 같은 파에 속한 분이 할 말씀은 아닌 것 같소."

"사실 예루살렘의 바리새파는 가버나움의 요세를 탐탁지 않게 여기오. 참된 바리새파는 그처럼 세속적이지 않소. 무엇보다도 안디바나 성전 세력과 뒷거래하는 모습을 좋지 않게 보고 있소. 다만 우리로서는 그가 정상적인 통로를 거쳐서 올리는 정보와 사안들을 무시할 수 없을 뿐이오."

"그래서 우리에게 바라는 게 뭐요?"

"소동을 일으키지 말고 갈릴리로 돌아가라는 겁니다. 성전은 당신들이 생각하는 것 이상으로 무서운 곳이오. 로마 군인들만 무서운 게 아니라 성전 고위직 사람들도 무섭소. 그들은 말이 성직자이지 실제로는 냉혹한 정치인들이오. 그들에게는 우리 바리새파 같은 여백이 없소. 그들에게 밉보이면 죽소. 선의로 충고하는데, 돌아가시오. 돌아가서 훗날을 도모하시오."

압탈리온은 그 말을 남기고 다시 나갔다.

우리도 잠시 후에 주막 문을 열고 밖으로 나갔다. 정오가 가까워지고 있었다. 하늘은 맑았고 요단강 쪽에서 봄바람이 불어왔다. 삭개오의 집으로 가는 길목 곳곳에서 봄꽃들이 피어오르고 있었다. 세상은 더할 나위 없이 평온했으나 우리의 발걸음은 무거웠다.

43

시몬은 메넬라우스가 한 말을 선생에게 전했다.

선생은 묵묵히 듣기만 했다. 다른 제자들은 겁에 질려 서로에게 곁눈질했다. 방 안에 깊은 침묵이 흘렀다. 사람은 사소한 두려움 앞에서는 입을 열지만 큰 두려움 앞에서는 눈을 여는 법이다. 모두의 눈이 커졌다.

침묵을 깬 이는 유다였다.

"선생님, 입성을 조금만 늦추시지요."

유다가 가이사랴 빌립보에서부터 한결같이 해온 주장이었다. 유다는 선생의 뜻을 이루기 위해서는 무장투쟁이 꼭 필요하다고 확신했다. 그럼에도 그는 무턱대고 일어났다가 개죽음당해서는 안 된다, 항쟁이 효과를 거두려면 더 많은 사람을 모아야 한다, 무엇보다도 로마에 반대하는 세력들과 연합해야 한다, 그러기 위해서는 시간이 필요하다고 줄기차게 주장해 왔다.

유다는 집요한 현실주의자였다. 선생이 무장투쟁의 가능성을 이미 여러 차례 부인했음에도 포기하지 않았다. 이유는 간단했다. 현실적으로 그것 외에는 선생의 뜻을 이룰 길이 없다고 믿어서였다. 그러면서도 그는 지금은 때가 아니라고 여겼다. 최소한 빌라도가 예루살렘에 머무는 기간만이라도 피해야 한다고 주장했다. 이번에도 같은 이야기였다.

요한이 거들고 나섰다.

"유다의 말이 옳습니다. 빌라도가 철수할 때까지만이라도 기다리서야 합니다."

그러나 선생은 동의하지 않았다.

"성전과의 대결은 피할 수 없네. 그로 인한 결과도 피할 수 없을 걸세……."

선생은 거기서 잠시 말을 멈췄다. 결과에 대한 무서운 예견이 선생 자신을 멈칫하게 만든 것 같았다. 그러나 선생은 이내 말을 이었다.

"자네들 뜻은 알겠네만, 때를 늦춘다고 달라질 건 없네. 내일 예루살렘으로 갈 것이네."

유다가 집요했다면 선생은 단호했다. 유다가 현실주의자였다면 선생은 이상주의자였다. 선생은 유다를 제자로 둘 만큼 너그럽고 유연했으나, 유다로서는 엄두도 못 낼 만큼 강한 사람이기도 했다.

선생의 뜻을 헤아린 이는 처음부터 줄곧 제자들의 우두머리였던 시몬이었다. 시몬은 유다만큼 똑똑하지도, 나다나엘만큼 배우지도, 도마만큼 말에 능하지도 않았다. 때로는 조금 엉뚱한 말과 행동을 하기도 했다. 하지만 그는 우직했다. 선생의 제자가 된 이후 시몬은 자신의 모든 생각과 뜻을 선생에게 맞췄다. 심지어 잘 이해되지 않는 문제에서도 그러했다. 이번에도 그는 선생만큼이나 단호한 표정을 지으며 말했다.

"선생님의 뜻을 따르겠습니다."

그러자 나머지 제자들도 한 명씩 시몬의 말을 따라 했다. 유다만은 예외였다. 그는 말없이 눈을 감고 숨을 크게 들이마셨다가 내쉬었다. 하지만 우리는 결국 유다도 동참하리라는 것을 알았다.

유다는 선생이 예루살렘으로 진격하기를 누구보다도 바라는 이였다. 예루살렘은 그의 아버지가 로마 군인들에게 죽임을 당한 곳이었다. 그는 아버지의 원수를 갚겠다는 일념 아래, 제 발로 갈릴리 지역의 열심당을 찾아갔던 사람이다. 여기까지 와서 꽁무니를 뺄 수는 없었다. 결국 그도 마지못해 고개를 끄덕였다.

예루살렘 입성은 가이사랴 빌립보에서부터 결정된 일이었다. 그럼에도 여리고에서 그 결정을 재확인하고 실행에 옮길 준비를 하는 것은 다른 문제였다.

"하지만 무턱대고 갈 수는 없습니다."

시몬이 말했다.

"최소한의 대비책은 마련하겠습니다."

선생이 물었다.

"대비책?"

"네. 성전 측에서 사람들을 보내 경고까지 했습니다. 그런 마당에 무작정 그들 앞으로 나아가는 것은 말 그대로 '날 잡아 드세요' 하는 겁니다. 그래서는 성전에서 말 한마디 못 해보고 모든 게 끝날 겁니다."

"어쩌자는 건가?"

시몬은 떠들썩하게 입성하자고 제안했다. 지금 선생의 입성을 두려워하는 것은 로마가 아닌 성전 세력이다. 성전 세력의 주된 관심사는 빌라도가 예루살렘에 머무는 유월절 기간에 성전에서 소요가 일어나지 않는 것이다. 보통 유월절 기간에는 전 세계에서 수많은 디아스포라 순례자가 몰려온다. 게다가 순례자들이 입성할 때 따라오는 떠들썩한 분위기는 소요가 아닌 축제의 일부로 간주된다. 선생이 많은 무리와 함께 떠들썩하게 입성하면 성전 측도 선생을 체포하기 어려울 것이다. 무리하게 체포하려다 진짜 소동이 일어나면 로마 군대가 개입할 텐데, 그것이야말로 성전 사람들이 가장 두려워하는 일이기 때문이다. 그러니 예루살렘 입성은 조용하고 은밀한 방식이 아니라 오히려 떠들썩하게 이루어져야 한다.

내가 아는 시몬은 논리적이기보다 직관적인 사람이다. 한데 놀랍게도 그가 이런 계획을 세웠다. 다른 제자들은 물론이고 선생도 그 계획에 동의했다.

시몬의 계획을 이행하는 일은 예루살렘 사정을 그나마 잘 아는 나다나엘과 유다에게 맡겨졌다. 다른 제자들은 두 사람을 보조하기로 했다. 나다나엘은 삭개오의 집 마당에 모여 있던 갈릴리 사람들에게 예루살렘 입성을 위한 계획을 알리고 협조를 구했다. 가능한 한 축제를 즐기러 온 순례자들처럼 떠들썩하게 입성하라는 것이었다. 나다나엘은 지난 며칠 사이에 무리와 하나가 된 여리고 주민들에게도 같은 부탁을 했다.

유다는 다른 마을 사람들에게도 협조를 구해 보겠다며 어디론가 떠났다. 우리는 조금이라도 사람을 더 모을 수 있다면 그것도 괜찮겠다고 여겼다.

입성 계획과 준비로 하루가 순식간에 지나갔다.

삭개오는 선생과 무리를 위해 또 한 번 풍성한 저녁을 내놓았다. 그것이 자기가 선생과 함께하는 마지막 식사가 되리라는 것을 알았다. 그는 하인들을 시켜 여리고 시장의 모든 식재료를 사들였다. 식탁은 술과 고기와 과일들로 차고 넘쳤다.

선생은 별걱정 없이 흥겨운 잔치에 참여하는 사람처럼 마음껏 먹고 마셨다. 온종일 입성 계획과 준비로 긴장했던 제자들도 왁자지껄 떠들며 먹었다. 물론 모두의 가슴 깊은 곳에는 두려움이 있었다. 그러나 동료들과 함께 먹고 마시는 일은 어떤 두려움도 몰아낼 만큼 강력한 힘을 갖고 있었다. 혼자라면 빵 한 조각 씹어 삼키기 어려웠을 심각한 상황에서 우리는 호기롭게 웃고 떠들며 먹고 마셨다.

<h2 style="text-align:center">44</h2>

식사가 끝나고 취침 준비를 할 때였다.

삭개오의 하인이 방 안으로 들어와 선생을 찾아온 사람이 있다고 전했다. 안으로 모시라 했더니 밖에서 보자는 답이 돌아왔다. 시몬이 하인을 시켜 말했다.

"안으로 들어오지 않으면 선생님을 만날 수 없소!"

잠시 후 낯선 사내 하나가 들어왔다. 그가 선생에게 공손하게 인사했다.

"저는 니고데모라고 합니다."

니고데모는 바리새인으로, 대산헤드린 회원이었다. 산헤드린은 유대의 주요 지역들에 설치된 통치 기구였다. 각 지역의 산헤드린은 제사장, 사두개인, 바리새인 등 스물세 명으로 이루어진다. 사두개인은 대개 지역 귀족들이고, 바리새인은 대개 지역 율법학자들이다. 쉽게 말해, 산헤드린은 해당 지역의 가장 유력한 인사들로 구성된 행정조직이자 재판소였다. 각 지역에 존재하는 산헤드린은 예루살렘에 있는 대산헤드린의 지도와 통제 아래에 있다. 대산헤드린은 지역 산헤드린과 달리 일흔한 명의 회원으로 구성된다. 거기에는 대제사장과 고위 사제들, 예루살렘의 가장 유력한 장로들, 사두개파와 바리새파의 으뜸가는 율법학자들이 포함된다. 대산헤드린 이장은 로마 총독이 임명하는 대제사장이다.

갈릴리와 달리, 왕이 다스리지 않는 유대에서는 대산헤드린이 최고 권력기관이었다. 이제 겨우 사십 대 중반인 니고데모가 대산헤드린 회원이 되었다는 것은 그가 명망 있는 귀족이라는 의미였다. 그에게서는 뭔가 모를 귀티가 났다. 옷차림은 가버나움의 요세와 비슷했으나, 요세에게 없는 우아함이 느껴졌다.

요한이 호기롭게 말했다.

"바리새인은 세리의 집에 들어가지 않는다고 들었습니다만."

"그래서 밖에서 뵙기를 청했었습니다."

니고데모가 선생에게 얼굴을 돌리며 답했다.

"그러나 안으로 들어오지 않으면 뵐 수 없다고 하길래, 잠시 고민하다가 바리새파의 규약을 어기기로 했습니다. 저로서는 선생님을 뵙는 것이 규약을 지키는 것보다 중요한지라……."

"무슨 일로 나를 보자고 하셨습니까?"

선생이 호기심을 내보이며 물었다. 바리새인이라면 눈에 쌍심지부터 커던 선생에게서 보기 어려운 표정이었다.

"두 가지 이유 때문입니다."

니고데모의 눈이 반짝거렸다.

"하나는 가르침을 받기 위해서입니다. 그동안 선생님이 갈릴리에서 하셨던 일에 관해 들었습니다. 특히 하나님 나라에 관한 가르침에 대해서요."

"……"

"저와 저희 집안도 오랫동안 하나님 나라를 기다려 왔습니다."

"그래서요?"

"그 나라를 앞당기기 위해 저희가 어떻게 해야 하겠습니까?"

의외였다. 우리는 선생이 말하는 하나님 나라가 가난한 이들만 품는 소망일 거라 여겼다. 실제로 선생 주변에 모였던 가난한 이들은 하나님 나라가 도래하기를 간절히 바랐다. 그래야만 자기들도 인간답게 살아갈 수 있으리라고 여겨서였다. 그러나 부유한 자들은 그 나라에 별 관심이 없었다. 아니, 관심이 없는 정도가 아니라, 그 나라를 불편하게 여겼다. 그 나라가 지금 자신들이 누리는 것들을 빼앗아 가리라는 두려움 때문이었다. 그런 두려움에 빠져 있던 대표적인 이가 요세였다. 요세는 지금의 상태가 불만스럽지 않았다. 오히려 그 상태가 지속되고, 가능하다면 확대되기를 원했다.

그런데 지방 유지인 요세와는 체급이 다른 유대의 최고위급 귀족 니고데모의 입에서 자신과 자기 가족이 하나님 나라를 기다려 왔다는 말이 나왔다. 선생을 떠보기 위한 미끼였을까. 나로서는 모를 일이었다. 하지만 선생은 그의 말을 액면 그대로 믿는 듯했다. 선생이 부드러운 눈빛으로 되물었다.

"장로님 정도면 지금의 세상이 크게 불편하지 않을 것 같은데, 어째서 그 나라를 기다리신다는 겁니까?"

"선생님 말씀대로, 저는 지금 상황이 불편하지 않습니다. 저희 집안은 귀환 공동체 시절부터 성전 제단에 땔감을 공급하는 특권을 누려 온 유력한 가문입니다. 아마 유대 전체에서도 저희 집안만큼 많은 땅을 가진 가문은 없을 겁니다. 저는 태어나 자라면서 아무것도 부족하지 않았습니다. 아버지는 제가 부를 쌓는 일보다 정치에 뛰어들기를 원하셨습니다. 저는 젊은 시절부터 정치에 필요한 모든 과정과 절차를 밟았고, 그 덕분에 비교적 젊은 나이에 대산헤드린 회원이 될 수 있었습니다."

"그런 분이 어째서 변화를 바라시는 겁니까?"

"이런 말씀을 드리기가 그렇습니다만……"

니고데모가 잠시 말꼬리를 흐리다가 이내 말을 이었다.

"저는 지금 상황이 불편하지는 않으나, 답답합니다."

"답답하시다?"

선생이 흥미롭다는 듯 눈을 크게 떴다.

"네. 답답합니다. 저는 유대에서 누릴 수 있는 모든 것을 누렸습니다. 그러나 언젠가부터 제 안에는 그 모든 것으로도 채워지지 않는 갈증이 생겼습니다."

"혹시 더 높은 지위와 더 많은 부를 원하시는 겁니까?"

"아닙니다……. 저는 그저…… 세상이 바뀌기를 바랄 뿐입니다.

그런 변화의 가능성을 선생님이 갈릴리에서 하셨던 말씀과 행동에서 찾을 수 있으리라 여겼습니다. 그래서 직접 선생님의 가르침을 받고자 바리새파의 계율까지 어기면서 선생님을 찾아온 것입니다.”

이상하게도 방 안에 야릇한 긴장이 흘렀다. 어디선가 불어온 바람 때문에 식탁 위에 놓인 등잔의 불꽃이 약하게 흔들렸고, 그로 인해 방 안에 잠시 그림자의 물결이 일어났다.

“선생님이 말씀하시는 하나님 나라가 무엇인지 알고서 그런 말씀을 하시는 겁니까?”

잠시나마 예루살렘에서 공부했던 나다나엘이 말했다.

“물론 잘은 모릅니다. 그러나 저는, 아니 제가 속한 바리새파는 그동안 계속 선생님을 주시해 왔고, 여러 통로를 통해 선생님에 관한 정보를 입수해 왔습니다.”

“여러 통로요?”

“네. 저희 바리새파에는 정기적으로 갈릴리 상황을 알려 주는 정보원들이 있습니다. 가버나움의 요세는 그들 중 하나에 불과합니다. 무엇보다도 저희 안에는 그렇게 입수된 정보를 대하는 서로 다른 입장이 있습니다.”

니고데모에 따르면, 예루살렘의 바리새파는 둘로 나뉘어 있었다. 하나는 십 년 전에 죽은 랍비 힐렐을 추종하는 이들이었다. 그들은 바리새파이면서도 개방적이고, 대중적이고, 진보적이었다. 율법을 존중하기는 했으나 자구에 얽매이지 않으려 했다. 다른 하나는 최근에 죽은 랍비 샴마이를 추종하는 이들이었다. 그들은 보수적이고, 엄격하고, 폐쇄적이었다. 힐렐파와 샴마이파는 많은 일에서 서로 협력했으나 또한 서로 치열하게 경쟁했다. 힐렐이 살아 있을 때는 힐렐파가 우세했으나, 지금은 샴마이파가 우세한 상황이었다.

샴마이파는 갈릴리에서 들려오는 선생의 활동 소식에 비판적이었다. 선생이 율법을 무시한다며 못마땅해했다. 그들에게는 율법 준수가 늘 최우선이었다. 아무리 훌륭한 일도 율법을 어기면 아무 소용이 없었다. 갈릴리에서 들어오는 많은 정보, 특히 가버나움의 요세기 계속해서 제공해 온 선생에 대한 부정적인 정보는 그들이 선생을 적대시하도록 만들었다. 반면에 힐렐파는 선생의 운동에 얼마간 호의적이었다. 힐렐파가 주목한 점은 선생의 운동이 지닌 포용성이었다. 힐렐파는 샴마이파의 엄격함과 폐쇄성이 바리새파를 융통성 없는 집단으로 만들어 민중과 분리시킬 수 있음을 우려했다. 특히 최근에 대산헤드린에서 우세해진 샴마이파가 지나치게 반로마적 성향을 드러내어 로마와의 갈등이 점점 고조되는 상황을 심각하게 받아들였다.

니고데모는 힐렐파였다. 바리새파로서 그는 모세의 율법을 중시했다. 하지만 어릴 때부터 읽은 성경을 통해 예언자들의 목소리에도 매료되었다. 무엇보다도 예언자들이 성전에서의 제사와 의식보다 사람들 사이에 이루어져야 하는 공평과 정의와 인애를 강조했던 점에 주목했다.

"평소 그런 생각을 하고 있던 저에게, 갈릴리에서 들려오는 선생님에 관한 소식은 귀가 번쩍 뜨이는 복음이었습니다."

니고데모를 향한 선생의 눈길은 점점 더 부드러워졌다.

"물론 예루살렘의 바리새인 모두가 저처럼 생각하는 것은 아닙니다. 우선 샴마이파는 선생님에 대해 아주 부정적입니다. 제가 속한 힐렐파 역시 크게 다르지는 않습니다. 그러나 저희 지도자이신 가말리엘 선생님은 폭이 넓은 분입니다. 요세를 비롯한 갈릴리의 바리새인들이 선생님에 대해 계속 부정적인 말을 했음에도, '공감할 만한 부분이 있다' '좀 더 지켜보자' '직접 만나 얘기를 들어 보고 싶다'라고 말씀하셨습니다."

선생이 의외라는 표정을 지었다.

"우리는 갈릴리 사람인지라 예루살렘 사정에 대해서는 잘 모릅니다. 우리가 갈릴리에서 겪은 바리새인들은 거의 다 아주 완고했습니다. 바리새파 안에 장로님 같은 분들이 있다는 것은 희망적이네요."

"사실을 말씀드리자면, 희망을 얘기할 만큼 사정이 좋지는 않습니다."

니고데모가 미간을 찌푸렸다.

"기본적으로 바리새파는 율법에 묶여 있습니다. 다만 소속된 학파에 따라서 율법 해석에 약간의 차이가 있을 뿐입니다. 물론 저는 샴마이파보다는 제가 속한 힐렐파의 해석이 낫다고 여깁니다. 그러나 산헤드린에서 율법 조항을 해석하는 문제를 놓고 씨름하다 보면, '도대체 이게 뭐하는 짓인가?' 회의가 들 때가 많습니다."

"어째서 그런 거죠?"

"산헤드린은 겉으로는 그럴듯해 보이지만 로마의 통치를 대행하는 기관에 불과합니다. 아주 치열한 경쟁을 통해 선발된 이들, 유대에서 가장 똑똑하다는 이들이 기껏해야 로마가 시키는 일이나 하고 있는 거지요. 도토리 키 재기라고나 할까요?”

도토리 키 재기. 니고데모는 산헤드린 안에서 벌어지는 경쟁을 그렇게 표현했다. 사두개파와 바리새파는 율법 해석을 두고 사사건건 싸웠으나 양쪽 모두 그들을 통해 유대를 다스리는 로마의 손아귀 안에서 다투고 있었을 뿐이다.

“청년 시절에 저는 아버지의 계획에 따라 아덴과 로마, 그리고 알렉산드리아에서 공부했습니다. 그렇게 유학을 마친 후 예루살렘으로 돌아와 바리새파 율법학자가 되었고, 정치를 시작했습니다. 그런데 막상 정계에 입문해 보니 예루살렘이 너무 한심해 보였습니다.”

니고데모의 얼굴에는 묘한 분노와 회한이 서려 있었다.

“제가 경험한 로마는, 추구하는 목표와 방향이 옳든 그르든, 제국의 수도로서 활력이 넘쳤습니다. 아덴은 로마의 속주이기는 했으나 로마를 압도할 만한 학문의 진원지였습니다. 그 도시 사람들은 그 학문을 지혜에 대한 사랑이라고 부르는데, 그야말로 세상 모든 문제를 있는 그대로 보고 설명하려고 하더군요. 알렉산드리아는 로마 제국 안에서도 가장 활발한 경제적, 문화적 중심지였습니다. 무엇보다도 그곳에는 세상의 온갖 문서들을 모아 두는 거대한 도서관이 있었습니다. 학자들이 수시로 도서관을 드나들며 그 문서들을 읽고 토론하고 있었습니다. 반면에 예루살렘은……”

니고데모가 잠시 말을 끊고 손님 접대용 포도주 잔을 입으로 들어 올렸다. 갈릴리 촌놈인 우리는 그가 무슨 말을 하는지 이해하기 어려웠으나 꽤 중요한 이야기를 하고 있다고 느꼈다. 그가 말을 이었다.

"제 생각에는 너무 한심합니다. 율법? 그게 뭡니까? 기록된 성경에 따른다면, 오래전 우리 조상들이 애굽에서 탈출했을 때 주어진 법 아닙니까? 우리 바리새파의 일부 급진적인 학자들의 주장을 따를지라도, 수백 년 전에 바벨론 포로지에서 귀환한 우리 조상들이 전승을 모아 편집한 것이지요. 그런데 지금 예루살렘에서는 유대에서 가장 똑똑하다는 이들이 모여 앉아 허구한 날 그 오래된 율법에 대한 해석을 두고 다투고 있습니다. 로마인들은 우리의 다툼을 한심해하면서도 재미있다는 듯 내려다보고 있고요. 저는 이런 상황에 숨이 막힙니다."

이해가 될 듯했다. 니고데모는 유대 최고 수준의 학자이자 정치가였다. 그럼에도 로마의 통제와 율법의 가시적, 비가시적 지배 아래에 있는 산헤드린에서 그가 할 수 있는 일은 거의 없었다. 그러다가 니고데모는 선생의 소문을 들었다. 그는 어쩌면 요세를 비롯한 갈릴리의 바리새인들이 그 행적을 고자질하듯 보고하는 떠돌이 선생에게서 돌파구를 찾을 수 있지 않을까 싶었다.

"그래서 저는 선생님이 말씀하시는 하나님 나라가 어떤 것인지 궁금했습니다. 제가 어떻게 해야 그 나라를 볼 수 있겠습니까?"

그러자 선생이 그를 지긋이 바라보았다. 그리고 이어서 단호하게 말했다.

"사람이 거듭나지 않고서는 그 나라를 볼 수 없습니다."

"거듭난다는 것은 무슨 뜻입니까?"

니고데모가 고개를 갸웃했다.

"사람이 모태에 들어갔다가 다시 나올 수는 없지 않습니까?"

"세례자 요한은 그것을 회개라고 말했습니다. 한때는 저 역시 회개라는 표현을 사용했습니다. 그러나 요즘 저는 그 표현이 사람들에게 자꾸 어떤 빌미를 주는 게 아닌가 하는 생각을 합니다."

"빌미라고 하심은……"

"혼자서 잠깐 다른 생각을 해본 후에 모든 게 변했다고 여기는 겁니다. 실제로는 아무것도 하지 않으면서 말입니다."

"그렇다면 구체적으로 무엇을 해야 합니까?"

선생은 잠시 무언가를 생각하는 듯하더니 레위를 가리켰다.

"여기 있는 레위는 가버나움의 세리였습니다. 그러나 하나님 나라 운동에 동참하면서 직업을 버렸습니다."

이어서 선생은 삭개오를 가리켰다.

"아실지 모르겠으나, 삭개오는 현직 여리고의 세리장입니다. 그 역시 하나님 나라 운동에 동참하면서 공언했습니다. 재산의 절반을 가난한 이들에게 내놓을 것이고, 누군가의 것을 속여서 빼앗은 일이 있다면 네 배씩 갚겠다고 말입니다. 그렇게 한다면, 아마도 삭개오는 세리장 직책을 잃게 될 것입니다. 그럼에도 그는 그러기로 공언했고 실제로 그리하고 있습니다."

"그 정도의 결단과 변화가 필요하다는 말씀이시군요."

"그렇습니다. 하나님 나라는 바람과 생각만으로 이루어지지 않습니다. 그 나라를 얻기 위해서는 무언가를 포기해야 합니다. 장로님이 속한 바리새파는 세리들을 사람 취급도 하지 않습니다. 창녀들도 마찬가지고요. 그러나 갈릴리에서 활동하면서 보니, 정작 세리와 창녀들은 그 나라를 위해 모든 것을 포기하는데, 가장 경건하다고 알려진 바리새인들은 어떤 것도 포기하지 않더군요. 그들은 하나님에 대한 자신들의 충성심을 앞세우며 사람들 가운데서 자기들의 입지만 굳히려 하더군요. 제가 보는 바로는, 세리와 창녀들이 바리새인들보다 하나님 나라에 훨씬 더 가깝습니다.”

마지막 말에 니고데모의 표정이 굳어졌다. 선생이 하는 말에 담긴 함의는 분명했다. 하나님 나라를 보고 싶은가? 그렇다면 당신이 가진 것을 포기하라! 니고데모가 미간을 찌푸렸다.

“무슨 말씀이신지 알겠는데, 사람이 가진 것을 포기하는 것은 그렇게 간단한 문제가 아닙니다. 특히 많이 가진 사람의 경우에는 더욱 그러합니다. 가령, 어떤 이가 금 한 세겔을 포기하는 것은 어렵기는 하나 가능합니다. 그러나 금 한 달란트를 포기하는 것은 불가능하지는 않으나 거의 일어나지 않습니다.”

선생이 충분히 예상했다는 듯, 그럼에도 유감스럽다는 표정을 지으며 말했다.

“이해합니다. 그러나 장로님도 분명하게 아셔야 합니다. 하나님 나라는 이 세상 질서가 근본적으로 변하는 것입니다. 장로님이 기대하시는 것도 결국 그것 아닙니까? 로마가 지배하는 이 세상의 질서가 바뀌는 것 말입니다.”

니고데모는 자신이 궁지에 몰리고 있음을 알아차렸다. 선생이 더 몰아붙였다.

"그러면서도 장로님은 그 변화된 세상에서 자신의 위치는 변하지 않기를 바라십니다. 여전히 많은 것을 누리고 여전히 사람들에게 존경과 두려움의 대상이 되기를 바라십니다. 그러나 하나님 나라는 로마의 지위뿐 아니라 장로님의 지위도 변화시킬 것입니다. 그런 변화를 원치 않는다면, 장로님은 그 나라를 볼 수 없을 것입니다. 바로 그것이 제가 장로님께 거듭나지 않으면 그 나라를 볼 수 없다고 말씀드리는 이유입니다."

니고데모의 얼굴이 흙빛이 되었다. 대산헤드린 의원인 그는 그동안 많은 사람을 만났을 것이다. 그 과정에서 온갖 말을 들었을 것이다. 그는 불편한 요구, 간청이나 부탁, 심지어 협박받는 일에도 익숙했을 것이다. 하지만 누구에게서도 삶 전체를 바꾸라는 말은 듣지 못했을 것이다.

선생은 지금껏 누구에게도 재산과 신분의 포기를 요구한 적이 없었다. 레위가 직업과 재산을 포기한 것도, 삭개오가 재산의 절반을 내놓겠다고 한 것도 선생의 요구에 의한 행동이 아니었다. 선생은 그들에게 자기와 함께하자고 손을 내밀었을 뿐인데, 제안을 받은 이들이 자발적으로 자기 것을 내놓았다. 선생은 갈릴리에서 자신을 후원했던 부자들에게도 결코 물질적 지원이나 후원을 요구하지 않았다. 심지어 막달라 마리아의 경우에는 자발적으로 내놓겠다는 물질을 마다하기까지 했다.

그럼에도 선생은 부유한 자들이 스스로 찾아와 구원의 길을 물으면 언제나 한결같이 그들이 가진 물질의 문제를 언급했다. 선생은 부유한 자들이 찾는 구원의 길은 초점이 잘못되었다고 보는 것 같았다. 부유한 이들에게 구원은 이미 누리는 것에 무언가를 더하는 것이었다. 풍요에 권력을 더하거나, 풍요와 권력에 의미를 더하거나 하는 것. 하지만 선생이 말하는 구원 혹은 하나님 나라는 그런 게 아니었다.

선생에게 하나님 나라는 사람들에게 고통을 주는 왜곡된 질서를 바로잡는 것이다. 그렇게 함으로써 선생이 아버지라고 부르는 존재의 뜻을 이 세상에 구현하는 것이다. 그러려면 이 뒤틀린 세상에서 남들보다 많은 것을 누리며 살아온 이들이 자기 것을 포기해야 한다. 그들이 남들보다 월등하게 누리고 있는 것 자체가 뒤틀림이기 때문이다. 그것을 펴지 않고 하나님 나라를 경험하는 것은 불가능하다.

니고데모가 당혹스러운 표정으로 물었다.

"저로서는 엄두가 나지 않는 말씀인데, 저 같은 사람도 거듭날 수 있을까요?"

같은 바리새인이었으나 니고데모는 요세와 달랐다. 요세는 속내를 드러내는 경우가 없었다. 하지만 니고데모는 자신의 고뇌, 불안, 약함, 무엇보다도 구원에 대한 참된 갈망을 있는 그대로 드러냈다. 선생이 온화한 표정을 지으며 답했다.

"인간으로서는 불가능합니다. 그러나 하나님은 하실 수 있습니다. 장로님이 진심으로 거듭나기를 바라신다면, 하나님께서 그 일을 이루실 것입니다."

그때 시몬이 두 사람의 대화에 끼어들었다.

"아까 장로님이 오늘 선생님을 찾아오신 이유가 두 가지라고 하셨는데……."

"아, 그랬죠. 그렇습니다. 한 가지 이유가 더 있습니다."

니고데모가 좌중을 훑어보았다. 표정이 한결 더 무겁고 진지해졌다.

"예루살렘 입성을 중단하시라는 말씀을 드리기 위해서였습니다. 지금 입성하시는 것은…… 이런 말씀 드리기가 송구합니다만…… 자살 행위입니다."

"아침에 왔던 율법 선생들도 비슷한 말을 하던데, 도대체 무슨 일이 진행되고 있길래 그렇게 말씀하시는 겁니까?"

시몬이 물었다.

"압탈리온과 여호나답이 다녀갔겠군요."

"그렇습니다. 경비대장의 참모라는 메넬라우스도 함께."

"아, 그 친구도 왔었군요. 그들 셋은 서로 서 있는 자리가 조금 다르지만 동갑내기 친구들입니다. 예루살렘의 미래라고 불릴 만큼 유능한 청년들이지요. 제 생각에 그들은 어떻게든 선생님을 위험에서 구하고 싶어 하는 것 같습니다."

"어떤 위험을 말씀하시는 겁니까?"

시몬이 초조하게 물었다.

니고데모의 답은 다시 예루살렘의 정치적 상황에 대한 복잡한 설명으로 이어졌다.

성전 권력의 정점에 있는 사두개파 소속 대제사장과 고위직 제사장들의 관심사는 이번 유월절을 큰 소동 없이 넘기는 것이다. 유월절은 유대와 갈릴리뿐 아니라 아라비아와 애굽, 바벨론, 바대,

갑바도기아, 마게도냐, 심지어 로마에서도 순례자가 몰려오는 가장 큰 절기다. 게다가 출애굽을 기념하는 유월절은 유대인들의 민족의식이 되살아나는 시기로, 조그만 불꽃 하나만으로도 로마에 맞서는 큰 폭동이 일어날 가능성이 있다. 매년 유월절에 가이사랴에 머물던 총독이 군대를 이끌고 예루살렘으로 올라오는 이유가 거기에 있다. 이 기간에 성전경비대는 초긴장 상태가 된다. 성전에서 소동이 벌어져 로마군이 움직이면 자신들의 입지가 위태로워지기 때문이다. 해서 이런 민감한 시기에는 우발적인 소동조차 서둘러 진압해야 한다. 그러니 그들이 선생처럼 작심하고 소동을 예고하는 자들의 입성을 그냥 지켜보는 것은 불가능하다. 성전경비대는 이미 선생과 무리의 입성에 대비하고 있다. 작은 소동의 기미만 보이더라도 선생을 체포할 것이다.

소수이기는 하나, 대제사장 계열이 아닌 사두개파의 입장은 살짝 애매했다. 그들은 성전에 대한 선생의 반대는 못마땅하게 여기지만, 한편으로는 선생이 성전에서 소동을 일으켜 주기를 은근히 기대하고 있다. 지금의 대제사장이 위태로워져야 자신들에게 기회가 생길 것이기 때문이다. 선생의 소동은 그들의 입지를 세워 줄 불쏘시개가 될 수 있다.

바리새파 역시 입장이 애매하다. 그들은 선생이 갈릴리에서 바리새인들을 격렬하게 공격했다는 것을 알고 있다. 특히 바리새파가 그토록 소중히 여기는 안식일 규정을 대놓고 어기며 공박했다는 것을. 하지만 율법과 관련된 논쟁은 바리새파 내부에서도 늘 발생하는 일이다. 바리새파 내의 맞수인 샴마이파와 힐렐파는 율법의 자구에 대한 해석을 놓고 사사건건 부딪치고 있다. 그러니 선생의 비판이 듣기 싫고 귀찮기는 하나, 그것이 그를 없애 버려야 할 만큼 심각한 것은 아니다. 또한 성전 세력에 대한 선생의 비판과 반대는 바리새파의 입장과 얼마간 일치한다. 해서 바리새파는 대제사장 계열이 아닌 사두개파의 경우처럼 선생이 성전에서 소동을 일으키는 것을 은근히 기대하고 있다.

로마군의 입장은 표리부동하다. 빌라도는 유월절마다 성전 질서 유지라는 명목 아래 가이사랴에서 예루살렘으로 군대를 이끌고 올라온다. 그러나 명목이 아닌 진짜 목적은 힘의 과시다. 그는 유월절마다 죄수 한 명을 석방하는 관용을 베푸는데, 그러면서도 또한 늘 몇 명의 죄수를 십자가에 못 박는다. 유대와 예루살렘의 참된 지배자가 대제사장이 아니라 총독인 자신임을 알리기 위해서다. 그동안 빌라도는 틈만 나면 로마군을 동원해 대제사장의 입지를 흔들었다. 선생이 성전에서 소동을 일으키는 것은 그로서는 내심 반색할 일이다.

니고데모에 따르면, 예루살렘에서 갈등하는 여러 세력 중 어느 쪽도 선생의 안위에는 관심이 없었다. 그들에게 선생은 소동을 일으키기 전에 진압해야 할 대상이거나, 아니면 소동을 일으킨 후에 처벌해야 할 대상일 뿐이었다. 그러니 선생이 입성해서 소동을 일으킨다면 결과는 뻔했다. 소동 전에 체포되거나 소동 후에 체포되는 것 둘 중 하나였다.

니고데모는 체포 뒤에 벌어질 결과를 예상했다.

"살인이나 반역이 아니라면 죽음은 면할 수 있습니다. 그러나

유월절이라는 민감한 시기에 선생님의 예루살렘 입성은 그 자체
로 정치적 행위입니다. 예루살렘에서 정치적 행위는 아주 쉽게 반
역과 연결됩니다. 제가 정치를 해보니까 알겠더군요. 정치의 기술
중 하나가 침소봉대와 견강부회라는 걸요. 선생님의 입성은, 원하
든 원치 않든 반역 행위로 해석될 겁니다. 그리고 그 결과는……."

니고데모는 뒷말을 얼버무렸다.

선생은 니고데모의 조언에 감사를 표했다. 진심인 듯 보였다. 선
생과 함께하는 동안 선생이 바리새인에게 그토록 애정 어린 시선
을 보내는 것은 처음 보았다. 하지만 그것은 니고데모라는 개인에
대한 애정이었다. 바리새파에 대한 선생의 비판과 독설은 그 후로
도 계속되었다.

니고데모는 자정이 넘어서 떠났다.

우리는 선생에게 니고데모가 한 말을 상기하면서 예루살렘 입
성을 만류했다. 하지만 선생은 우리의 말을 듣지 않았다. 선생은
아침에 예루살렘으로 갈 것이라고 했다. 그날 밤, 제자 중 몇이 말
없이 사라졌다.

　　　　　　　　　　　　　　　　　　　　　갈릴리

예루살렘

45

날이 밝았다.

삭개오는 단출하게 빵과 물로 아침 식사를 내놓았다. 지체하지 않고 떠나려는 선생의 계획에 따른 것이었다. 출발하기 전에 선생은 삭개오에게 지난 며칠간 보여 준 후의에 감사를 표했다. 삭개오는 선생을 떠나보내면서 울었다.

나다나엘은 선생을 따르는 무리에게 종려나무 가지를 꺾어서 들게 했다. 선생의 예루살렘 입성을 떠들썩한 축제로 보이게 하고, 그로 인해 더 많은 무리가 동참함으로써 선생의 안전을 도모하기 위해서였다. 실제로 선생의 예루살렘 입성을 흥겨운 축제로 여겼던 여리고 주민 중 일부가 무리에 합세했다.

여리고에서 예루살렘으로 올라가는 길은 가파르고 황량했다. 마을을 벗어나 광야 지대로 들어서자 초록빛 나무들이 자취를 감추었다. 황갈색 모래와 흙과 바위로 이루어진 길에서는 계속 먼지가 일었다. 길에는 우리 외에도 많은 이들이 있었다. 베레아, 데가볼리, 나바테아, 심지어 바벨론에서 온 순례자들이었다. 무거운 짐을 지고 먼 길을 걸어온 그들의 얼굴에는 지친 기색이 역력했다.

가버나움 회당에서 예배할 때 들었던 시편들 중에 '성전에 올라가는 노래'가 몇 편 있다. 그중 한 구절이 생각났다. "내가 산을 향하여 눈을 들리라. 나의 도움이 어디서 올까. 나의 도움은 천지를 지으신 여호와에게서로다." 그 구절을 처음 들었을 때 나는 어릴 적부터 접했던 아름답고 풍요로운 갈릴리의 산들을 떠올렸다. 하지만 정작 성전에 올라가는 길 위에 선 내 눈에 보이는 것은 메마른 광야와 민둥산뿐이었다. 길을 걷는 동안 다윗과 솔로몬이 유대의 민둥산이 아니라 갈릴리의 다볼산이나 모레산에 성전을 세웠으면 어땠을까 하는 엉뚱한 생각을 해봤다.

여리고를 벗어나니 아득밈 오르막길이 시작되었다. 가파른 길을 헐떡거리며 오르니 정상 부근 산등성이에 자리 잡은 로마군 주둔지가 보였다. 투구를 쓰고 번쩍이는 창을 든 로마 병사 몇이 주둔지 쪽으로 행인들이 접근하지 못하도록 길을 통제하고 있었다. 병사들은 지겨운 표정으로 연이어 올라오는 순례자들을 지켜보았다. 병사 하나가 우리를 향해 뭐라고 소리를 질렀지만 로마 말이어서 알아들을 수 없었다. 우리가 겁을 먹고 주춤거리자 병사가 땅에 침을 내뱉고 코를 틀어막으며 이죽거렸다. 분명한 경멸의 표현이었다. 그것은 당시 성전이 처해 있는 상황을 여실히 보여 주었다. 유대인들의 성지로 알려진 예루살렘 성전은 로마의 통제 아래 있었다.

우리는 로마군 주둔지를 곁눈질하며 나할옥 계곡 쪽으로 내려
갔다. 얼마 전에 우기의 마지막 비가 내려서였는지 계곡 아래쪽에
는 아직 물기가 남아 있었다. 하지만 풀 한 포기 없는 산등성이와
로마 군인들이 파헤친 석회암이 검붉게 드러난 길은 여전히 황폐
해 보였다.

여자들 중에 지친 이들이 있어 계곡 아래에서 휴식을 취했다.
길바닥에 주저앉아 삭개오가 싸 준 빵을 씹고 물을 마셨다. 마리
아가 선생에게 빵과 물을 권했으나 선생은 마다했다. 그러나 마리
아도 물러서지 않았다. 꼭 여염집 아낙이 서방에게 잔소리하는 모
습이었다. 선생이 마리아의 잔소리에 미소를 보이며 빵 한 조각을
받아 들었다. 선생이 빵을 씹는 동안 마리아가 물병을 들고 곁을
지켰다. 불현듯 의문이 들었다. 선생은 도대체 무엇을 위해 저 소
소한 행복을 포기하려는 것인가.

다시 오르막이 시작되었다. 오르면서 보니 오른쪽 멀리 감람산
이 보였다. 감람산 앞은 기드론 골짜기이고, 골짜기 너머는 예루살
렘이었다. 감람산이 시야에 들어오자 우리와 함께 걷던 다른 순례
자들이 안도의 한숨과 함께 감사 기도를 올렸다. 우리는 그럴 수
없었다. 여행의 끝에 무엇이 기다리고 있는지 알았기 때문이다.

정오가 조금 지나 예루살렘 동편 감람산 밑자락에 이르렀다. 감
람산 맞은편 민둥산 위에서 성전이 봄 햇살을 받으며 차갑게 빛나
고 있었다. 대리석으로 지은 로마풍 건물들은 갈릴리의 세포리스
와 디베랴에도 꽤 있었다. 하지만 성전은 규모 면에서 그 모든 것
을 압도했다. 성전은 헤롯이 증축한 것이었다. 헤롯은 이두매 출신

이라 정통성을 인정받기 어려웠다. 그래서 오래전 바벨론에서 귀환한 이들이 스룹바벨을 중심으로 재건했던 성전을 증축함으로써 백성에게 환심을 사려고 했다. 헤롯은 유대의 왕이 된 지 십칠 년째 되던 해에 증축을 시작했다. 구 년 만에 외형을 완성했으나 세부 공사는 여전히 진행 중이었다. 대제사장을 비롯한 제사장 집단이 그 과업을 맡고 있었다. 로마의 하수인 헤롯이 시작한 일을 유대교 지도자들이 지속하고 있었던 셈이다.

감람산 밑자락에 있는 베다니에 도착했을 때, 유다가 마중 나와 있었다. 그는 선생의 예루살렘 입성에 더 많은 이들을 동참시키기 위해 하루 앞서 삭개오의 집을 떠났다. 유다는 그 일에 성공했다. 선생과 함께 입성하려는 이들 수십 명이 서 있었다. 모두 낯설었다. 도대체 어떤 이들일까. 내가 묻자 유다가 답했다.

"축제 기간에 성안에서 거처를 얻지 못한 이들은 감람산 밑자락에 있는 동네에 머물 수밖에 없어요. 어제저녁과 오늘 아침에 이들을 찾아다니며 선생님을 소개했지요. 갈릴리에서 우리가 기다려 왔던 메시아가 오셨다고 말이죠. 그러자 동참 의사를 밝혔어요. 나는 이들의 메시아 대망에 슬쩍 불을 붙였을 뿐이에요."

나는 믿지 않았다. 사람들이 하룻밤 사이에 얼굴 한 번 본 적 없는 이를 메시아로 받아들이고 어떤 위험이 따를지 알 수 없는 길에 동참하는 일은 불가능했다. 그러나 굳이 사실을 알려고 하지는 않았다. 선생의 안전을 위해서는 한 사람이라도 더 무리에 합류하는 편이 유리했기 때문이다.

예루살렘 입성 직전에 우리의 수가 꽤 많았다. 갈릴리에서부터 선생을 따라온 이들, 우리와 별도로 가버나움에서 내려온 이들, 삭개오의 집에서 우리 무리에 합류한 여리고 주민들, 거기에다 유다가 밤새 모아 온 이들까지. 모두 합해 보니, 백오십 명 정도였다. 유월절 순례자 대부분은 안전을 위해 무리를 지어 이동하기에 우리 무리가 아주 특별하게 움직이는 것은 아니었다. 그럼에도 이 정도 숫자는 두드러지게 큰 규모로 보일 만했다.

베다니에서 예루살렘까지는 코앞이었다. 예루살렘은 위험한 곳이었고 우리는 이미 몇 차례 경고까지 받은 상태였다. 그렇다고 예고된 위험을 피하려고 슬그머니 입성할 수는 없었다. 선생이 예루살렘에 온 것은 정탐이 아닌 싸움을 위해서였기 때문이다.

선생이 제자들에게 말했다.

"성전에 보란 듯 들어가고 싶다. 무언가 탈 것이 있으면 좋겠구나."

유다가 선생에게 말했다.

"저도 어제부터 알아봤는데 지금 말을 빌리기는 어렵습니다."

"말은 있어도 타지 않을 것이다. 나는 정복자로 그곳에 가는 게 아니다."

유다가 모아 온 이들 중 하나가 끼어들었다.

"요 앞마을 벳바게에 나귀로 짐 나르는 일을 하는 이들이 있습니다. 그들에게서 나귀를 빌려 보면 어떻겠습니까?"

그러자 유다가 말했다.

"나귀라고요? 너무 우스꽝스럽지 않겠습니까?"

"나귀? 그거 좋다. 아주 적절하다."

선생의 말이었다.

우리는 벳바게로 이동했다. 선생이 탈 나귀를 빌리려 했다. 하지만 나귀를 필요로 하는 이가 워낙 많은 때여서 아직 짐 나르는 일에 사용한 적이 없는 새끼 나귀 한 마리 외에는 남아 있는 게 없었다. 난감해하는 우리에게 선생이 말했다.

"새끼 나귀라…… 더할 나위 없이 좋구나!"

의외였다. 선생의 속내를 알 수 없었다. 여태 먼 길을 지친 기색한 번 없이 걸어와서는 왜 인제 와서 굳이 새끼 나귀를 타겠다는걸까?

우리는 새끼 나귀를 빌렸다. 선생이 등에 올라타자 새끼 나귀가 뒤뚱거렸다. 위풍당당하기는커녕, 유다의 걱정처럼 우스꽝스러워 보였다. 나귀가 타박거리며 성전을 향해 걷기 시작했을 때, 나다나엘의 기획에 따라, 선생을 따르던 무리가 일제히 종려나무 가지를 흔들며 외쳤다.

"호산나! 찬송하리로다! 주의 이름으로 오시는 이여!"

이 외침 때문에 작은 마을 벳바게가 떠들썩해졌다. 떠들썩한 분위기는 사람들을 부르는 법. 영문을 모르는 이들이 단순한 호기심으로 모여들었다. 축제라는 게 그렇다. 평소라면 덤덤하게 혹은 삐딱하게 보았을 일에 마음을 열고 흥겹게 동참한다. 덕분에 벳바게에서 출발한 무리는 예루살렘에 가까워질수록 점점 늘어났다. 끄트머리에 선 이들은 자기들이 왜 무리를 따르는지도 모른 채 소리높여 "호산나!"를 외쳤다.

벳바게에서 완만한 경사를 이루는 기드론 골짜기를 따라 내려

갈릴리

갔다가 올라서니 돌을 쌓아 올려 만든 견고한 예루살렘 성벽이 나타났다. 성벽 중앙에는 동문 혹은 미문(美門)이라고 불리는 문이 있었다. 유대인들은 종말에 메시아가, 궁극적으로는 그들의 하나님 여호와가 이 문을 통해 예루살렘으로 들어오실 거라고 믿는다고 했다.

나귀를 탄 선생이 무리와 함께 동문에 이르렀을 때 문을 지키던 성전경비대 소속 병사들이 입성을 가로막았다. 초병들이 무리를 가로막는 동안 그들 중 하나가 성전 쪽으로 달음질했다. 이 상황을 어떻게 처리해야 할지 지침을 받으려는 듯했다.

통행을 저지당한 무리가 농성을 시작했다. 시몬이 나서서 초병들에게 우리는 성전에 제사하러 가는 순례자이니 길을 트라고 말하는 동안 다른 이들은 계속해서 성전 쪽을 향해 "호산나!"를 외쳤다.

얼마 후 성전 쪽에서 말 한 필이 다가왔다. 말에서 내린 이는 메넬라우스였다. 그가 시몬을 알아보고 인상을 썼다.

"그렇게 경고했건만 기어이 온 게요?"

"우리는 그저 유월절 제사에 참여하려는 것뿐이오."

"나더러 그 말을 믿으라는 거요?"

"우리는 아무 일도 하지 않았소. 당신은 우리를 막아야 할 이유가 없소."

"그렇소이까?"

메넬라우스가 싸늘하게 웃었다. 그러나 시몬의 말은 타당했다. 메넬라우스는 잠시 무리를 살피더니 매의 눈으로 선생을 찾아냈다. 그가 선생을 노려보며 시몬에게 말했다.

"좋소. 당신 말대로 제사 참석만 하시오. 거기까지는 봐주겠소. 그러나 그 이상의 무언가를 한다면, 경고했듯이, 험한 일을 당하게 될 것이오. 우리가 늘 당신들을 지켜보고 있음을 기억하시오."

시몬은 침묵으로 답했다.

메넬라우스가 초병들에게 명령했다.

"길을 열어라!"

무리가 나귀를 탄 선생을 앞세우고 다시 "호산나!"를 외치며 성 안으로 들어갔다. 성안에 있던 이들이 외침을 듣고 우리 쪽으로 모여들었다. 유대교 성경에 익숙한 이들은 우리 모습을 보며 손뼉을 치고 환호했다. 그들이 나누는 대화를 들으니, 선생이 나귀 새끼를 탄 모습이 바벨론 포로기에 활동했던 예언자 스가랴의 메시아 예언과 같다고 했다. 그들은 선생의 입성을 축제의 한 부분으로 받아들이며 환호했다. 선생의 입성은 꽤 성공적이었다.

동문은 성전 외벽에 해당하는 솔로몬 행각과 연결되어 있었다. 행각을 지나니 이방인의 뜰이 나왔다. 이방인의 뜰은 성전 바깥뜰이었고 유대인은 물론 이방인들까지 드나들 수 있었다. 그러나 아무리 둘러봐도 이방인들은 보이지 않았다. 하기야 내가 이방인이더라도 배타적 선민의식으로 가득한 유대인들이 우글거리는 뜰에 감히 발을 들여놓지 못할 것 같았다. 성전은 초입에서부터 위압적이고 위선적이었다.

이방인의 뜰에 도착한 선생은 나귀에서 내렸다. 나귀를 타고 갈 수 있는 곳은 거기까지였다. 그곳은 사람들로 가득 차 있었다. 절반은 순례자들이었고 나머지 절반은 돈을 바꿔 주고 물건을 파는 장사치들이었다. 워낙 많은 사람이 뒤엉켜 움직이며 소리치고 있어서, 성전인지 시장통인지 분간하기가 어려웠다. 제사용 짐승들이 쏟아 내는 울음소리와 함께 똥 냄새가 풍겨 왔다. 지금껏 살면서 그렇게 혼란스러운 장소는 처음이었다.

이방인의 뜰 너머에는 남자든 여자든 상관없이 모든 유대인이 들어갈 수 있는 여인의 뜰이 있었고, 그 너머에는 유대인 남자들만 들어갈 수 있는 이스라엘의 뜰이 있었고, 다시 그 너머에는 오직 제사장들만 들어갈 수 있는 성소가 있었다. 이 성소 안에는 오직 대제사장만 한 해에 단 한 차례 들어갈 수 있는 지성소가 있었다. 유대인들의 하나님 여호와는 바로 그 깊고 어두운 지성소 안에 있다고 했다. 스스로 고독과 초연과 무념을 택한 것인지, 아니면 자신의 의지와 상관없이 백성들에 의해 유폐된 것인지 나로서는 알 수 없었다.

서쪽 하늘이 장밋빛으로 물들기는 했으나 아직 해가 지지는 않았다. 선생은 행각을 따라 이방인의 뜰을 천천히 걸었다. 선생의 눈은 견고한 내벽에 둘러싸인 지성소와 성소, 성소에 딸린 방들을 향했다. 유대와 갈릴리는 물론이고 세계 전역의 이스라엘 공동체를 하나로 연결하는 그 건물을 바라보는 선생의 눈은 싸늘했다.

그때 성전 북서쪽에 있는 안토니오 요새가 갑자기 소란스러워졌다. 성전과 담장을 잇댄 안토니오 요새는 돌로 쌓아 올린 사각형 성채로, 예루살렘 주둔 로마군의 진지였다. 성채의 네 귀퉁이에는 성전 북쪽 광장과 예루살렘 북부 지역을 내려다볼 수 있는 네 개의 탑이 솟아 있었다.

탑들을 잇는 성벽 위에 창을 든 로마 군인들이 우르르 몰려나와 늘어섰다. 요새 오른편 성문이 열리더니 투구와 갑옷과 창검으로 무장한 한 무리의 로마 군인들이 성전 경내로 쏟아져 들어왔다. 기겁한 순례자들이 비명을 지르며 달아났다. 그러나 성전에 익숙한 환전상과 제물 장사치들은 느긋했다. 환전상 하나가 놀라서 허둥거리는 순례자들을 향해 말했다.

"별거 아니에요. 빌라도가 행차해서 군인들이 요새에 대한 경호를 강화하는 것뿐이에요."

군인들의 움직임을 보니 빌라도가 예루살렘에 거의 도착한 듯했다. 아마도 그는 입성과 동시에 안토니오 요새에서 예루살렘 위수대장에게 예루살렘의 상황을 보고받을 것이다. 유대의 가장 큰 명절인 유월절에 맞춰 유대의 최고 권력자가 성전의 대제사장이 아니라 로마의 총독임을 과시하는 연례행사였다. 그날 우리는 빌라도를 보지 못했다. 군인들이 이동하는 모습을 보고 그의 위치를 짐작할 뿐이었다.

날이 저물고 남쪽 행각에 있는 대산헤드린 사무소 옆 성전경비대에서 나팔 소리가 울려 퍼졌다. 해가 지고 있으니 성전에서 나가라는 신호였다. 환전상과 제물 상인들이 짐을 챙기느라 부산을 떨었다. 순례자들도 서둘러 성전 밖으로 빠져나갔다.

우리도 다른 순례자들과 함께 성전에서 나왔다. 입성할 때 선생을 따랐던 이들 대부분은 그사이에 어디론가 사라지고 없었다. 축제란 본래 그런 것이다. 군중심리 때문에 우르르 몰렸다가 행사가 끝나면 흩어져 제 갈 길을 갈 뿐이다. 무엇보다도 선생 자신이 그 무리와 함께 무언가를 도모할 생각이 없었기에 너무 쉽게 흩어졌다. 해가 질 무렵 성전 동문을 통해 빠져나온 선생 곁에는 갈릴리에서 온 사람들뿐이었다. 축제는 끝났다.

46

베다니에는 순례자를 위한 여관이 여럿 있었다. 마을 자체가 순례자들을 상대로 숙식을 제공하는 일로 먹고사는 곳이었다. 갈릴리에서부터 무리의 돈을 관리해 온 유다가 마르다와 마리아 자매가 운영하는 여관 하나를 통째로 잡아 두었다. 그럼에도 모두가 여관에 묵을 수는 없었다. 남자들 대부분은 명절 때마다 감람산 자락에 등장하는 천막촌에서 잠을 자야 했다. 그래도 여관을 빌린 덕분에 식사는 쉽게 해결할 수 있었다. 유다의 공이 컸다.

저녁 식사를 마친 후 선생과 제자들 몇이 선생의 방에 모여 앉았다. 정확하게 말하자면, 시몬과 나, 야고보와 요한, 작은 시몬과 유다, 그리고 나다나엘, 그렇게 일곱 명뿐이었다. 다른 이들은 어젯밤부터 보이지 않았다. 멀리 있는 위험에 대해 호기롭게 말하기는 쉬우나 눈앞의 위험을 직면하기는 쉽지 않다.

우리는 사자의 아가리 안에 들어와 있었다. 여리고에서 선생은 성전 사람들로부터 예루살렘 입성을 중단하라는 경고를 받았음에도 떠들썩하게 입성을 강행했다. 성전 사람들을 의도적으로 도발한 셈이다. 게다가 오늘 예루살렘에는 로마 총독 빌라도가 도착했다. 성전의 수장인 대제사장 가야바가 교활한 여우라면, 총독 빌라도는 적어도 유대에서는 맞설 자가 없는 사자였다. 우리는 언제라도 그의 이빨에 찢어지고 부서질 수 있었다.

생각할 게 많아서인지 선생은 말이 없었고, 불안한 제자들은 자꾸 다른 이들을 흘끔거렸다.

유다가 어색한 침묵을 깼다.

"선생님, 잠시 후에 누가 선생님을 찾아올 겁니다."

내가 예측한 대로였다. 유다는 지난밤에 유대 지역 열심당의 지도자와 접촉했다. 오늘 베다니에서 선생의 입성에 합류한 이들은 열심당원들이었다. 선생은 화가 난 듯 잠시 눈을 감았으나 별다른 말은 없었다.

얼마 후에 마르다가 방문을 열더니 어떤 이가 유다를 찾는다고 전했다. 밖으로 나갔던 유다가 낯선 사내와 함께 들어왔다. 다부진 몸, 짧고 검은 턱수염, 짙은 갈색의 깊은 눈이 인상적인 사람이었다.

"비느하스라고 합니다. 유다를 통해 선생님에 대해 들었습니다."

비느하스는 유다가 기살랴 시절에 알고 지냈던 유대 지역 열심당의 핵심 간부 중 하나였다. 기살랴 시절에 유다는 종종 유대로 내려가 두 지역의 정보를 교환했다. 로마에 맞서는 봉기의 본산은 누가 뭐래도 갈릴리였으나, 로마와의 크고 작은 갈등은 주로 예루살렘 성전에서 일어났다. 갈릴리의 열심당원들은 유대교와 상관없는 민족주의자들이었으나 로마와 맞서는 일에서는 기꺼이 예루살렘의 유대교인들과 하나가 되었다. 유대 가룟 출신으로 갈릴리에서 활동했던 유다는 두 세력을 하나로 잇는 몇 개의 고리 중 하나였다.

비느하스가 선생을 찾아온 목적은 선생을 설득하기 위해서였다. 선생의 갈릴리 세력과 유대의 열심당 세력을 엮어 예루살렘을 로마의 지배로부터 해방하자는 말이었다. 그러나 그러기 위해서는 잠시 시간을 가질 필요가 있다고 했다. 유다가 평소에 했던 주장과 같았다.

"유월절에는 예루살렘에 대한 로마의 경계가 최고조에 이릅니다. 평소 안토니오 요새를 비롯해 예루살렘 인근에 주둔하는 로마군은 5백 명 정도입니다. 그러나 빌라도가 유월절에 예루살렘으로 올라올 때, 그는 1천5백 명에서 2천 명의 병력을 끌고 옵니다. 1천5백 명만 끌고 왔더라도 지금 예루살렘에 중무장한 로마군이 최소 2천 명은 있다는 뜻입니다. 우리 힘으로는 평소의 로마군 5백 명을 상대하기도 어렵습니다. 지금 봉기하는 것은 죽음을 자초하는 일입니다."

선생이 비느하스에게 말했다.

"유다가 내 뜻을 곡해한 것 같군요. 나는 로마에 맞서 봉기할 계획이 없습니다. 지금도 그렇고 앞으로도 그럴 겁니다."

비느하스가 어리둥절한 표정을 지었다.

"봉기할 계획이 없다면 예루살렘에는 왜 오신 겁니까? 오늘 입성하면서 보인 소동은 또 무엇이고요?"

유다가 난처한 표정을 지으며 끼어들었다.

"제가 마음이 급해서 선생님의 입장을 제대로 전달하지 못했습니다. 저로서는 무엇보다도 선생님의 안전이 우선이었고, 그러기 위해서는 열심당의 도움을 받아야 했습니다. 하지만 저는 선생님과 열심당이 손을 잡아야 한다는 생각에는 변함이 없습니다."

비느하스가 눈을 가늘게 뜨며 유다를 질책했다.

"이 사람, 인제 보니 아주 위험한 사람이로군. 자네도 알겠지만, 열심당은 한번 움직일 때마다 목숨을 걸어야 하네. 그런 움직임에 정보가 얼마나 중요한지 모르는가. 어젯밤 자네가 나에게 선생님이 봉기할 계획이 없다고 말했다면, 나는 우리 사람들을 동원하지 않았을 걸세."

그리고 난 후 그가 선생에게 얼굴을 돌렸다.

"한 가지만 묻겠습니다. 선생님은 어째서 로마에 맞서지 않으시겠다는 것입니까? 제가 듣기로 선생님은 갈릴리에서 많은 이들에게 지지를 받고 계시고, 유다 말로는 마음만 먹으면 지금보다도 훨씬 더 많은 사람을 모으실 수 있다고 하던데……."

선생은 비느하스의 정중한 물음에 정중하게 답했다.

"로마에 맞서지 않겠다는 게 아니라 열심당 방식으로 맞서지 않겠다는 겁니다. 나는 민족 해방을 위해 목숨을 걸고 로마에 맞서는 열심당원들의 용기와 헌신을 귀하게 여깁니다. 하지만 나는 열심당 방식의 투쟁은 원하는 것을 이룰 수 없다고 여깁니다. 무엇보다도 그 방식은 너무 많은 이들을 고통 속으로 몰아넣습니다. 잘못하면 갈릴리와 유대 전체를 폐허로 만들 수도 있습니다."

　　　　　　　　　　　　　　　　　　　　　

그 말에 비느하스가 발끈했다.

"그런 말씀은 민족 해방을 위해 목숨을 바치는 이들을 낙심시킬 수 있습니다."

선생은 물러서지 않았다. 선생이 낮지만 단호한 목소리로 말을 이었다.

"아시겠지만, 오래전에 북왕국은 앗수르에 맞서다가 폐허가 되었습니다. 남왕국은 바벨론에 맞서다가 무너졌고요. 바사 왕국 시절에 유대가 예루살렘 성전과 율법을 중심으로 형식적이나마 공동체를 이룰 수 있었던 것은 유대인들의 용맹이나 무력 때문이 아니라, 바사의 관용 정책 덕분이었습니다. 이스라엘은 자신들의 힘으로 제국에 맞서 이겨 본 적이 없습니다."

"옳지 않은 말씀입니다. 먼 과거에는 그랬으나, 가까운 과거에 마카베오 혁명이 있었지 않습니까? 유다 지파가 마카베오 가문을 중심으로 봉기해서 수리아 제국에 맞서 싸워 승리했고, 결국 수백 년간 잃어버렸던 왕국을 되찾지 않았습니까? 어째서 선생님은 우리 민족의 저력을 그렇게 부정적으로 보시는 겁니까?"

"마카베오 혁명이 성공했던 것은 사실입니다. 그런데 그 성공이 유대인들의 무력 덕분이었나요? 그보다는 수리아 제국 내부가 워낙 혼란스러워서 유대가 어부지리를 얻었던 게 아니었나요?"

"그랬더라도, 마카베오 가문이 일어서지 않았다면, 유대는 결코 독립하지 못했을 겁니다. 어떤 일도 거저 주어지지 않습니다. 준비하는 자와 싸우는 자가 원하는 것을 얻는 법입니다."

비느하스는 단순한 무인이 아니라 이론가이자 논쟁가였다.

하지만 무력 투쟁에 대한 선생의 생각과 논리는 강했다.

"그렇게 세워진 마카베오 시대의 삶을 생각해 보십시오. 그때 왕가 사람들은 하루가 멀다고 자기들끼리 싸움을 벌였습니다. 마카베오 가문의 아리스도불로는 다윗 시절의 영광을 회복한다는 명목으로 이미 오래전에 남이 된 갈릴리까지 무력으로 정복했습니다. 갈릴리 사람 중 누구도 다윗의 나라를 그리워하지 않았음에도 말입니다. 왕권을 잡은 이들과 주변 사람들은 모르겠으나, 마카베오 시대 백성들의 삶은 수리아 제국 시절 못지않게 고통스러웠습니다. 백성들로서는, 특히 갈릴리 사람들로서는, 지배자가 수리아인이든 유대인이든 차이가 없었습니다."

"어허, 유대 왕국이나 로마 제국이나 차이가 없다고요?"

"갈릴리 사람으로서는 별 차이가 없습니다. 우리에게 지배자는 동족이든 이방인이든 그저 지배자였을 뿐입니다."

"갈릴리의 지배자가 안디바가 아니라 빌라도일지라도 괜찮다는 말입니까?"

"괜찮지는 않으나, 차이는 없습니다. 빌라도에게 당하나 안디바에게 당하나, 당하는 이들의 고통은 같습니다."

나는 그제야 선생의 생각을 더 분명하게 알 수 있었다. 선생은 로마에 맞서지 않는 것이 아니라, 로마로 대표되는 모든 형태의 무력을 인정하지 않는 것이었다. 선생에게는 강력한 제국 로마뿐 아니라 로마가 되지 못한 약소국 갈릴리와 유다도 악했다.

"그렇다면 선생님이 보시기에 지금 우리 열심당의 투쟁은 헛일이겠군요."

선생이 잠시 뜸을 들인 후 답했다.

"열심당의 목표가 로마를 몰아내고 유대 왕국을 회복하는 데 그친다면 그럴 겁니다."

비느하스가 선생을 쏘아보았다.

"왜 우리가 거기에서 그칠 거라고 보시는 겁니까?"

"지금껏 열심당이 그 이상을 말한 적이 없기 때문입니다."

"그거야 왕국을 회복하는 게 급선무이니 그랬던 거지요. 회복하고 나면……."

"마카베오 가문 사람들도 그렇게 말했습니다. 우선 왕국을 회복해야 더 나은 미래를 도모할 수 있다고요. 그러나 왕국을 회복한 후의 결과가 어떻게 되었습니까? 아까 말씀드렸던 대로입니다."

비느하스는 선생의 말을 반박하지 않았다. 마카베오 시대에 유대 백성이 얼마나 고통스러웠는지는 누구나 알았다. 그 시절 백성들은 끊임없는 전쟁과 수탈에 시달리며 식민지 시절 못지않게 고통을 겪어야 했다. 비느하스는 정직한 사람이었다. 그는 자신의 주장을 위해 사실을 왜곡하려 하지는 않았다.

선생은 그런 비느하스에게 호감을 느낀 듯했다. 선생의 어조가 부드러워졌다.

"열심당이 로마에 맞서는 게 헛되다는 말이 아닙니다. 악에 맞서는 싸움은 언제나 필요합니다. 다만 나는 열심당식의 싸움이 무모하다고 말하는 것입니다. 지금 로마는 수리아 제국 말기처럼 약하지도 않고 혼란스럽지도 않습니다. 오히려 지금 로마의 활력은 역사 속에 나타났던 어떤 제국보다도 크고 강합니다. 이길 수 없는 상대를 이길 수 없는 방식으로 맞서는 것은 파멸을 자초할 뿐입니다. 나는 갈릴리인이든 유대인이든 로마에 맞서는 무력 투쟁에 사람들을 끌어들일 생각이 없습니다.”

비느하스가 다시 한번 유다를 질책했다.

“선생님의 생각이 이토록 확고한데 자네가 우리 싸움에 선생님을 끌어들이려 했던 것인가?”

그러자 유다는 자기를 향한 질문을 선생을 향한 질문으로 바꿨다. 그의 질문에는 원망이 섞여 있었다.

“그렇다면 선생님은 위험하지 않은 싸움이나 하시겠다는 겁니까? 힘이 없는 요세에게는 맞서지만, 힘이 있는 안디바와 가이사에게서는 도망치는 싸움 말입니다.”

“유다! 말조심하게!”

시몬이 탁자를 내리쳤다.

“위험을 피하고자 했다면, 선생님이 왜 예루살렘까지 내려오셨겠는가?”

“저도 사실 그게 궁금했습니다.”

비느하스의 말이었다.

“제가 보기에 선생님의 싸움은 유다의 말처럼 비겁하다기보다, 우리 열심당보다도 훨씬 무모해 보입니다. 도대체 왜 이처럼 결과가 뻔한 싸움을 하시는 것입니까?”

선생이 자리에서 일어나 천천히 유다의 뒤로 걸어가더니 그의 어깨 위에 손을 얹었다. 그를 향한 여전한 애정을 표현한 것이었다. 유다는 흠칫했으나 몸을 빼지는 않았다. 선생이 유다의 어깨에

갈릴리

손을 얹은 채 비느하스에게 말했다.

"이렇게라도 싸워야 하기 때문입니다. 열심당의 칼로는 로마를 무너뜨릴 수 없습니다. 그렇다고, 형제의 말처럼, 아무도 싸우지 않는다면 아무런 변화도 일어나지 않습니다. 그래서 나는 싸웁니다. 하지만 나의 싸움은 칼을 드는 것이 아니라 사람들에게 다른 세상에 대한 꿈을 퍼뜨리는 것입니다. 우리가 지금과 다른 방식으로 살아갈 수 있다는 꿈 말입니다. 그런 꿈이 없다면 세상에 대한 로마의 지배는 한없이 계속될 것입니다."

"선생님의 뜻은 잘 알겠습니다."

비느하스가 고개를 끄덕였다.

"말씀을 들어 보니 우리와 선생님이 손을 잡기는 어려울 것 같습니다. 하지만 이거 하나는 꼭 부탁드리고 싶습니다."

모두의 눈이 비느하스의 입에 쏠렸다.

"유월절에는 성전 출입을 하지 않으셨으면 합니다. 그건 자살 행위입니다."

성전 사람들인 여호나답, 압탈리온, 메넬라우스, 니고데모가 했던 말을, 정반대편에 서 있는 열심당원 비느하스가 하고 있었다.

"유월절은 성전이 팽팽한 활처럼 긴장되는 때입니다. 비록 선생님과 생각은 다르지만, 저는 선생님 같은 분을 잃고 싶지 않습니다."

선생은 비느하스를 지긋이 쳐다볼 뿐 말이 없었다.

비느하스가 선생에게 예를 갖춘 후 떠났다. 유다가 그를 배웅하러 나갔다.

47

방에 남은 이들 가운데 무거운 침묵이 흘렀다. 침묵이 워낙 무거웠던 까닭에 어지간하면 이러쿵저러쿵하지 않는 내가 입을 뗐다.

"선생님, 저는 잘 이해가 되지 않습니다. 세상에는 선생님의 가르침이 필요한 이들이 너무 많습니다. 제자라고 불리는 저희만 하더라도 선생님께 아직도 한참을 배워야 합니다. 선생님이 살아서 하셔야 할 일이 많다는 말씀입니다."

"……"

"그런데 어째서 죽으려고 하십니까?"

나의 노골적인 질문이 의외였는지 선생이 눈을 크게 떴다. 그러나 선생은 이내 자애로운 미소를 지으며 나에게 말했다.

"안드레! 세상에는 늘 하나님 나라에 대한 가르침이 필요하네. 그러나 그 가르침이 꼭 나를 통해서 이루어져야 할 이유는 없네. 이후로 세상에 필요한 가르침은 내가 아니라 나를 기억하는 자네들을 통해 이루어질 걸세."

"우리가 얼마나 형편없는 자들인지 선생님이 잘 아시지 않습니까? 우리 중에는 그 흔한 율법학자 한 사람도 없습니다. 그런 우리가 어떻게 선생님의 가르침을 전하겠습니까?"

내 말에 선생이 빙그레 웃음을 보였다.

"자네가 보기에 나는 제대로 된 선생이었는가?"

"물론입니다."

"그 흔한 율법학자도 아님에도 말인가?"

"선생님은 어떤 율법학자보다도 훌륭하십니다."

"성전 사람들은 나를 떠돌이 허풍쟁이 사기꾼으로 여기는데?"

"그들이 뭐라고 하든 선생님은 우리의 선생님이십니다."

"그러한가? 나에게 자네들도 그와 같네. 세상 사람들이 뭐라고 하든 자네들은 나의 훌륭한 제자들일세."

선생이 자리에서 일어나 왔다 갔다 하며 우리들 한 사람 한 사람의 어깨에 손을 얹었다.

"나의 제자들에게 필요한 것은 율법에 대한 지식이 아니라 하나님 나라에 대한 앎이네. 그동안 자네들은 하나님 나라에 관해 이미 꽤 많은 것을 배웠네. 내가 선생으로서 충분했다면, 자네들 역시 제자들로서 충분하다네."

시몬이 괴로운 듯 머리를 감쌌다.

"말도 안 됩니다! 제자랍시고 선생님을 따르던 자들 중에 벌써 도망친 자들이 있습니다."

선생이 어두운 표정으로 우리를 둘러보며 천천히 말했다.

"아마…… 자네들도…… 도망치게 될 걸세."

그 말에 시몬이 펄쩍 뛰었다.

"무슨 그런 말씀을 하십니까? 저는 죽더라도 선생님 곁을 떠나지 않을 겁니다!"

다른 제자들도 같은 말을 반복했다. 그러나 선생은 고개를 저었다.

"자네들은 도망치게 될 걸세. 하지만 결국에는 돌아오게 될 걸세. 지금 우리 곁을 떠난 이들과 함께 말이네. 그렇게 돌아와서 내가 시작한 일을 하게 될 걸세.”

그때 나는 선생이 무슨 말을 하는지 알지 못했다. 다른 이들도 그런 것 같았다.

선생이 그런 말을 하고 있을 때 유다가 돌아왔다. 그는 몹시 불안한 표정으로 자리에 앉았다. 선생이 유다의 뒤로 가서 다시 그의 어깨에 손을 얹으며 말을 이었다.

“여보게들! 그동안 내가 가장 공들여 해왔던 일이 무엇인지 아는가? 바로 자네들을 가르치고 훈련하는 일이었네. 하나님 나라는 비가 내리듯 하늘에서 땅으로 떨어지지 않네. 오히려 그 나라는 곡식이 자라듯 땅에서 솟아날 것이네. 하늘 아버지께서는 자네들이 이 세상에서 그 나라를 위한 농부 역할을 하길 바라시네. 그분은 그 나라를 위해 예루살렘의 세련된 율법학자들이 아니라 갈릴리의 투박한 청년들인 자네들을 택하셨네.”

하기야 선생은 처음부터 줄곧 그렇게 말했다. 하나님 나라가 우리를 통해 퍼져 나가고 구현되리라고. 우리가 그 일에서 큰 역할을 하리라고. 그러나 우리 중 아무도 그 말을 있는 그대로 받아들이지 않았다. 우리는, 설령 그런 일이 일어나더라도, 그것은 우리가 선생과 함께해야 할 일이지 선생은 떠나고 우리만 남아서 할 일이라고는 상상조차 하지 못했다. 한데 선생이 우리 곁을 떠나려 하고 있었다. 나는 두려움을 넘어 묘한 배신감을 느꼈다. 그래서 물었다.

“선생님은 왜 자신이 시작한 일을 우리에게 떠넘기려 하시는 겁

  갈릴리

니까?"

나의 물음에 선생이 고개를 뒤로 젖히며 길게 한숨을 내쉬었다. 그러더니 다시 천천히 우리를 둘러보며 말을 이었다.

"내가 출발점이라면, 자네들은 첫 번째 디딤돌일세."

"……"

"자네들이 이 일의 종착역이 아니라는 걸세. 언젠가는 자네들 역시 나처럼 자네들의 일을 다음 사람들에게 넘기고 떠나야 하네. 그런 의미에서 우리에게는 믿음이 필요하네. 하나님 아버지에 대한 믿음만이 아니라 우리의 뒤를 이을 사람들에 대한 믿음 말이네. 나는 자네들을 가르쳤고 자네들을 믿네. 자네들 역시 그렇게 해야 하네. 과거에 대한 믿음보다 중요한 것이 미래에 대한 믿음일세."

선생의 말이 어려웠기에 우리 중 아무도 대꾸하지 못했다. 말없이 눈만 껌뻑이는 우리를 보며 선생이 빙긋이, 그러나 쓸쓸하게 웃었다.

방 안의 분위기가 답답했다. 창가에 앉아 있던 내가 일어나 슬그머니 통풍창을 열었다. 반쯤 열린 창을 통해 바람이 들어왔다. 바람을 타고 감람산 쪽에서 밤새가 우는 소리가 들려왔다. 그 소리에 방 안의 등잔 불빛이 흔들렸다. 평화로운 봄밤이었다.

"들어오다 보니 마당에서 마리아가 서성이고 있더군요."

유다가 퉁명스럽게 말했다.

시몬이 제자들에게 눈짓했다. 선생에게 더는 말을 붙이지 말라는 뜻이었다. 모두가 슬그머니 선생을 외면하면서 딴짓을 했다. 선생이 제자들 표정을 살피더니 멋쩍게 웃으며 밖으로 나섰다.

선생이 나가자 분위기가 더 무거워졌다. 속이 답답해진 나는 다시 일어나 창을 활짝 열어젖혔다. 맑고 차가운 공기가 밀려들었다. 잠시 찬 바람을 쐬느라 창가에 섰는데 창 아래에서 두런두런 말소리가 들렸다.

선생과 마리아였다. 마리아가 선생에게 물잔을 건네는 모습이 보였다. 물잔을 받아 든 선생이 마리아를 마당 한구석에 있는 나뭇등걸 의자 쪽으로 이끌었다. 선생이 물잔을 홀짝이는 동안 마리아가 뭐라고 말을 했는데, 거리가 멀어서 내용은 들을 수 없었다.

눈을 들어 보니 창 너머 깊은 하늘에 별들이 총총했다. 감람산에서는 계속해서 밤새가 울었다. 그날 나는 밤새의 처량한 울음소리보다 선생과 마리아의 낮은 말소리가 더 애잔했다.

48

예루살렘에서 맞이하는 둘째 날이었다.

선생은 무리를 이끌고 성전으로 향했다. 비느하스의 말에도 불구하고 어찌 된 일인지 열심당원들이 계속 무리에 합류했다. 유다에게 물었더니 그가 답했다.

"제가 비느하스에게 간청했어요. 이대로 선생님을 포기하지 말라고요."

비느하스는 고민 끝에 유다의 청을 들어주었다. 그가 열심당원

　　　　　　　　　　　　　　　　　　　　　　　갈릴리

들을 선생 곁에 남기기로 한 것은 성전경비대가 선생을 체포하지 못하도록 막기 위해서였다. 비느하스는 열심당원들이 로마군을 막을 수는 없으나 성전경비대는 저지할 수 있다고 보았다. 열심당원들의 저항 의지를 잘 아는 경비대가 로마군이 눈을 부릅뜨고 있는 상태에서 열심당원들과 맞붙으려고 하지는 않을 것이라는 판단 때문이었다.

우리는 전날처럼 동문을 통해 성전 안으로 들어갔다. 이방인의 뜰은 어제 오후보다 더 시끌벅적했다. 환전상과 제사용 짐승을 파는 자들이 순례자를 대상으로 본격적으로 호객을 하고 있어서였다. 유대인의 율법에 따르면 성전을 찾는 유대인들은 성전세를 바쳐야 했다. 성전세는 로마 제국 전역에서 통용되는 데나리온이 아닌 유대 동전인 세겔로 바쳐야 했는데, 환전상들은 순례자들이 가져온 데나리온을 세겔로 바꿔 주면서 높은 수수료를 뗐다. 또 짐승을 제물로 바치려는 이들은 온전한 짐승을 바쳐야 했는데, 순례자들이 긴 순례 과정에 짐승을 동반하기는 어려웠다. 가축상들은 순례자들에게 성전이 인정하는 온전한 짐승들을 비싼 값으로 팔았다.

환전상과 가축상은 모두 성전과 긴밀하게 연결되어 있었다. 성전은 순례자들이 바치는 헌금 외에도 환전상과 가축상에게서 별도로 돈을 받았다. 제물로 바쳐져 도살된 짐승의 고기는 빼돌려져 예루살렘 시장으로 팔려 나갔다. 성전에서 도살된 짐승의 가죽이 예루살렘 특산품 중 하나가 될 정도였다.

성전은 하나의 거대한 사업체였다. 로마 황제의 대리자인 총독은 유대를 관리하는 일을 대제사장에게 위임했다. 질서를 유지하고 세금과 공물만 제대로 바치면 나머지는 알아서 하라는 것이었다. 대제사장은 유대의 핵심적 기관 두 곳을 장악하고 있었다. 하나는 성전이었고, 다른 하나는 산헤드린이었다. 대제사장은 제사에 관한 율법을 이용해 예루살렘 성전을 유대에서 가장 큰 독점적 사업체로 만들었다. 대제사장에게 산헤드린은 성전의 사업을 지원하는 보조 기관 같은 것이었다.

유대에서는 모든 세력이 성전과 연관되어 있었다. 대제사장의 사람들인 사두개파는 말할 것도 없고, 귀환 공동체 시절부터 유대를 이끌어 왔던 귀족들도, 사두개파와 사사건건 대립하는 바리새파까지도 성전과 연관되어 있었다. 귀족들은 성전 세력이 장악한 산헤드린을 통하지 않고는 부귀와 권세를 누릴 수 없었다. 바리새파는 성전을 장악한 사두개파에 대해서는 비판적이었으나 성전의 권위와 기능에 대해서는 그렇지 않았다. 에세네파는 성전에 대해 철저하게 비판적이었으나, 성전 세력에 비하면 그들의 세력은 아무것도 아니었다. 한마디로, 유대에서 성전은 절대적 권위였다.

우리가 이방인의 뜰 남쪽 마당에 이르렀을 때였다.

갑자기 선생이 어느 가축상의 손에 들려 있던 채찍을 가로챘다. 채찍이 허공을 가르자 뜰에 있던 양과 염소와 소들이 놀라서 이리저리 뛰었다. 선생은 채찍을 손에 든 채 환전상들에게 다가갔다. 그들이 놀라서 물러서자 선생은 그들 앞에 있던 상을 뒤엎었다. 상 위에 있던 통에서 동전들이 쏟아져 나뒹굴었다. 환전상과 순례자 중 일부가 동전을 줍기 위해 허리를 굽힌 채로 이리저리 뛰어

　　　　　　　　　　　　　　　　　　　　　　갈릴리

다녔다. 순식간에 성전 뜰이 아수라장이 되었다.

성전 뜰이 소란스러워지자 성전경비대 소속 병사들 한 무리가 손에 곤봉을 들고 달려왔다. 그들은 선생의 무리를 솔로몬 행각 쪽으로 몰아붙였다. 하지만 소동의 주범인 선생에게는 손을 댈 수 없었다. 열심당원들이 포함된 무리가 선생을 겹겹이 에워쌌기 때문이다. 병사들은 곤봉을 치켜들고 무리를 위협했으나 무력을 사용하지는 않았다. 자칫 잘못하면 폭동이 일어날 수 있음을 알았기 때문이다.

무리와 병사들의 대치가 이어지는 동안 성전 남쪽 왕의 행각에 있는 경비대 사무소 쪽에서 허리에 칼을 찬 이들 셋이 부리나케 달려왔다. 그들이 경비대 병사들을 좌우로 물리며 무리와 마주 섰다. 세 사람 중 우두머리는 메넬라우스였다. 그가 병사들에게 물었다.

"무슨 일이냐?"

병사들이 답하기 전에 무리 중 하나가 소리쳤다.

"환전 수수료 때문에 순례자와 장사치들 사이에 시비가 붙었을 뿐이오. 당신의 병사들이 별것 아닌 일에 과잉 대응하고 있는 거요."

메넬라우스는 그 말을 곧이듣지 않았다. 그가 이마에 손그늘을 만들며 무리를 훑어보다가 시몬을 발견했다. 그가 시몬을 향해 이맛살을 찌푸렸다.

"그렇게 경고했건만 기어이 소동을 일으킨 게요?"

"……"

시몬이 우물쭈물하자 선생이 나섰다.

"당신이 이곳의 책임자요?"

"그렇소. 나는 성전경비대장의 부관이오."

메넬라우스가 얇게 뜬 눈으로 선생을 위아래로 훑으며 물었다.

"당신이 갈릴리에서 왔다는 그 선생이시오?"

선생이 그에게 싸늘하게 되물었다.

"성전? 당신들은 정녕 이곳을 성전이라고 여기는 것이오?"

"물론이오. 이곳은 솔로몬 왕이 세우시고, 스룹바벨 총독이 재건하시고, 헤롯 대왕께서 증축하신 이스라엘의 하나님 여호와의 성전이오."

"아하, 그렇소? 그런데 그 대단한 장소를 이렇게 엉망으로 관리한단 말이오?"

"도대체 뭐가 어떠하기에 그런 막말을 하는 거요? 이곳은 유대에서, 아니 세상에서 가장 거룩한 곳이오."

메넬라우스의 말에 선생이 콧방귀를 뀌었다.

"세상에서 가장 거룩한 곳? 당신의 코에는 이곳에서 진동하는 짐승들의 피비린내와 똥내가 전해지지 않소? 당신의 귀에는 이곳에서 들리는 장사치들의 고함이 들리지 않소? 당신의 눈에는 제사를 드리겠다고 찾아온 이들이 이 시장터에서 드러내 보이는 당혹감이 보이지 않소? 당신들이 이 거대한 건물 안에 모시고 있는 게 정말로 이스라엘의 하나님 여호와가 맞소? 혹시 여호와가 아니라, 바알 아니오?"

메넬라우스가 옆구리에 찬 칼에 손을 대며 소리쳤다.

"닥치시오. 죽고 싶은 게요?"

그러나 선생은 더욱 목소리를 높였다.

"오래전에 당신들의 예언자 중 하나인 이사야가 성전을 만민이 기도하는 집이라고 불렀다고 들었소. 한데 오늘 당신들은 이곳을 강도들의 소굴로 만들었구려!"

선생의 눈이 이글거렸다. 선생을 만난 후 처음 보는 낯선 얼굴이었다. 그동안 선생은 많은 이들과 다투고 논쟁하면서도 평정심을 유지했는데, 그날 선생은 성전에서 그것을 잃은 듯 보였다. 그의 눈에 성전은 세상 모든 악의 근원으로 보이는 듯했다.

분격한 메넬라우스가 결국 칼을 뽑아 들었다.

"입 닥쳐! 여기는 당신이 마음대로 휘젓고 다니던 갈릴리 촌구석이 아니야. 더 이상의 신성모독은 용납할 수 없어. 한마디만 더 하면, 당신, 죽을 수도 있어!"

메넬라우스를 수행한 두 사람도 함께 칼을 뽑았다. 그러자 경비대 소속 병사들이 일제히 무릎을 낮추며 곤봉을 머리 위로 추켜들었다. 그들의 움직임에 선생의 무리도 전투태세를 갖췄다. 특히 맨 앞에 선 열심당원 몇이 품에 숨겨 온 단도를 하나씩 뽑아 들었다.

바로 그때 병사들 뒤편에서 말발굽 소리가 들렸다. 메넬라우스의 수하 중 하나가 낮은 목소리로 말했다.

"부관님! 로마 놈들입니다."

그 말에 메넬라우스가 고개를 돌렸다. 눈길을 따라가 보니 로마 군인 둘이 말을 타고 다가오는 것이 보였다. 그 모습을 본 메넬라우스가 서둘러 칼을 칼집에 꽂았다. 그가 수행원들에게 눈짓하자 그들도 칼을 거뒀다.

가까이 온 로마 군인 하나가 말 등에 앉은 채로 뭐라고 말했는데 로마 말이어서 알아들을 수 없었다. 메넬라우스가 앞으로 나서서 답했다. 양측이 몇 차례 말을 주고받은 후 로마 군인들이 못마땅한 듯 마당에 침을 내뱉고는 말 머리를 돌렸다.

그들이 멀어지자 메넬라우스가 우리를 향해 말했다.

"로마 놈들에게는 순례자들과 상인들 사이에 사소한 시비가 붙은 거라고 둘러댔소. 당신들이 소동을 일으켰다고 말했다면, 저들은 당신들을 체포했을 것이고, 그랬다면 당신들은 아주 큰 고초를 겪었을 것이오."

메넬라우스가 고개를 살짝 기울여 무리에게 에워싸여 있는 선생을 노려보았다.

"선생! 오늘은 이 정도로 마무리하겠소. 그러나 분명히 경고하는데, 다시 소동을 일으킨다면, 그때는 오늘과 다를 것이오. 로마 놈들을 불러들이는 한이 있더라도 반드시 당신을 체포할 것이오. 알겠소?"

선생은 답하지 않았다.

메넬라우스가 우리 무리를 향해 소리쳤다.

"자, 이제 모두 돌아가시오! 어서!"

우리는 경비대 병사들에게 눈총을 받으며 성전의 남문으로 빠져나갔다.

성전의 남쪽은 예루살렘의 아랫구역이었다. 그곳은 예루살렘에서 가난한 자들이 사는 지역이었다. 웅장하고 화려한 성전 안과 달리 아랫구역은 초라하고 으슥했다. 비좁은 골목에 지붕 낮은 집들이 벌집처럼 다닥다닥 붙어 있었다. 대부분은 주민들의 거처인 동시에 수공업을 위한 작업장이었다. 사람들은 어두컴컴한 방에서 샌들을 꿰매거나, 가죽을 무두질하거나, 양털로 실을 잣거나, 값싼 장신구들을 만들고 있었다. 곳곳에서 무언가를 태우거나 끓일 때 나는 역겨운 냄새가 풍겼다. 성전에서 빼돌려진 고기를 파는 상점에서는 피비린내가 났다. 한낮임에도 일을 찾지 못한 이들이 지저분한 거리와 골목에서 불안한 눈으로 우리를 흘끔거렸다.

아랫구역 오른편에 크고 높은 담장이 세워져 있었다. 열심당원들 말에 의하면, 담장 너머는 예루살렘의 귀족들이 사는 윗구역이었다. 담장 너머로 로마식으로 지은 높은 건물들의 지붕이 보였다. 그중 둘이 특히 눈에 띄었다. 하나는 헤롯이 지은 궁으로 지금은 로마 총독 빌라도가 머물고 있었고, 다른 하나는 대제사장 가야바의 집이었다. 윗구역 주민들이 아랫구역에 오는 일은 거의 없다고 했다. 살림에 필요한 것들은 종들이 와서 구입해 갔고, 성전 출입은 윗구역과 성전을 잇는 다리를 통해서 이루어진다고 했다. 아랫구역이 갈릴리에서 가장 가난하고 지저분한 동네보다도 못한 빈민촌이었다면, 윗구역은 갈릴리의 세포리스나 디베랴보다 훨씬 깔끔하고 평온한 부촌이었다. 거룩한 도성 예루살렘에서는 모든 것이 극단적으로 양분되어 있었다.

우리는 기혼 샘과 히스기야 터널, 실로암 연못을 지나 아랫구역을 빠져나왔다. 아랫구역의 성문 밖은 사해로 향하는 길로 이어졌다. 길에 흙먼지가 일고 황량하기는 마찬가지였으나 아랫구역처럼 으스스하지는 않았다. 그럼에도 눈만 돌리면 녹색 잎과 나무, 샘과 강과 호수가 보였던 갈릴리에 비하면 온통 황갈색 먼지와 흙과 바위뿐인 유대는 사람이 살 만한 곳이 아니었다.

우리는 사해로 가는 길에서 벗어나 다시 북쪽으로 올라갔다. 기드론 골짜기를 타고 올라가다 오른쪽으로 방향을 틀어 베다니에 이르렀다.

숙소에 도착해 살펴보니 우리 무리와 함께 움직이던 열심당원 전부, 여리고 주민 전부, 그리고 갈릴리에서부터 선생을 따르던 이들 중 일부가 보이지 않았다. 성전에서 쫓겨나 돌아오는 과정에서 하나둘씩 슬금슬금 걸음을 늦추다가 달아난 것이었다.

무리의 상황을 보고하자 선생은 고개만 끄덕일 뿐 다른 말이 없었다. 저녁때 선생은 입맛이 없다며 식사를 걸렀다. 마리아가 거듭 권해도 소용이 없었다. 선생은 마리아가 가져온 꿀물을 마신 후 자리에서 일어섰다.

"가까운 곳에 있을 테니 아무도 따라오지 말게."

선생이 밖으로 나갈 때, 시몬이 경호를 맡은 작은 시몬에게 눈짓했다. 따라가라는 것이었다. 작은 시몬이 슬그머니 일어나 선생의 뒤를 따랐다.

선생은 새벽이 밝아서야 돌아왔다. 선생보다 조금 늦게 돌아온 작은 시몬이 부스럭거리는 소리에 잠이 깬 나에게 속삭였다.

"겟세마네 동산에서 밤새워 기도하셨어요."

49

예루살렘에서 맞이하는 셋째 날이었다.

선생은 아무 일 없었다는 듯 무리를 이끌고 성전으로 향했다. 선생을 따르는 이들은 전날의 절반도 되지 않았다.

예상과 달리 경비대는 우리의 성전 출입을 막지 않았다. 이상하다고 느꼈으나 곧 이유를 알 수 있었다. 순례자들이 모여서 율법을 배우고 논쟁도 하는 북쪽 마당에 이르렀을 때, 낯익은 사람 둘이 다가왔다. 여호나답과 압탈리온이었다.

여호나답이 볼멘소리를 했다.

"어제 결국 소동을 일으켰다고 들었소. 경비대장이 대산헤드린에 어제의 소동을 보고했소이다."

압탈리온이 선생에게 눈인사를 하며 말했다.

"곧 대산헤드린 의원들께서 선생을 찾아오실 겁니다. 어제의 일을 어떻게 처리해야 할지 결정하기에 앞서 벌이는 일종의 심문입니다. 부탁하는데, 답을 적절하게 해주십시오. 그래야 조용히 끝날 수 있습니다."

나다나엘이 물었다.

"심문이라면 재판소로 부르시지 어째서 의원들께서 직접 오신다는 겁니까?"

압탈리온이 목소리를 낮추며 답했다.

"대산헤드린 안에 선생을 심문하는 데 반대하는 분들이 계십니다. 특히 니고데모 장로님을 비롯해 몇 분이 선생에 대한 심문을 대놓고 반대하셨어요. 어제 선생께서 한 일은 대산헤드린이 다룰 만한 사안이 아니라고요. 그럼에도 강경파 의원들의 요구가 있어서 우선 비공식 심문을 하기로 했습니다. 오늘 심문 결과에 따라 선생에 대한 기소 여부가 결정될 겁니다.”

말이 오가는 사이에 경비대 소속 병사들이 나무 의자 네 개를 가져와 마당에 펼쳤다. 얼마 후 대산헤드린 의원 셋이 선생에게 다가왔다. 모두 고령이었으나 나이에 비해 정정해 보였다. 그들이 자리에 앉으며 선생에게 말했다.

“젊은 선생도 앉으시오.”

의원들 뒤로는 그들의 참모로 보이는 이들 여럿이 도열해 있었다. 그들 중 한 사람이 눈에 띄었다. 가버나움의 요세였다. 세 의원 중 바리새파를 대표하는 이의 참모로 온 것 같았다.

선생이 자리에 앉자 의원 중 가장 젊어 보이는 이가 입을 열었다.

“어제 당신이 성전에서 소동을 일으켰다는 보고를 받았소. 한 가지 묻겠소. 도대체 당신은 무슨 권한으로 그런 소동을 벌인 것이오?”

질문의 형태를 띠기는 했으나, 매우 공격적인 비난이자 조롱이었다. 성전 안에서 이루어지는 모든 일이 대제사장을 정점으로 하는 성전 관리들의 통제 아래 있음은 누구나 알고 있었다. 처음부터 선생을 비난과 공격의 대상으로 규정하고 시작하겠다는 속셈으로 보였다.

선생이 질문을 던진 의원에게 눈길을 주면서 되물었다.

“이곳에서 어떤 일을 하려면 누군가에게 권한을 위임받아야 하는 겁니까?”

“그렇소.”

“누구에게 받아야 하는 겁니까?”

“그거야 당연히 성전으로부터요.”

“어째서 그렇습니까?”

“……”

종종 선생은 다른 이들이 당연시하는 것에 의문을 던졌다. 그럴 때 사람들은 선생이 제기한 의문에 쉽게 답하지 못하거나, 답하는 과정에서 그동인 당연시해 왔던 것이 생각보다 당연한 게 아니라는 사실을 깨달았다.

“어째서 처음부터 성전에 속하지도 않았던 이방인의 뜰에서 짐승을 팔고 환전하는 일과 거기에 반대하는 일에 성전의 허락을 받아야 하는 겁니까? 도대체 성전은 그런 권리를 누구에게서 얻은 겁니까?”

선생의 질문은 애초에 이방인의 뜰이 성전에 속해 있지 않았음을 전제하고 던진 질문이었다. 실제로 솔로몬이 짓고 훗날 스룹바벨이 재건한 성전에는 이방인의 뜰이 존재하지 않았다. 이방인의 뜰은 로마에 의해 유대인의 왕으로 임명된 헤롯이 오십여 년 전에 성전을 증축하면서 임의로 덧붙인 공간이었다. 그러니 엄밀한 의미에서 그곳에 대한 성전 측의 권리 주장은 아무런 역사적, 성경적 근거가 없었다. 굳이 근거를 찾는다면, 성전 사람들을 유대 지역의 관리 책임자로 임명한 로마일 수밖에 없었다.

의원들은 성전을 찾아온 이들 앞에서 그런 사실을 시인할 수 없었다. 선생이 제기한 질문의 의도와 위험성을 간파한 의원들은 답하려 하지 않았다. 대신 의원 중 하나가 위압적인 목소리로 선생에게 말했다.

"지금 당신은 성전 관리자인 우리의 근거에 관해 묻는 것 같소만, 그 문제는 갈릴리 출신인 당신만 모를 뿐 유대인들은 누구나 아는 것이오. 그러나 오늘 우리는 당신에게 기본적인 문제에 대한 가르침을 주기 위해 온 것이 아니오. 묻는 말에나 답하시오. 당신은 무슨 권위로 소동을 벌인 것이오?"

하지만 선생은 그런 위압에 순순히 굴하지 않았다. 선생이 답했다.

"좋습니다. 유대에서 이미 합의가 되었다는 성전의 권위에 대해 외지인인 제가 이러쿵저러쿵하는 게 옳지 않다는 의원님의 말씀에는 동의할 수 있습니다. 그렇다면 세례자 요한의 권위는 어떻습니까? 제가 알기로 요한의 권위에 대한 평가는 유대에서도 합의가 이루어진 것 같지 않던데, 의원님들은 세례자 요한의 권한이 어디에서 왔다고 보십니까? 그의 권위는 하늘에서 온 것입니까, 아니면 사람에게서 온 것입니까?"

선생이 역으로 던진 질문 하나로 갑자기 전세가 바뀌었다. 사람들의 눈이 모두 세 의원에게로 쏠렸다. 의원들은 당황한 빛이 역력했다. 유대에서 성전의 권위가 의문의 여지가 없을 만큼 확고부동했다면, 최근에 죽은 세례자 요한의 권위는 그렇지 않았다. 만약 의원들이 요한의 권위가 하늘에서 왔다고 답한다면, 선생은 이어

갈릴리

서 질문할 것이다. '그렇다면 당신들은 어째서 그의 말을 듣지 않았는가?' 반면에, 사람에게서 왔다고 답한다면, 그들은 요한을 참된 예언자로 여기는 수많은 이들의 공분을 살 것이다. 의원들로서는 어느 쪽으로도 답하기 어려웠다.

질문을 던졌던 의원이 말했다.

"그 질문에도 답하지 않겠소. 다시 말하지만, 우리는 당신에게 물으러 온 것이지 답하러 온 게 아니오."

그러자 선생이 답했다.

"그렇다면 저도 의원님의 질문에 답하지 않겠습니다."

셋이 잠시 쑥덕거리더니 다른 하나가 물었다.

"다른 질문을 하겠소. 선생은 우리가 로마 황제에게 세를 바쳐야 한다고 보시오, 아니면 바치지 말아야 한다고 보시오?"

앞선 질문이 단순한 떠보기였다면, 이번 질문은 누가 봐도 명백한 함정이었다. 선생이 세를 바쳐야 한다고 답한다면, 세금 때문에 허리가 휘는 백성이 반기를 들 것이고, 지금껏 백성의 지지를 받아 왔던 선생에게는 치명적인 일이 될 것이다. 반면에 세를 바치지 말아야 한다고 답한다면, 선생은 로마의 지배를 부정함으로써 반란을 선동하는 모양새가 될 것이다.

나는 선생이 노회한 정객들의 술수에 걸려들었다고 여겼다. 그러나 놀랍게도 선생은 이번에도 질문에 말려들지 않았다.

선생이 엉뚱한 말을 했다.

"혹시 누가 동전을 갖고 있소?"

의원들의 참모 중 한 사람이 데나리온 하나를 내밀었다. 선생이 동전을 앞뒤로 살피다가 질문을 던졌던 의원에게 물었다.

"이 동전에 새겨진 초상이 누구의 것입니까?"

"가이사의 것이오."

"그렇다면, 가이사의 것은 가이사에게, 하나님의 것은 하나님께 바치십시오."

"……"

의원들은 선생을 잡기 위해 판 함정에 자신들이 빠져들었음을 알아차렸다. 유대인들은 좋든 싫든 이미 가이사에게 세금을 바치고 있었다. 성전 자체가 가이사를 위한 세금 징수의 주체였다. 성전 창고에는 백성에게서 온갖 명목으로 거둔 세금이 차고 넘쳤다. 가이사의 것은 이미 한 치도 어김없이 가이사에게 돌아가고 있었다. 문제는 하나님의 것이었다. 하나님의 것이 무엇인지부터가 문제가 될 수 있었다. 유대교 신앙에 의하면 세상 만물이 창조주 하나님의 것이다. 그렇다면 모든 것을 하나님께 바쳐야 하는데, 현실적으로 모든 것 중 무엇을 바쳐야 하는지, 얼마나 바쳐야 하는지, 어떻게 바쳐야 하는지가 모두 문제가 될 수 있었다. 성전 사람들은 가이사의 것은 철저하게 바치고 있었으나 하나님의 것은 그렇게 하지 않고 있었다.

의원들은 선생이 한 말에 어떻게 반응해야 할지 몰라 허둥거렸다. 그들이 선생 앞에 누가 봐도 넘어서기 어려운 커다란 돌덩이 하나를 던져서 놓으면, 선생은 그 돌덩이를 훌쩍 뛰어넘은 후 집채만한 바위를 그들 앞에 내려놓았다. 그들은 로마 식민지인 유대라는 틀 안에서 가장 지혜롭고 경험 많은 사람들이었다. 유대에서 어느 면에서든 그들을 능가할 수 있는 이들은 없었다. 그러나 선생은 그들이 갇혀 있는 틀 바깥에 있는 사람이었다. 틀 안에 꼼짝없이 갇혀 있는 이들이 틀 바깥에서 물처럼 바람처럼 움직이는 이를 가두는 것은 불가능했다.

갑자기 의원 셋이 눈치를 보며 서로 말을 미뤘다. 준비해 온 질문이 더 있어 보이는데, 세 사람 모두 다음 질문을 던지지 못했다. 선생의 말을 감당할 자신이 없어서였다.

질문이 끊어진 틈을 타 선생이 말을 이었다.

"이왕 만났으니 질문 하나 드려도 되겠습니까?"

의원들 중 하나가 마지못해 답했다.

"해보시오."

"유대교에서는 메시아가 다윗의 후손 중에서 나올 거라고 가르친다고 들었습니다."

"그렇소."

"또 다윗이 지은 시편 중에 이런 게 있다고 들었습니다. '주께서 내 주께 이르시되 내가 네 원수를 네 발 아래에 둘 때까지 내 우편에 앉았으라 하셨도다 하였느니라.' 맞습니까?"

"맞소."

"이 시편에서 앞의 '주'는 여호와 하나님을 가리키고 뒤의 '내 주'는 메시아를 가리킨다고 들었습니다. 그것도 맞습니까?"

"맞소."

"그렇다면 이상하지 않습니까?"

"뭐가 말이오?"

"이 시편에서 다윗이 메시아를 '내 주'라고 부르는데, 어떻게 그 메시아가 다윗의 자손이 될 수 있는 겁니까?"

"……"

의원들은 유구무언이었다. 유대 최고 지식인들이 그들의 경전 한 구절을 설명하지 못했다. 그들은 서로의 얼굴을 곁눈질하며 답을 찾았으나 아무 말도 하지 못했다. 그들이 우물쭈물하는 동안 논쟁을 지켜보던 순례자들 사이에서 탄성이 터졌다.

"참으로 지혜로운 말이다! 젊은 선생이 의원들보다 지혜롭다!"

의원들은 서로 잠깐 쑥덕거리더니 자리에서 일어섰다. 열패감 때문인지 모두 얼굴이 벌겠다. 의원들과 참모들이 종종거리며 자리를 뜨자 경비대 소속 병사들이 그들이 앉았던 의자를 집어 들고 뒤를 따랐다.

그러는 사이에 선생 주변에는 어제와 그제보다 훨씬 많은 이들이 모여들었다. 대산헤드린 의원들의 요란한 행차, 그들과 선생 사이의 불꽃 튀기는 논쟁이 구경꾼들을 불러 모았다.

선생이 그렇게 모인 이들을 향해 말했다.

"어떤 이가 포도원을 만들고 울타리를 치고 즙 짜는 틀을 파고 망대를 세웠습니다. 그 후 그는 포도원을 소작인들에게 맡기고 여행을 떠났습니다. 포도 수확철이 되자 수익을 거두려고 포도원으로 종을 보냈습니다. 그런데 소작인들이 그 종을 잡아서 때린 후 빈손으로 돌려보냈습니다. 주인이 다른 종들을 보냈으나 이번에도 소작인들은 그들을 때리거나 죽였습니다. 마침내 주인은 소작인들에게 자기 아들을 보냈습니다. 속으로 '저들이 내 아들은 공경할 것이다'라고 여기면서 말입니다. 그러나 주인의 아들을 본 소작인들은 서로 이렇게 말했습니다. '이자는 주인의 상속인이다. 이자를 죽이면 포도원이 우리 것이 될 것이다.' 결국 그들은 주인의 아들을 죽여 포도원 밖으로 내던졌습니다. 여러분 생각에는 어떻습니까? 주인이 소작인들을 어떻게 할 것 같습니까?"

선생의 말을 듣던 이들 중 하나가 소리쳤다.

"돌아와서 소작인들을 모두 죽이고 포도원을 다른 이들에게 주지 않을까 싶소."

선생이 고개를 끄덕이며 말을 이었다.

"그렇습니다. 유감스럽게도 지금 이 성전의 형편이 그러합니다. 유대인들 자신의 주장을 따르더라도 이 성전은 하나님이 세상을 위해 지으신 곳입니다. 그렇다면 제사장들은 그 성전을 관리하는 소작인에 불과합니다. 한데 그들은 본분을 잊고 스스로 성전의 주인이 되었습니다. 그렇게 주인 노릇을 하느라 진짜 주인이 보낸 이들을 때리고 죽였습니다. 때가 되면 하나님께서 이 성전을 부수고 그들을 죽이실 것입니다."

그때 무리 중 하나가 큰 소리로 외쳤다.

"신성모독이오!"

여호나답이었다. 그가 아직 자리를 뜨지 않고 있었다. 아마도 의원들이 떠난 후의 상황을 살펴서 보고하기 위해서였을 것이다. 이번에도 곁에 압탈리온이 서 있었다. 여호나답은 분노로 얼굴이 일그러져 있었고, 압탈리온은 눈을 질끈 감고 있었다.

"지금 당신은 여호와께서 명하여 세우신 성전과 성전을 관리하는 제사장들에게 죽음을 선포했소. 비판에도 지켜야 할 선이 있는 법인데, 당신은 넘지 말아야 할 선을 넘었소. 죽기를 각오한 게 아니라면 감히 그렇게 말할 수는 없소.”

“그래서? 나를 죽이겠다는 것이오?”

선생이 여호나답 쪽으로 성큼 다가가며 물었다. 여호나답이 물러서지 않았기에 두 사람은 얼굴이 마주 닿을 정도로 가까워졌다. 두 사람 모두의 눈에서 불꽃이 튀었다.

“먼저 죽음을 언급한 것은 내가 아니라 당신이오.”

여호나답이 반격을 시작했다.

“그러나 당신이 죽음을 선언한 성전과 성전 관리자들은 우리가 곡절 많은 우리 역사에서 지켜 낸 가장 소중한 존재들이오. 우리 조상들은 바벨론에서 포로살이를 할 때 자신들의 가장 큰 잘못이 하나님을 제대로 섬기지 않았던 것에 있다고 여겼소. 그래서 예루살렘으로 귀환했을 때 가장 먼저 무너진 성전을 재건했소. 성전을 재건한 후에는 왕국 시절에 지키지 못했던 율법을 정비하고 가르치고 실천하면서 하나님의 백성답게 살기 위해 노력했소. 그 덕분에 우리는, 비록 아직 로마의 지배 아래 있기는 하나, 제국 내의 다른 어느 민족도 누리지 못하는 자유를 누리고 있소. 무엇보다도 제사하기 위해 성전을 찾아오는 유대인들은 모두 가슴 벅찬 꿈을 꾸오. 여호와께서 결국은 우리에게 독립을 주시고 다윗 시절과 같은 평화와 번영을 허락하시리라고 말이오. 그런데 당신이 그 성전과 그 관리자들에게 죽음을 선언한 것이오.”

여호나답의 말은 단단하고 촘촘했다.

선생이 답하려 했으나, 여호나답이 말을 가로막았다. 자기 말이 아직 덜 끝났다는 표정이었다. 그는 대산헤드린 원로들이 그렇게 맥없이 물러난 것이 아주 못마땅한 듯했다.

"아, 선생이 무슨 말을 하려는지 아오. 기억하겠지만, 나는 갈릴리에서 직접 선생의 말을 들은 적이 있소. 또한 지금껏 갈릴리에서 보내오는 선생의 소식을 줄곧 접해 왔소. 아마 이번에도 선생은 갈릴리 타령을 하려 할 것이오. 갈릴리는 유대와 다르니 유대의 율법을 갈릴리에 적용하지 말라고 말이오. 그러나 선생, 정신 차리시오! 이곳은 갈릴리가 아니라 유대요. 유대의 수도인 예루살렘이오. 예루살렘에 왔으면 예루살렘의 법을 따르시오. 이곳의 법을 따르기 싫으면 갈릴리에 머물러 있을 것이지 왜 이곳까지 와서 소동을 벌이는 것이오."

"말씀 다 하셨소?"

선생이 물었다. 여호나답에게서 답이 없자 선생이 말을 이었다.

"당신들은 늘 당신들이 율법을 지키는 것이 역사에 대한 반성에서 출발했다고 주장하오. 다윗 왕국 시절에 모세의 율법을 지키지 않아서 여호와께 벌을 받아 나라가 망했으니 이제라도 율법을 지켜야 미래를 보장받을 수 있다고 말이오. 그러나 나는 늘 그게 궁금했소. 어째서 당신들이 강조하는 모세의 율법이 늘 그렇게 선택적인가 해서 말이오."

"무슨 말이오?"

"나는 당신들처럼 체계적으로 배운 적이 없어서 모세의 율법에 대해 잘은 모르오. 그러나 내가 어릴 때 회당에서 들은 것만 떠올려 봐도 모세의 율법은 매우 포괄적이오. 단순히 제사와 정결례에 대해서만이 아니라 공동체의 삶 전반을 규정하고 있소. 대표적인 것이 당신들이 그토록 소중히 여기는 제사법을 다루는 책인 레위기에 나와 있소. 내가 기억하기로 레위기에는 건강한 공동체의 삶을 위한 법들이 실려 있소. 그중에는 땅을 쉬게 하는 안식년과 종과 채무자들에게 자유와 해방을 주는 희년 법이 있소. 한데 당신들은 안식일 법을 지키는 일에는 목숨을 걸면서 안식년 법과 희년 법은 완전히 잊은 듯하오. 혹시 안식일 법은 당신들 지위를 공고히 하는 데 도움이 되지만, 안식년 법과 희년 법은 오히려 당신들에게 불리해서가 아니오?"

"어허, 이 양반이 또 위험한 말을 하는구먼! 우리가 그런 법을 안 지키는 것이 아니라 못 지키는 것임을 정녕 모르시오? 지금 우리는 로마 제국의 식민지 백성이오. 식민지 백성이 종주국에서 요구하는 세금과 공물을 마련하려면 어떻게든 땅을 경작하고 물건을 생산해야 하오. 안 그래도 좁은 땅에서 어찌 있는 땅을 놀릴 것이며, 안 그래도 일손이 모자라는데 어찌 종들을 해방한다는 말이오. 언젠가 주님께서 우리에게 해방을 주신다면, 그때 우리는 그 모든 법을 지키게 될 것이오."

"형편이 안 되어서 못 지킨다? 참으로 궁색하오. 그렇다면 당신들은 어째서 형편이 안 되어서 안식일을 지키지 못하는 이들을 죄인으로 여기는 것이오? 도대체 당신들이 무엇이길래 다른 이들이 어떤 상황에서든 반드시 지켜야 하는 법과 형편에 따라 지키지 않아도 되는 법을 가르는 것이오?"

　갈릴리

"세상에는 어떤 식으로든 질서가 필요하오. 그리고 질서를 만들기 위해서는 누군가가 기준을 세워야 하오."

여호나답의 눈빛이 흔들렸다. 자신이 밀리고 있음을 알아차린 것이었다.

선생이 다그쳤다.

"그렇소이까? 지금 내가 묻는 것은, 어째서 그 누군가가 성전에 있는 당신들이어야 하는가 하는 말이오."

"그거야 당연히 거룩한 율법에 따른 것이오. 성전은 하나님의 위대한 종 다윗과 솔로몬에 의해 세워진 것이오. 성전이 지어지기 전에는 성막이 있었는데, 성막의 구조와 그것을 섬기는 제사장직과 관련된 규정은 여호와 하나님께서 직접 정하셨소."

"이 성전도 그러하오? 이 성전의 구조도 여호와께서 직접 정하신 것이오?"

"성전은…… 아니오. 성전은 솔로몬이 성막을 본떠 고안한 것이오."

"솔로몬의 성전은 바벨론 침공 때 무너졌고, 포로기에 스룹바벨에 의해 재건된 것으로 알고 있소, 맞소?"

"맞소."

"그것을 헤롯이 제멋대로 증축해서 오늘에 이른 것이고……."

"그렇소."

"지금 우리가 서 있는 이 이방인의 뜰은 애초에는 성전에 속하지 않았고 헤롯이 임의로 만든 것인데, 그렇다면 도대체 이 뜰은 성전이오, 아니오?"

“……”

“게다가 모세 때부터 계보를 이어 왔다는, 그래서 당신들이 그토록 신성시하는 대제사장직은 마카베오 시대부터 이미 계보와 상관없는 이들에게 넘어가지 않았소? 지금의 대제사장은 아론의 후손이오?”

“……”

“그뿐 아니라 유대가 로마 총독 관할로 넘어간 후에는 우리 민족과 아무 상관도 없는 이방인 총독이 대제사장을 임명해 왔지 않소?”

“……”

“그렇다면 도대체 당신들이 그토록 소중하게 여기는 성전과 대제사장직의 근거는 무엇이오? 성경이오? 전통이오? 아니면 권력자들이오?”

여호나답도 대산헤드린 의원들처럼 유구무언이었다.

그때 압탈리온이 나섰다.

“선생의 말씀에 얼마간 일리가 있소. 그럼에도 세상에는 어쩔 수 없이 질서가 필요하오. 어떻게든 질서를 세우지 않으면 세상이 작동할 수 없기 때문이오. 그래서 우리 바리새파는 성문화된 율법 외에도 학자들의 합의를 통해 새로운 법과 질서를 만들어 왔소.”

압탈리온의 말에는 어딘지 모르게 선생의 동의를 구하는 듯한 느낌이 배어 있었다. 가버나움에서도, 그리고 여리고에서도 그는 항상 선생에게 얼마간 우호적인 태도를 보였다. 어쩌면 그것은 그가 바리새파 중에서도 개방적인 힐렐파에 속해서일 수 있었다.

하지만 선생의 답은 싸늘했다.

"당신들은 언제나 스스로 모세의 자리에 앉으려 하는구려."

모세의 자리는 회당에서 가장 높은 사람이 앉는 자리였다. 또 그 자리는 법과 질서를 만드는 자리였다. 그렇게 선생은 모세의 자리를 언급함으로써 바리새파가 늘 보통 사람들보다 윗자리에 앉아 세상을 자기들 뜻대로 다스리려 하는 것을 탓했다.

이어서 선생이 여호나답과 압탈리온 두 사람 모두를 향해 노기를 띠며 말했다.

"율법학자들과 바리새인들이여! 당신들에게 화가 있을 것이오! 당신들은 하나님 나라의 문 앞을 지키고 서서 자신들도 들어가지 않고 다른 이들도 들어가지 못하게 하고 있소! 당신들은 회칠한 무덤 같소. 겉은 아름답게 보이나 속에는 죽은 이들의 뼈와 온갖 더러운 게 가득하소. 당신들에게 화가 있을 것이오! 당신들은 회심자 하나를 얻으려 애쓰다가 정작 얻고 나면 그를 올무에 빠뜨려 이전보다 못하게 만드오. 당신들은 늘 옳음을 부르짖으나 실제로는 옳은 말을 하는 선지자들을 죽이는 일에 앞장서 왔소. 당신들은 지옥의 판결을 피할 수 없을 것이오!"

율법학자이자 바리새인인 압탈리온은 선생의 말을 듣고 괴로운 듯 머리를 쥐어뜯었다.

"아, 선생! 도대체 왜 이렇게까지 하는 것이오?"

나도 잘 이해가 되지 않았다. 온통 적대적인 세력뿐인 예루살렘에서 압탈리온은 그나마 선생에게 우호적이었다. 한데 선생은 많은 사람 앞에서 대놓고 그에게 면박을 주었다. 면박 정도가 아니라 아예 저주를 퍼부었다.

확신할 수는 없지만, 훗날 생각해 보니 두 가지 이유 때문이지 않았을까 싶다. 먼저 선생은 바리새파를 당시의 유대교가 사람들의 숨통을 조이는 마지막 손아귀로 여겼던 것 같다. 물론 모든 고통의 일차적인 근원은 로마였다. 그다음은 갈릴리에서는 헤롯 안디바 일당이었고, 유대에서는 대제사장 일당이었다. 두 집단 모두 자신들의 통제 아래 있는 이들을 착취했다. 한쪽은 정치 권력을, 다른 한쪽은 종교 권력을 사용하는 게 달랐을 뿐이다. 그러나 일반 백성이 정치 권력이나 종교 권력을 직접 대할 기회는 거의 없었다. 백성에게 정치 권력과 종교 권력은 모두 눈에 보이지 않는 힘이었을 뿐이다. 반면에, 백성에게 가장 직접적인 영향을 끼치는 세력은 늘 그들 곁에 있는 바리새인들이었다. 바로 가버나움의 요세 같은 이들이었다. 실제로 가버나움 사람들에게 요세가 가졌던 힘은 안디바의 그것보다 훨씬 컸다. 선생에게 환호했던 이들이 요세의 헛기침 한 번에 모두 떠나갔을 정도다. 그렇게 큰 힘을 지닌 자들이 교묘한 언사로 사람들을 잘못된 길로 이끌고 있었다. 그런 까닭에 바리새파에 대한 선생의 인식은 압탈리온 한 사람이 선생에게 보이는 개인적 호감이나 호의 때문에 달라질 수 없었다.

그리고 선생은 자신의 모든 일을 그쯤에서 끝낼 생각이었던 것 같다. 사실 선생에게 더 이상의 가능성은 없었다. 본거지였던 갈릴리에는 이미 선생에 대한 체포령이 떨어진 상태였다. 이제 선생이 갈릴리로 돌아가서 예전처럼 활동하는 것은 불가능했다. 게다가 예루살렘 성전은 선생에게 갈릴리보다 훨씬 적대적이었다. 성전 사람들은 이미 오랜 세월 수많은 예언자를 핍박해 온 세력이었다. 선생 하나를 없애는 것은 그들에게는 일도 아니었다. 무엇보다도 그들의 힘은 유대를 넘어 온 세계의 모든 유대인 공동체에 미치고 있었다. 그리고 선생은 열심당이나 에세네파처럼 어딘가에 숨어서 은밀하게 활동하는 이가 아니었다. 선생은 늘 공개적인 장소에서 많은 사람과 접촉했다. 민심의 동향에 민감한 세력에게 선생은 골치 아픈, 그런 까닭에 없애 버려야 할 존재였다. 선생 자신이 그것을 누구보다도 잘 알았다. 아니, 의도적으로 그런 상황을 만들었다. 돌아갈 곳도 머물 곳도 없는 상황. 질질 끌 이유가 없었다. 선생은 불길 속으로 뛰어들기로 한 것이다.

마침내 여호나답과 압탈리온이 돌아섰다. 그들은 성전 남쪽 왕의 행각에 있는 대산헤드린 사무소를 향해 걸음을 옮겼다. 그들이 돌아가는 모습을 보며 우리도 성전에서 나왔다.

대산헤드린 의원들에 대한 선생의 대응은 많은 이들에게서 환호를 받았다. 하지만 누군가의 말에 환호하는 것과 그를 따르는 것은 다른 문제였다. 선생이 성전을 나와 베다니로 향할 때 성전에서 환호했던 이들 대부분은 흐지부지 흩어졌다. 그리고 성전은 아무 일 없었던 듯 평소의 모습을 되찾았다. 사고, 팔고, 기도하면서.

오히려 변한 것은 선생의 무리였다. 그들은 성전 고위직이 보여 준 위세에 눌렸다. 난생처음 접하는 대산헤드린 의원들의 위세에 압도되었다. 이제 선생 곁에 남은 이들은 서른 명 남짓했다. 그들 중 다수는 여자들이었다.

50

이겨서는 안 되는 싸움이 있다. 작은 승리로 파멸이 시작되는 싸움이 있다. 그날 그런 싸움에서 이기고 온 선생은 승리의 감격이 아닌 두려움을 느끼고 있었다. 전적으로 자기 의지로 한 일이었으나 그로 인한 두려움까지 피할 수는 없었다.

다행히 베다니의 두 자매 마르다와 마리아가 선생을 위해 특별한 저녁상을 차려 냈다. 그것은 단순히 여관 주인이 손님에게 내놓는 음식이 아니었다. 지난 며칠 사이에 자매는 어느덧 선생의 열렬한 추종자가 되었다. 자매는 오래전부터 갈릴리의 순례자와 방문자를 통해 선생의 이야기를 듣고 있었다. 때로는 멀리 있는 이가 가까이 있는 이보다 사정을 더 분명하게 이해하기도 하는데, 이 둘이 그런 경우였다. 특히 동생 마리아가 그러했다. 선생이 여관에 머물 때면 마리아는 언니 마르다가 투덜거릴 만큼 선생의 곁을 떠나려 하지 않았다. 선생을 가까이하기 어려울 때는 갈릴리 사람들, 특히 막달라 마리아에게 선생에 관해 꼬치꼬치 캐물었다.

선생은 자매가 차려 낸 음식 앞에서도 마음이 무거웠다. 그저 제자들에게 음식을 권하고 그들이 나누는 대화에 귀를 기울였을 뿐이다. 제자들의 사정도 좋지 않았다. 우리도 그날 성전에서 있었던 일이 무엇을 의미하는지 정도는 헤아릴 수 있었다. 식탁에 앉은 이들 모두가 알았다. 이제 우리가 긴 여행의 끝자락에 와 있다는 것과 그 끝이 어떠하리라는 것을.

식사가 끝나 갈 무렵이었다. 여관 주인 마리아가 방으로 들어오더니 머뭇거리며 선생에게 다가갔다. 손에 옥합 하나가 들려 있었고 눈에는 눈물이 그렁그렁했다. 그녀와 선생의 눈이 마주치자 선생이 보일 듯 말 듯 고개를 끄덕였다. 허락한다는 뜻이었다.

마리아가 모두의 눈길을 받으며 선생의 등 뒤로 가서 섰다. 그녀가 옥합 뚜껑을 열자 방 안에 짙은 향내가 천천히 퍼져 나갔다. 마리아가 옥합을 기울이자 향유가 선생의 머리칼을 타고 흘러내렸다. 마리아는 선생의 머리를 쓰다듬어 향유가 고루 퍼지게 했다. 그러는 동안 그녀는 계속 어깨를 들썩이며 닭똥 같은 눈물을 흘렸다. 어느덧 방 전체가 향내로 가득했다. 제자들은 그녀의 도발적인 행동에 놀랐으나 선생은 그것을 말없이 허용했다.

마리아의 행동을 지켜보던 유다가 미간을 찌푸렸다.

"아, 저 향유를 팔아서 가난한 자들에게 주었으면……."

그 말을 들은 선생이 유다를 나무랐다.

"유다! 마리아는 나를 위해 좋은 일을 했다. 오늘 마리아가 나의 장례를 미리 치렀다. 덕분에 나의 길은 분명해졌다."

선생이 자신의 장례를 언급하자 모두가 얼어붙었다. 향내가 가득한 방 안에서 마리아의 낮은 울음이 길게 이어졌다. 분명히 그것은 애끓는 곡이었다.

여자의 직감 때문이었을까. 베다니의 마리아는 남자 제자들이 오래도록 선생을 따르면서도 이해하지 못했던 것을 단 며칠 만에 이해했다. 선생이 무엇을 하려는 것인지, 왜 그렇게 하려는 것인지, 무엇보다도 어째서 그렇게밖에 할 수 없는 것인지 알았다. 마리아의 행동은 선생의 결심에 대한 가슴 아픈 동의이자 확고한 지지었다. 마리아는 우리 제자들처럼 선생의 결심을 나무란다거나 가로막지 않았다. 그럴 수 없으며 그래서도 안 된다는 것을 알았다. 그 시점에서 자신이 할 수 있는 유일한 일은 아무도 이해하지 못하고 모두가 반대하는 선생의 결심을 받아들이고 지지하고 응원하는 것임을 알았다. 그게 그녀가 오랫동안 소중하게 간직해 왔던 옥합을 깬 이유였다.

선생은 마리아의 행동을 어떻게 이해했을까. 선생은 그것을 자신의 결심에 대한 하늘 아버지의 최종 승인이자 압박으로 여겼던 게 아닌가 싶다. 죽음, 다른 이가 아닌 자기 자신의 죽음을 받아들이는 것은 누구에게도 쉬운 일이 아니다. 선생은 가이사랴 빌립보에서 예루살렘행을 결심했을 때 이미 자신의 죽음을 예견했다. 우리 제자들은 계속 부인하고 외면했으나, 선생의 죽음은 그때 이미 결정되어 있었다. 물론 살길이 전혀 없었던 것은 아니다. 이제라도 그 길에서 돌이키면 되었다. 성전 세력은 선생에게 그렇게 하도록 요구했다. 이제라도 돌이키라고. 그리고 경고했다. 돌이키지 않으면 죽을 것이라고. 하지만 선생은 돌이킬 의향이 없었다.

선생의 의지는 강했다. 하지만 그것이 곧 두려움의 부재를 의미하지는 않았다. 곁에서 지켜보는 우리가 두려움을 느꼈다면, 선생 자신은 훨씬 더 두려웠을 것이다. 죽음 자체도, 죽음에 이르는 과정에 관한 생각도 더더욱 두려움을 불러왔을 것이다. 아마도 계속해서 흔들렸을지도 모르겠다. 인제 와서 결론이 바뀔 리는 없으나, 그도 인간이었기에 혹시라도 피할 길이 있을지, 아니, 피할 만한 핑계가 있을지 궁리해 보았을 것이다. 어쩌면 자신이 꼭 죽어

 갈릴리

야 하는지에 대한 회의에 빠졌을지도 모른다. 그런 두려움과 회의
는 죽음에 가까워질수록 크고 짙어졌을 것이다. 혹시 무언가 다른
길이 있지 않을까?

그런 상황에서 마리아가 선생의 머리에 향유를 부었다. 그녀 자
신이 의도한 것은 아니었겠지만, 선생은 그것을 자신의 회의와 머
뭇거림에 대한 하늘 아버지의 답으로 여기지 않았나 싶다. 아들아,
네가 걸어온 길이 옳다! 네가 가려는 길이 옳다! 그러니 더는 흔들
리지 말거라!

선생은 마리아의 도발적인 행동을 칭찬했다. 그리고 그녀에 대
한 유나의 불퉁거림을 제지했다. 마리아가 옳다! 유다는 틀렸다!
내 뜻은 변하지 않을 것이다!

저녁상을 물릴 때, 유다가 슬그머니 방에서 빠져나갔다. 그날 밤
에 그는 돌아오지 않았다.

51

넷째 날이 밝았다.

니산월 십사 일, 그날 해가 질 때부터 유대인들의 가장 큰 명절
인 유월절이 시작된다. 갈릴리에도 유월절을 지키는 이들이 있기
는 했다. 유대교의 영향 아래에 있는 회당 출입자들이 그러했다.
물론 나도 어릴 적부터 유월절에 대해 듣기는 했다.

회당의 가르침에 따르면, 모세의 주도로 애굽에서 탈출을 모의

하던 우리 조상들은 양을 잡아 그 피를 집 문설주와 인방에 발랐다. 밤에 여호와의 사자가 애굽 땅을 두루 다니며 모든 집의 장자를 죽일 때 문설주에 양의 피가 발라진 집은 그냥 넘어갔다. 애굽 왕 바로는 애굽의 모든 장자가 죽고 나서야 우리 조상들을 보내주었다. 출애굽 직후에 여호와는 모세에게 이 사건을 기념하여 여호와의 절기로 삼아 지키라고 명했다.

그러나 이스라엘에서 유월절이 지켜진 것은, 유대인들 자신의 기록을 따르더라도, 훨씬 후대에 이르러서였다. 출애굽 직후의 가나안 정복 전쟁과 그 이후의 사사 시대는 너무 혼란스러워서 유월절을 지킬 수 없었다. 다윗이 이스라엘을 통일한 후에도 전쟁이 계속되었기에, 지킬 여력이 없었다. 솔로몬이 세운 요란한 예루살렘 성전의 영향도 생각보다 크지 않았다. 남왕국 백성은 가나안의 온갖 잡신들에게 빠져들었다. 이사야 같은 유대의 거물급 예언자가 백성을 향해 "너희가 기뻐하던 상수리나무로 말미암아 너희가 부끄러움을 당할 것이요, 너희가 택한 동산으로 말미암아 수치를 당할 것이며"라고 질타했을 정도다.

남왕국 유다 말기인 요시야 왕 시절에 대제사장 힐기야가 성전에서 율법책을 발견했다. 율법이 모세로부터 내려왔다고 주장하는 남왕국 사람들 중에서도 율법을 가장 잘 알고 있어야 하는 대제사장이 그제야 율법책을 손에 넣었다고 했다. 그것은 그들이 왕국 시절 내내 율법을 제대로 지키지 않았다는, 아니 어쩌면 그때까지도 율법을 제대로 알고 있지 않았다는 사실에 대한 방증이다. 힐기야를 통해 율법을 접한 요시야는 자기 옷을 찢었다. 슬픔, 분

 갈릴리

노, 충격, 회개의 표현이었다. 요시야는 율법의 내용을 바탕으로 강력한 정치 및 종교 개혁을 실시했다. 그중 하나가 유월절을 지키는 일이었다. 유대의 역사책은 당시에 일어난 일을 이렇게 기록하고 있다. "사사가 이스라엘을 다스리던 시대부터 이스라엘 여러 왕의 시대와 유다 여러 왕의 시대에 이렇게 유월절을 지킨 일이 없었더니, 요시야 왕 열여덟째 해에 예루살렘에서 여호와 앞에 이 유월절을 지켰더라." 하지만 요시야가 전장에서 활에 맞아 죽은 후 뒤를 이은 유다 말기의 왕들은 다시 율법을 잊고 우상숭배에 빠져들었다.

남왕국 유다의 형편이 그 정도였다면 갈릴리가 속해 있던 북왕국 이스라엘의 사정은 말할 것도 없다. 다윗의 나라가 남과 북으로 분열된 후 북왕국은 급속하게 이방화되었다. 북왕국의 전설적인 예언자 엘리야가 활동하던 시절에 북왕국은 이미 거의 완전히 가나안의 바알 신에게 빠져 있었다. 엘리야의 뒤를 이어 엘리사가, 그 후 다시 호세아와 아모스 같은 이들이 등장해 왕과 백성의 우상숭배를 질타했으나 소용이 없었다. 북왕국은 우상에 빠져 부패와 타락을 거듭하다가 앗수르에게 망했다. 남왕국이 바벨론에 의해 망하기 몇 세대 전의 일이었다. 그러니 북왕국 백성의 후손인 갈릴리 사람들이 유월절을 지킨다는 것은 꿈같은 이야기였다.

유대인들이 유월절을 지키기 시작한 것은 바벨론으로 잡혀 갔던 이들 중 일부가 예루살렘으로 귀환해서 율법에 바탕을 둔 유대교를 만들어 낸 이후였다. 그러니 유월절은 그 기원이 어떠하든 유대의 전통이지 갈릴리의 전통이 아니다. 무엇보다도 선생은 그동안 유대교의 율법을 공공연히 무시해 왔다. 그런 사람이 유월절을 특별하게 기억해 지킬 리 없었다. 유월절에 선생은 요 며칠 계속했던 성전을 방문하는 일조차 하지 않았다.

아침에 선생이 제자들에게 말했다.

"오늘이 유월절이니 성전이 사람들로 미어터지겠구나. 이런 날 성전에 가서 할 수 있는 일은 아무것도 없을 것이다."

시몬이 물었다.

"그러면 오늘은 어찌 지내려 하십니까?"

"자네들과 함께 있으려 한다."

"저희들과요?"

"내가 어제 마르다에게 부탁해 놓았다. 다른 이들에게 방해받지 않고 오롯이 자네들과 하루를 보낼 수 있게 해달라고."

베다니를 품고 있는 감람산은 갈릴리의 산들처럼 풍요롭지 않다. 예루살렘 인근은 죄다 민둥산 지역이어서 올리브나무가 밀집한 감람산이 조금 두드러질 뿐이다. 더구나 유월절 기간에는 산자락이 어수선한 장터나 빈민굴처럼 변한다. 민가에서 숙소를 얻지 못한 이들이 곳곳에 천막을 치기 때문이다. 갈릴리에서 선생은 틈만 나면 혼자서 혹은 제자들과 함께 한적한 산으로 올라갔다. 하지만 감람산은 그럴 만한 곳이 되지 못했다. 다행히 유다가 여관을 통째로 빌려 놓은 덕분에, 여관이 잠시나마 갈릴리의 한 마을이 된 듯했다. 선생은 삶의 마지막 시간을 성전이 아니라 자신이 사랑했던 갈릴리 사람들 사이에서 보내고 싶어 했다.

아침 식사를 마친 후에 마리아와 마르다는 갈릴리 사람들의 도

　　　　　　　　　　　　　　　　　　　　갈릴리

움을 받아 여관 안팎을 깨끗이 정돈했다. 안마당 중앙에서 임시 숙소로 쓰는 천막 하나와 부엌 문가에 놓인 커다란 물항아리 두 개, 울타리 안쪽 한구석에 쌓여 있던 잡동사니가 모두 치워졌다. 덕분에 여관 안마당은 꽤 넓은 공터가 되었다. 연락을 받은 갈릴리 사람들이 모두 공터로 모여들었다.

선생이 마당으로 나섰다. 선생은 마당에 앉아 있는 이들을 잠시 훑어보더니 그들 사이사이로 다니며 모든 이의 머리에 차례로 손을 얹었다. 그곳에 모였던 이들 모두가 그 안수에 담긴 의미를 알았다. 그것은 선생이 그들에게 하는 작별 인사였다. 안수받는 이들의 어깨가 늘썩였다. 여자들은 하나같이 울음을 터뜨렸다. 특히 막달라 마리아가 그러했다. 선생이 마리아의 머리에 손을 얹을 때, 그녀는 머리를 돌리며 손을 피했다. 선생이 애틋한 눈길로 다시 손을 내밀자 그녀는 두 손으로 입을 틀어막고 울면서 안수를 허락했다. 선생은 그녀의 머리에 좀 더 오래 손을 얹었다.

안수가 끝나자 선생이 입을 열었다.

"그동안 먼 길을 동행해 주셔서 고맙습니다. 여러분 덕에 여기까지 올 수 있었습니다."

누군가가 흐느끼며 말했다.

"우리는 선생님을 위해 한 게 아무것도 없어요."

선생이 그를 바라보며 말했다.

"아닙니다. 여러분은 나의 친구이자 동료였습니다. 친구와 동료 없이 살 수 있는 사람은 없습니다. 여러분은 존재만으로도 나에게 큰 선물이었습니다."

선생이 다시 한 사람 한 사람을 둘러보며 말을 이었다.

"그러나 이제 우리가 작별할 시간입니다. 우리의 작별은 처음부터 정해져 있었는데 지금이 그때입니다."

여기저기서 신음과 탄식과 울음소리가 들렸다.

다시 누군가가 말했다.

"선생님이 여기서 멈추시면 안 되나요?"

"그럴 수 없습니다. 그러려면 우리가 그동안 해왔던 모든 것을 부정해야 합니다. 여러분과 내가 함께했던 모든 시간을 지워야 합니다. 여러분은 그럴 수 있습니까?"

"아니요. 그럴 수는 없습니다. 선생님과 함께하기 전에 우리는 아무것도 아니었습니다. 차라리 세상에 태어나지 않은 게 나았습니다. 그랬던 우리를 선생님이 사람 취급을 해주셨습니다. 그 시간을 부정할 수는 없습니다."

"그렇습니다. 이전에 우리는 세상에서 죄인이라고 불렸습니다. 그러나 하나님은 죄인인 우리를 자녀로 삼아 주셨습니다. 하나님 나라에서 우리는 비록 여전히 작고 초라하나 세상 무엇과도 바꿀 수 없는 소중한 존재가 되었습니다. 나는 우리가 그런 상태를 유지하기를 바랍니다. 그러기 위해서는 먼저 우리가 우리 자신의 지위를 긍정하고 주장해야 합니다. 두려움 때문에 그것을 부정하면 우리에게는 아무런 소망이 없습니다."

마당에 앉은 이들이 고개를 끄덕이며 소리 없이 울었다.

선생이 가까이 앉은 두 사람 어깨에 손을 얹으며 말했다.

"그러나 우리의 작별은 끝이 아니라 시작입니다. 밀알이 땅에 떨어져 죽지 않으면 한 알 그대로이지만 죽으면 많은 열매를 맺습니다. 나는 많은 열매를 맺기 위해 기꺼이 죽으려 합니다. 내가 세상에서 맺은 첫 열매는 나를 기억하는 여러분입니다. 갈릴리로 돌아가십시오. 그곳에서 여러분과 나는 다시 만나게 될 겁니다. 그리고 하나님 나라를 위해 함께 일하게 될 겁니다."

"우리가 먼저 가면 따라오시겠다는 말씀입니까?"

선생이 잠시 침묵하다가 말을 이었다.

"그렇습니다. 어떤 방식일지는 나도 모릅니다. 아마도 아버지께서 그것을 정하시고 일러 주실 겁니다."

선생은 정말로 알시 못하는 것 같았다. 하지만 이내 확신에 차서 말했다.

"내가 그렇게 믿는 이유는 우리가 함께했던 경험 때문입니다. 그동안 여러분과 나는 아버지께서 우리를 어떻게 사랑하셨는지, 어떤 새로운 삶의 길을 보여 주셨는지, 우리가 어떻게 서로 사랑할 수 있는지 경험하게 하셨습니다. 그 경험을 기억하십시오. 사랑받고 사랑했던 경험을 가진 이들은 넘어지지 않습니다. 넘어져도 다시 일어섭니다. 이제 나는 여러분에게 아버지의 새로운 계명을 전합니다. 아버지께서 우리에게 주시는 단 하나의 절대적인 계명입니다. 서로 사랑하십시오! 끝까지 사랑하십시오! 그 사랑이 여러분을 구원에 이르게 할 겁니다."

선생이 잠시 말을 멈췄다. 그러다가 다시 한 사람 한 사람을 둘러보며 말했다.

"이것으로 내가 여러분에게 할 말은 모두 마쳤습니다. 이제 갈릴리로 돌아가십시오. 모두에게 평안을 빕니다."

말을 마친 선생은 마당에 앉았던 이들 하나하나와 포옹하고 입을 맞추며 작별했다. 모두가 울었다. 선생의 눈에서도 계속 눈물이 흘렀다.

작별한 이들 중 일부는 갈릴리로 돌아갔다. 갈릴리라고 해서 나을 건 없었으나 그들에게 유대는 낯설고 황량한 사막이나 다름없었기 때문이다. 그러나 일부는 여전히 남았다. 그들은 위험을 무릅쓰고 끝까지 선생과 함께하려 했다. 특히 여자들이 그러했다.

52

해가 서쪽 하늘을 붉게 물들일 즈음에 기드론 골짜기 너머 성전에서 뿔나팔 소리가 길게 울렸다. 유월절 시작을 알리는 신호였다.

유대인들에게 유월절은 단순한 명절이 아니라 이스라엘의 해방을 기념하는 날이다. 그날 유대인들은 어린양의 고기를 씹으며 애굽 탈출을 준비하던 조상들을 떠올렸다. 집안 어른들은 아이들에게 모세가 애굽에 열 가지 재앙을 내려 바로 왕의 항복을 받아 낸 이야기를 들려주었다.

성전은 그곳에서 밤을 지새우려는 경건한 순례자들로 가득했다. 성전 북서쪽 안토니오 요새의 망루에도 불빛이 환했다. 기드론 골짜기에는 점차 어둠이 내리고, 골짜기 위 하늘에 별들이 나타나기 시작했다. 벳바게와 베다니의 민가와 여관의 숙소들에도 불이 커졌다. 사람들은 모두 집 안으로 들어가 나오지 않았다. 예루살렘 주변 전체가 폭풍 전야처럼 고요했다.

마르다와 마리아는 여관 다락방에 식탁을 마련했다. 선생과 제자들을 위한 만찬 자리였다. 선생이 요청한 것으로, 유월절 양고기 없이 빵과 포도주로만 차린 아주 소박한 식탁이었다.

선생과 제자들이 다락방으로 자리를 옮겼을 때 유다가 나타났다. 어디서 무엇을 하고 왔는지 눈이 퀭해 보였다. 선생은 아무것도 묻지 않았다. 유다를 바라보는 선생의 눈에는 측은한 마음이 가득했다.

식탁에는 선생 외에 시몬, 나, 야고보, 요한, 나다나엘, 작은 시몬, 그리고 유다가 앉았다. 제자들은 모두 침울했고 선생은 마음이 급한 듯 보였다. 선생이 빵을 떼려다 멈추더니 물었다.

"혹시 아직도 남아 있는 이들이 있는가?"

"천막에는 모르겠는데 여관에는 여자들 몇이 남아 있습니다."

시몬의 답이었다.

"그들도 올라오라고 하게."

요한이 지시를 받고 내려갔다 올라왔다. 곧이어 막달라 마리아, 살로메, 그리고 작은 야고보의 어머니 마리아가 다락으로 올라와 식탁에 앉았다. 식탁의 자리가 다 찼다 싶었을 때, 여관 주인인 마르다와 마리아 자매가 조심스럽게 들어왔다. 선생이 근심과 애원으로 그늘진 그들의 얼굴을 보더니 미소와 함께 손짓하며 자리를 권했다.

그렇게 다락방 식탁에는 선생과 남자 제자 일곱, 여자 다섯이 둘러앉았다.

선생이 나와 요한을 애틋한 눈으로 바라보며 말했다.

"유대 광야에서 자네 둘을 만난 게 엊그제 같은데 벌써 시간이 꽤 흘렀구먼."

이어서 남자 제자들을 둘러보며 말했다.

"그동안 많은 이들을 만나고 많은 일을 했으나 나에게 가장 소중했던 것은 자네들과 함께한 시간이었네."

이어서 선생은 여자들을 바라보았다.

"여기 자매들도 나의 제자일세. 하나님 나라는 남자와 여자, 부자와 가난한 자, 배운 자와 배우지 못한 자 모두가 하나 되는 나라라네. 세상의 불행은 부족함이 아니라 차별에서 나오네. 하나님의 백성을 자처하는 유대인들의 가장 큰 잘못은 차별을 제도화한 걸세. 그들은 율법을 내세워 끊임없이 사람들을 가르고 차별했네. 자네들은 그래서는 안 되네. 옳고 그름은 다퉈야 하지만, 다툼이 상대를 부정하고 차별하고 무시하는 데까지 나아가서는 안 되네."

선생이 모두를 측은하게 바라보았다.

"물론 자네들의 그런 노력은 한계에 부딪히게 될 걸세. 세상이 나를 미워하고 핍박했으니 자네들 역시 그런 경험을 하게 될 테지. 그때 그 싸움에서 지지 말게. 세상과의 싸움에서는 이기는 것보다도 지지 않는 게 중요하네. 지지 않으면 이기는 날이 올 걸세. 나를 기억하게. 그리고 자네들끼리 서로 사랑하고 지지하고 격려하게. 하나님 나라는 자네들이……."

선생의 말이 점점 장황해지고 있었다. 제자들은 귀를 기울였으나 마음은 이미 다른 곳에 가 있었다. 선생이 떠난 후에 우리는 어찌 될 것인가. 심지어 나는 어서 모든 게 끝나고 사나흘 긴 잠에 빠져들 수 있으면 좋겠다는 터무니없는 생각까지 했다.

그러나 아직 포기하지 않는 이가 있었다. 유다였다. 그가 선생의 말을 가로채며 말했다.

"선생님, 이것이 우리의 마지막이 되어서는 안 됩니다. 저는 선생님을 보내 드릴 준비가 되지 않았습니다."

선생이 괴로운 표정으로 눈을 감으며 말했다.

"유다! 자네는 아직도……."

"선생님의 뜻을 모르는 게 아니라, 동의할 수 없다는 겁니다. 우리는 이런 결과를 보려고 선생님을 따랐던 게 아닙니다."

유다의 얼굴에서는 실망감과 함께 분노가 나타났다.

"선생님이 자신을 이렇게 포기하시는 것은 그동안 선생님을 따랐던 이들을 배신하시는 겁니다."

시몬이 유다를 나무랐다.

"유다! 그 무슨 버릇없는 말인가!"

유다가 대들었다.

"형님! 형님이야말로 제자 노릇 똑바로 하십시오! 선생님이 죽음의 자리로 나아가신다는데 제자라는 자들이 이렇게 멀뚱거리며 앉아서 구경만 하는 게 옳습니까?"

유다가 식탁에 둘러앉은 이들을 쏘아보며 말을 이었다.

"어젯밤에 저는 비느하스를 다시 만났습니다. 비느하스는 예루살렘에서 벌어지는 모든 일에 대한 정보를 꿰차고 있는 사람입니다. 그는 선생님이 성전에서 하신 일뿐 아니라 산헤드린과 로마군 수비대의 반응에 대한 정보도 이미 갖고 있었습니다.”

요한이 물었다.

“그래서? 그쪽 반응이 어떻다고 하던가?”

“산헤드린 쪽은 잔뜩 격앙되어 있습니다. 선생님이 성전에서 소란을 피우고 논쟁을 통해 산헤드린 의원들을 궁지에 빠뜨린 일을 자신들의 권위와 권력에 대한 심각한 도전으로 여기고 있습니다. 무엇보다도 선생님이 다시 성전에서 소동을 일으킬 경우 로마군이 성전에 개입할 빌미를 줄 것이라고 크게 우려하고 있습니다. 대제사장 가야바는 이미 성전경비대장에게 선생님에 대한 체포 명령을 내린 상태입니다. 이제 선생님의 체포는 단순한 가능성이 아니라 시간문제입니다.”

유다의 말에 여자들의 입에서 비명이 터져 나왔다.

“더 큰 문제는 로마군입니다. 빌라도 역시 로마군 수비대의 정보망을 통해 선생님이 하신 일들을 이미 다 파악하고 있습니다. 수비대는 선생님과 산헤드린 의원들 사이에 벌어진 논쟁도 알면서 모른 척했을 뿐입니다. 성전에서 논쟁이 벌어졌다는 이유로 군대가 개입할 수는 없기 때문입니다. 그러나 지금은 성전으로 밀려드는 순례자들의 움직임 하나하나가 강한 폭발력을 지니는 유월절입니다. 로마군에게 성전에 개입할 명분을 주기에 가장 적절한 때입니다. 지금 빌라도는 선생님이 다시 한번 성전에서 소동을 일으켜 주기만을 바라고 있습니다. 즉각 군대를 움직여 성전의 실제 주인이 누구인지를 보여 주기 위해서 말입니다. 이제는 최소한의 소동만으로도 로마 군대가 움직일 겁니다.”

시몬이 물었다.

“그래서 도대체 어쩌자는 말인가?”

“이미 줄곧 제 생각을 말씀드렸습니다. 비느하스도 같은 생각이
고요. 우선 유월절이라는 민감한 기간만이라도 피하자는 겁니다.
일단 뒤로 물러나 위기를 넘기고 후일을 도모하자는 겁니다.”

나는 유다의 집요함에 놀라면서도, 그가 늘 같은 자리를 맴도는
것에 숨이 막혔다.

유다의 말을 듣던 선생이 자리에서 일어섰다. 이제 선생의 눈에
는 측은함과 분노가 같은 비율로 섞여 있었다.

“유다! 그만하거라! 그동안 나는 내 뜻을 이미 충분히 밝혔다.”

가이사랴 빌립보에서 시몬이 선생의 수난 예고에 이의를 제기
했을 때 선생이 시몬에게 보였던 바로 그 표정이었다.

“그럼에도 내 뜻을 따르지 않겠다면, 이제 더는 너를 나의 제자
로 여기지 않겠다!”

유다가 천천히 자리에서 일어섰다.

“그러시다면…… 제가 먼저 선생님 곁을 떠나겠습니다. 선생님
이 세례자 요한처럼 잡혀서 죽는다면, 스승과 제자 관계가 무슨
의미가 있겠습니까?”

유다는 선생에게 허리를 숙여 절한 후 다락방 문을 열고 나갔
다.

선생이 침통한 표정으로 눈을 감았다. 시몬이 나에게 눈짓했다.
나는 뛰어나가서 여관 문가에서 밤하늘을 쳐다보는 유다의 팔을

붙잡았다.

"유다! 이게 무슨 짓인가! 자네 정말로 선생님과의 관계를 이렇게 끝낼 생각인가?"

"안드레 형님, 형님도 제가 선생님께 꾸중을 들어야 할 만큼 형편없는 제자라고 여기십니까?"

유다의 눈에서 굵은 눈물이 뚝뚝 떨어졌다.

"아니, 좋습니다. 꾸중을 들어도 상관없어요. 하지만 저는 절대로 선생님을 이렇게 보내지 못해요. 선생님이 무슨 말씀을 하시든, 사람은 한 번 죽으면 그것으로 끝이에요. 형님은 어떨지 모르나, 저는 선생님이 없는 우리의 미래를 생각할 수 없어요. 무슨 수를 써서라도 선생님을 죽음에서 구해 낼 겁니다."

"무슨 수를 써서라도? 도대체 그게 무슨 소리인가?"

"사실은 어제 비느하스를 만난 직후, 성전경비대 측의 밀정 하나와 접촉했어요. 그쪽에서 먼저 저에게 연락해 왔어요."

"그쪽에서 뭐라고 하던가?"

"저더러 밤중에 선생님이 계신 곳을 알려 달라고 하더군요."

"그놈들 미친 거 아냐?"

"들어 보니 꼭 그런 것만은 아니더군요. 그쪽 사람들 말로는, 선생님이 성전에서 소란을 피우다 로마군에게 잡히면 죽지만, 성전경비대가 선생님을 잠시 가둬 두면 살 수 있다고 했어요. 체포되면 얼마간 고초를 겪기는 하겠지만 기본적으로 성전은 사형권을 갖고 있지 않아요. 그러니 유월절과 무교절 기간만 무사히 넘기고 빌라도가 가이사랴로 돌아가면 선생님을 석방할 수 있다는 겁니다.”

“그래서 자네는 뭐라고 했나?”

“생각해 보겠다고 했습니다.”

내가 유다의 멱살을 잡았다.

“유다! 그놈들이 아니라 네놈이 미쳤구나! 선생님을 넘기는 문제를 생각해 보겠다고 했다고?”

유다가 내 손을 뜯어내며 말했다.

“형님! 선생님이 내일이라도 다시 성전에 들어가서 소동을 피우면, 선생님은 꼼짝없이 죽어요. 로마 놈들이 기회만 노리고 있다고요.”

유다는 이미 결심이 선 것처럼 보였다. 그는 어떻게든 선생을 구해 내려 했다. 선생을 성전경비대에 넘겨서라도 말이다. 그것이 진정 선생을 위해서였는지, 선생을 통해 이루려 했던 자신의 꿈을 위해서였는지는 모르겠다. 하지만 선생의 안위를 걱정하는 마음만큼은 진심이었다.

내 손을 뿌리친 유다가 어둠 속으로 사라지면서 말했다.

“비느하스가 자기가 했던 약속을 한 번 더 확인해 주었어요. 선생님이 이번 유월절만 피해 주신다면 열심당이 어떤 방식으로든 선생님의 활동을 돕겠다고요. 그러니 제발 형님이 한 번만 더 선생님을 설득해 주세요.”

유다는 그 말을 남기고 돌아섰다. 그가 제 발로 걸어 들어간 어둠은 죽음처럼 고요했다.

53

유다를 보내고 다락방으로 돌아오니 선생이 자리에서 일어서고 있었다. 유다가 한 말을 전하자 선생의 눈시울이 붉어졌다.

"아! 유다! 도대체 그 무거운 짐을 어찌 감당하려는고!"

그러나 선생은 단호했다. 이제 유다가 돌아오지 못할 것이라고 했다. 그러면서 나에게 그동안 유다가 했던 일, 즉 갈릴리에서 온 이들을 돌보는 일을 맡으라고 했다. 갈릴리로 돌아가서도 계속 그들을 챙기라고 했다.

선생은 시몬, 야고보, 요한만 데리고 밖으로 나섰다. 행선지는 감람산 서쪽 기슭에 있는 야트막한 동산 겟세마네였다. 베다니에 와서 밤마다 선생이 기도하러 갔던 곳인지라 제자들은 모두 위치를 알고 있었다. 그날 선생은 늘 자신을 밀착 경호하느라 지쳐 있던 작은 시몬을 여관에 남겨 두었다. 유대인들이 거룩한 날로 여기는 유월절이니 별일 없을 거라고 했다. 그게 선생과의 마지막이 될 줄은 몰랐다.

여관에 남은 이들은 마당에 모닥불을 피우고 모여 앉았다. 갈릴리 사람들이 떠나서 마당은 휑했다. 불안해서였는지 모여 앉은 이들의 말은 겉돌았다. 선생이 없는 우리는 아무것도 아니었다. 형편없는 모습이었기에 우리 앞날이 더욱 걱정스러웠다. 그러나 앞날의 문제는 앞날의 문제였을 뿐이고, 지금 당장은 선생이 예고했던 죽음을 겪어 내야 했다. 우리 중 아무도 그 문제에 대해 말하지 못했다. 누구에게도 답이 없었기 때문이다.

자정이 막 지났을 때였다. 시몬과 야고보와 요한이 마당 안으로 뛰어들었다. 셋 다 넋이 빠져 있었다. 요한이 비명을 지르듯 말했다.

"선생님이 잡혀가셨어!"

여자들의 입에서 비명이 터졌다.

"아, 안 돼요! 안 돼요!"

그날 선생을 수행했던 세 사람의 이야기를 따르면, 겟세마네에 도착한 선생은 그들에게 처음으로 죽음에 대한 두려움을 온전하게 드러냈다. 선생의 얼굴은 달빛 아래에서도 창백했다. 관자놀이에는 식은땀이 흘렀고, 입에서는 단내가 났고, 다리는 후들거렸다. 세 사람은 선생이 쓰러지지 않도록 부축했다. 시몬이 여관으로 돌아가 쉬기를 권했으나 선생은 듣지 않았다.

선생은 혼자서 기도하고 싶다고 했다. 세 사람을 남겨 둔 채 동산 안쪽으로 조금 더 들어가 어느 바위 위에서 무릎을 꿇었다. 선생이 드리는 기도는 신음 같기도 했고 비명 같기도 했다. 세 사람은 선생과 함께 기도하고 싶었으나 할 수 없었다. 그때까지도 그들은 선생이 늘 아버지라고 부르는 하나님을 알지 못했다.

선생은 끙끙거리며 몸부림을 쳤다. 자신이 꿇어앉은 바위를 손으로 내리치기도 했다. 가끔 두 손을 치켜들고 하늘을 올려다보며 부르짖었다.

"아버지! 아버지!"

그러다가 한동안 죽은 듯 바위 위에 엎드렸다. 이제 기도가 끝났나 싶으면 다시 벌떡 일어나 같은 행동을 반복했다. 선생이 기도하는 동안 몇 차례 구름이 달을 가렸다.

기도는 세 사람을 지치게 할 정도로 길게 이어졌다. 세 사람은 선생이 처절하게 몸부림치는 동안에도 눈꺼풀의 무게를 이기지 못해 졸았던 것에 스스로 놀랐다. 그들은 모두 등을 기대고 앉아 있던 올리브나무 아래에서 잠이 들었다. 시몬은 코를 골기까지 했다.

잠에 취해 있다가 인기척에 놀라 깨어났을 때 선생이 그들을 내려다보고 있었다. 선생의 얼굴이 밤하늘을 배경 삼아 빛나고 있었다. 아까의 창백함과는 다른 빛남이었다. 이제 선생은 모든 것을 초월한 듯 보였다. 입술은 평온하게 다물어져 있었고, 눈빛은 무엇에도 흔들리지 않을 만큼 깊고 고요했다.

잠에서 깬 세 사람은 몸 둘 바를 모를 지경이었는데, 선생이 그들 어깨 너머로 눈길을 주며 담담하게 말했다.

"저기 유다가 오는구나."

세 사람이 뒤를 돌아보았다. 동산 아래쪽에서 횃불이 움직이는 게 보였다. 세 사람이 선생을 피신시키려 했으나 선생은 움직이지 않았다. 이도 저도 못 하고 우왕좌왕하면서 횃불이 다가오는 것을 지켜볼 수밖에 없었다.

다가온 이들은 서른 명 정도였다. 모두 건장한 사내들로 손에 칼이나 몽둥이, 노끈을 들고 있었다.

그들을 이끌고 온 유다가 선생에게 허리를 숙여 절했다.

"선생님!"

그러자 건장한 사내 셋이 선생에게 접근했다. 시몬이 가슴에 품고 있던 단도를 뽑아 들고 그들을 막아섰다. 시몬의 단도를 본 사내들은 일제히 무기를 치켜들었다.

그때 선생이 말했다.

"시몬! 칼을 내려라. 이미 정해진 일이다."

시몬은 말을 듣지 않았다. 시몬은 좌우로 크게 단도를 휘두르며 사내들이 접근하지 못하게 막았다. 그러자 선생이 시몬 앞으로 나서며 횃불을 든 이들에게 말했다.

"당신들의 목적은 나 아니오? 순순히 따라갈 테니 이 사람들은 보내 주시오."

무리의 우두머리인 듯 보이는 이가 말했다.

"좋소. 성전경비대장이 우리에게 데려오라고 한 이는 당신뿐이오. 당신이 순순히 간다면 다른 이들은 상관하지 않겠소."

선생이 제자들에게 말했다.

"시몬, 야고보, 요한! 이제 모두 끝났다. 그러니 여관에 남은 이들과 함께 서둘러 갈릴리로 돌아가거라. 거기서 너희의 일을 하거라."

너무도 단호한 말에, 셋은 더는 아무것도 할 수가 없었다. 그들이 얼어붙은 듯 서 있는 사이에 횃불을 든 이들이 선생을 사방으로 포위했다. 어떤 이가 선생의 양손을 노끈으로 묶으려 하자 유다가 거칠게 항의했다.

"당신들은 선생님을 모셔 오라는 지시를 받았던 것 아니오?"

무리의 우두머리가 잠시 생각하더니 노끈을 든 이에게 고갯짓을 했다. 그가 선생의 몸에서 손을 떼었다. 대신 사내 둘이 곁으로 다가와 선생의 두 팔에 자기들의 팔을 걸었다.

54

　횃불은 동산 아래로 내려갔다. 멍한 상태로 횃불이 멀어지는 장면을 바라보던 세 사람은 그제야 정신을 차렸다. 몇 걸음 떨어진 곳에 유다가 얼어붙은 듯 서 있었다.
　유다를 발견한 시몬이 단도를 허리춤으로 끌어올리며 그에게 달려들었다. 야고보와 요한이 막아서지 않았다면, 그날 시몬은 유다를 죽였을 것이다.
　유다가 씩씩거리는 시몬 앞에서 무릎을 꿇으며 꺼이꺼이 울었다.
　"형님! 저는 선생님을 살리기 위해 이렇게 한 겁니다."
　시몬이 소리쳤다.
　"닥쳐라! 네놈은 용서받을 수 없는 배신자야!"
　"형님! 성전 사람들이 저에게 약속했어요. 유월절과 무교절이 끝나면 선생님을 풀어 주겠다고요. 선생님이 로마 군인들에게 체포되어 죽게 하지 않겠다고요. 저는 성전 사람들을 이용해서라도 선생님을 살리고 싶었을 뿐이에요."
　그 말에 시몬이 울컥했다. 그가 무릎을 꿇더니 주먹으로 유다의 가슴팍을 치면서 말했다.
　"아이고, 이놈아! 진정 모르겠니? 선생님은 스스로 죽기로 결심하셨어. 지금 상황에서 그분은 이렇게든 저렇게든 죽으실 수밖에 없어. 아무리 그렇더라도 왜 하필이면 네가 선생님을 죽음의 자리로 넘겼느냐는 말이다. 이 모자란 놈아!"

그러자 유다가 울부짖으며 답했다.

"죽기는 누가 죽어요? 선생님은 안 죽어요. 성전 사람들이 약속했다고요!"

"아이고, 이놈아! 그렇게 똑똑한 척하더니 어째서 이렇게 중요한 문제에서 판단이 흐려진 거냐? 성전 사람들의 약속을 믿다니……."

그때 야고보가 시몬에게 서둘러 여관으로 돌아가자고 재촉했다.

"형님, 이러고 있을 때가 아니에요. 얼른 돌아가서 이 소식을 알려야지요."

시몬과 야고보와 요한은 여관으로 돌아가기로 했다. 유다는 함께하지 못했다. 이제 그는 더 이상 선생의 무리에 섞일 수 없는 존재가 되었다. 세 사람은 동산의 어둠 속에 유다를 남겨 둔 채 서둘러 여관으로 향했다.

55

세 사람이 돌아와 전한 소식에 모두가 경악했다. 유다의 말을 들었기에 예상은 하고 있었음에도 나 역시 하늘이 무너지고 땅이

꺼지는 것 같았다. 선생은 어찌 될까? 우리는? 유다는?

그날 밤 우리 중에 선생이 처한 상황을 아는 이는 아무도 없었다. 상황을 모르니 무엇을 해야 할지도 몰랐다. 우리는 밤새 불안해하며 떨었다.

동이 틀 무렵에 비느하스가 사람을 보내왔다. 비느하스는 오래전부터 대제사장 가야바 곁에 첩자 둘을 심어 두었는데, 그중 하나가 얼마 전부터 가야바의 시종 노릇을 하고 있었다. 그를 통해 정보를 얻은 비느하스가 우리에게 사람을 보내 소식을 전했다.

선생은 체포된 직후 대제사장 가야바의 집으로 연행되었다. 예루살렘 윗구역에 있는 가야바의 집에는 대산헤드린 의원들이 모여 있었다. 거기에는 성전경비대장, 주간 당직 사제들을 통솔하는 책임자, 전날 성전에서 선생과 논쟁한 이들 중 두 사람이 포함되어 있었다. 모두 사두개파였다.

한밤중에 열린 그 모임은 대산헤드린의 공식 회의가 아니었다. 가야바는 다음 날 아침에 열릴 대산헤드린 회의에 앞서 사안을 파악하고 싶어 했다. 무엇보다도 선생의 말을 직접 듣고, 재판에 넘길 이유를 마련하고자 했다. 일전에 자기가 보냈던 의원들이 선생과의 논쟁에서 완패했던 일이 대산헤드린의 재판정에서 재연되지 않도록 준비할 필요도 있었다. 그가 그 늦은 시간에 선생을 성전경비대 감옥이 아닌 자기 집으로 끌고 오게 한 이유였다.

선생을 잡아 오기는 했으나, 대제사장 측 사람들은 선생을 재판에 넘길 이유를 찾지 못했다. 선생이 성전 뜰에서 일으킨 소동은 대산헤드린이 개입할 정도의 사안이 아니었다. 명절 기간에 순

갈릴리

례자들과 상인들 사이에 벌어지는 다툼은 늘 있는 일이었다. 비록 선생이 일으킨 소동의 규모가 작지는 않았고, 소동을 벌이면서 "오늘 당신들은 이곳을 강도들의 소굴로 만들었구려!"라고 비판한 것은 문제가 될 수 있었으나, 그 역시 대산헤드린이 나서야 할 정도는 아니었다. 그 정도의 비판은 그동안 대산헤드린 내의 야당인 바리새파, 그중에서도 힐렐파가 종종 제기해 왔던 것이기 때문이다. 그렇다고 선생이 열심당처럼 폭력을 사용한 것도 아니었다. 대산헤드린은 성전경비대의 첩보로 선생이 열심당의 제안을 여러 차례 받았음에도 전부 거부했다는 사실도 파악하고 있었다. 선생은 논쟁은 하지만 칼을 들지는 않았다. 누구도 해친 적이 없고, 오히려 많은 이들의 병을 고쳐 주었다. 그뿐 아니라 선생은 그 흔한 선동가들처럼 자신을 메시아라고 주장하지도 않았다. 대개 유대인들은 메시아가 다윗의 후손 중에서 나타날 것이라고 믿었는데, 선생은 지금껏 단 한 번도 자신을 그렇게 칭한 적이 없었다. 적어도 공개적으로는 그랬다. 게다가 엊그제는 대산헤드린 의원들 앞에서 자신이 다윗의 자손이 아니라고 말하기까지 했다.

측근들이 죄목을 찾지 못하고 끙끙거리자 가야바가 직접 나섰다. 그가 선생에게 싸늘하게 물었다.

"자네가 칭송받을 자의 아들인가?"

그 질문에 선생이 되물었다.

"왜 그렇게 묻는 겁니까?"

"자네가 늘 하나님을 '나의 아버지'라고 부른다기에 묻는 것이다. 다시 묻겠다. 자네가 칭송 받을 자의 아들인가?"

"그렇소. 나는 그분의 아들이고 그분은 나의 아버지시오."

가야바의 길고 가는 눈이 더 가늘어졌다.

"하나 더 묻겠다. 나는 자네가 줄곧 사람들에게 하나님 나라가 이미 왔다고 주장한다고 들었다. 맞는가?"

"맞습니다."

"그렇다면, 자네는 하나님의 아들인데 그분의 나라가 이미 세상에 왔으니, 지금 자네가 이 세상의 왕이라는 뜻이 되겠구나. 맞는가?"

선생의 말을 교묘하게 종합한 주장이었다.

선생은 무언가를 말하려다가 말았다. 노회한 정치꾼인 대제사장이 펼치는 그물망이 촘촘해서 빠져나가기 어렵다고 여겨서인 듯했다.

가야바가 다시 물었다.

"답하라. 자네가 세상의 왕인가?"

선생이 가야바의 눈을 똑바로 쳐다보며 답했다.

"내가 아닌 당신의 논리이기는 하나…… 맞소이다."

"자네가 말하는 그 세상에 이 유대도 포함되는가?"

"물론입니다. 유대 역시 하나님의 세상입니다."

가야바가 잠시 침묵하다가 선생에게 고개를 끄덕이며 말했다.

"그러니까 결국 자네가 유대인의 왕이라는 거로군."

"……"

"맞는가? 답하라."

"……그것 역시 당신의 논리이기는 하나, 맞소."

갈릴리

"됐다. 충분하다."

가야바가 성전경비대장에게 눈짓하자 경비대장이 밖에 대기하고 있던 병사 둘을 불러들였다. 그들이 선생을 포승줄로 결박한 후 밖으로 끌어냈다.

선생이 나가자 가야바가 좌중을 향해 말했다.

"죄목은 정해졌소. 반역죄요."

자리에 앉아 있던 이들의 눈이 동그래졌다. 가야바가 한심하다는 듯 그들을 둘러보며 말했다.

"자기가 유대의 왕이라고 하잖소. 로마 황제에 대한 반역죄란 말이오."

성전경비대장이 물었다.

"반역죄라면 빌라도에게 넘겨야 하는 것 아닙니까?"

"그렇소."

가야바의 눈이 반짝거렸다.

"내일 아침에 저자를 빌라도에게 넘길 것이오. 우리로서는 일석이조가 될 것이오. 앓던 이도 뽑고 빌라도가 성전에 개입할 빌미도 함께 없앨 수 있을 것이오. 지금 빌라도는 저자가 성전에서 소동을 일으키기만 바라고 있을 텐데, 우리가 먼저 저자를 넘기면 빌라도는 허를 찔리게 될 것이오."

경비대장이 무릎을 쳤다.

"기막힌 포석입니다!"

전날 선생과 논쟁을 벌였던 의원 하나가 혼잣말하듯 중얼거렸다.

"그 기막힌 포석 때문에 저 사람은 죽게 되었구려. 반역죄면 꼼짝없이 십자가형인데……."

우리가 비느하스의 사람에게서 들은 말은 거기까지였다.

다시 모든 것이 오리무중 상태가 되었다. 한 가지 분명한 점은 유다의 바람과 예측이 틀렸다는 것이었다. 유다는 선생을 사형권을 갖고 있지 않은 성전 사람들에게 붙잡아 둠으로써 로마 군대의 손아귀에서 벗어나게 할 수 있다고 여겼다. 하지만 가야바는 선생을 자기 손으로 빌라도에게 넘김으로써 자신이 빌라도의 손아귀에서 벗어나는 쪽을 택했다.

56

동이 트자마자 우리는 예루살렘으로 달려갔다. 성전 뜰로 들어가 닥치는 대로 사람들을 만나 간밤의 소식을 물었다.

세상에 소문보다 빠른 것은 없다. 이미 선생의 체포에 대해 아는 사람들이 있었다. 가장 빠른 소문의 진원지는 새벽에 대제사장 집에 물을 길어다 주고 돈을 받는 이들이었다. 그들은 물동이를 들고 가야바의 집으로 갔다가, 어떤 이가 노끈에 묶인 채 나와서 대산헤드린 재판소 쪽으로 끌려가는 장면을 보았다. 소식을 접한 우리는 재판소로 달려갔다.

아직 이른 시간이어서인지 재판소 앞에는 사람이 거의 없었다. 우리가 서서 웅성거리자 비로소 몇 사람이 다가와 무슨 일이냐고

물었다. 우리는 선생과의 연관성이 드러나는 게 두려워 그냥 우물
거리고 말았다.

선생은 재판소에 오래 머물지 않았다. 우리가 도착하고 한 식경
이 지났을 때 선생이 포박된 상태로 재판소에서 나왔다. 포승줄에
묶인 선생이 재판소 앞에 모여 있는 우리를 보았다. 시몬이 무언
가 말하려고 했으나 선생이 고개를 가로저었다. 아는 체하지 말라
는 뜻이었다.

선생의 다음 행선지는 총독 관저였다. 선생이 총독 관저로 끌려
갈 때 대산헤드린 의원들 상당수와 수하들이 뒤따라갔다. 총독에
게 자신들이 원하는 방향으로 압력을 넣기 위해서였을 것이다.

예상치 못했던 대산헤드린 의원들의 행차에 호기심을 느낀 순
례자들도 뒤를 따랐다. 우리도 그 무리에 끼어 순례자인 척 따라
갔다. 가는 동안 좌우를 살피다가 아는 얼굴 둘을 발견했다. 요세
와 아비람이었다. 그들도 우리를 알아보았다. 두 사람은 우리에게
경멸 섞인 미소를 보냈다. 그들의 시선을 피하면서 나는 나 자신
이 더러운 벌레처럼 느껴졌다.

선생이 총독 관저로 들어가고 다시 한 식경이 지났을 때 관저
이층 베란다에 빌라도가 모습을 드러냈다. 아침이고 관저여서였
는지 빌라도는 군복이 아닌 흰색 토가를 입고 있었다. 빌라도는
관저 마당에 모여 있는 이들이 못마땅한 듯 인상을 쓰더니 입을
열었다.

"당신네 지도자들이 예수라는 자를 반역죄로 고발했소. 나는 그
를 심문해 보았으나 별다른 반역의 증거를 찾지 못했소. 당신네

지도자들이 하는 말은 온통 당신네들 종교에 관한 것뿐이었소. 로마는 황제 폐하의 통치 지역 내의 종교에 상관하지 않소. 해서 나는 예수라는 자를 처벌하기를 원치 않소.”

불쾌한 표정과 짜증스러운 어투를 보니, 빌라도는 자신이 여우 같은 가야바의 술책에 걸려들었음을 알아차린 것 같았다. 성전에 개입할 좋은 패 하나를 잃어버렸을 뿐 아니라 오히려 자신이 가야바의 뜻대로 움직여야 할 형편이 되었으니 불쾌할 수밖에 없었을 것이다. 빌라도는 냉혹한 군인이었다. 필요하다면 수백 수천 명이라도 서슴없이 죽일 수 있는 사람이었다. 그런 이가 선생을 두둔하는 것은 선생의 목숨이 귀해서가 아니었다. 그는 그저 여우 가야바가 원하는 대로 해주기가 싫었을 뿐이다.

하지만 가야바는 빌라도의 그런 반응을 예측하고 대비책까지 마련해 두었다. 관저까지 따라갔던 대산헤드린 의원들과 수하들이 일제히 소리를 질렀다.

“그자는 반역자요! 그동안 자신이 세상의 왕이라고 떠들고 다녔소!”

“총독 각하가 그를 처벌하지 않는다면 황제 폐하의 충신이라고 할 수 없소!”

“갈릴리의 분봉왕 안디바조차 그를 잡아 처벌하려고 했소!”

마지막 말의 음성이 익숙해서 돌아보니 요세였다. 그의 눈빛은 증오와 복수심으로 이글거리고 있었다. 요세가 말을 이었다.

“그자는 지난 몇 개월 동안 갈릴리 전역을 돌며 민심을 어지럽혔소. 내가 여러 차례 설득해 보았으나 요지부동이었소. 그자를 그냥 놔둔다면, 머지않아 예루살렘과 유대까지 뒤숭숭해질 것이오. 각하는 제국의 평화를 위해서라도 그자를 반드시 처벌하셔야 하오!"

빌라도는 자신의 말이 먹히지 않음을 간파했다. 그렇다고 쉽게 물러서기에는 자존심이 상하는 것 같았다. 그가 참모 하나를 불러서 잠시 숙덕이더니 무리를 향해 말했다.

"제국과 황제 폐하를 위하는 당신들 마음은 잘 알겠소. 그런데 당신들도 알다시피, 유대인의 명절이 되면 총독이 사형수 하나를 놓아주는 관례가 있소. 지금 내 수중에는 예수라는 자 말고도 사형수가 하나 더 있소. 바라바라는 자인데, 마침 오늘 십자가형에 처하기로 되어 있소. 당신들 생각은 어떠하오? 내가 예수와 바라바 중 누구를 풀어 주면 좋겠소?"

빌라도가 던진 마지막 패였다. 바라바는 유대인들 사이에서 꽤 유명한 열심당원으로 그동안 줄곧 성전 사람들에게 실제적인 위협이 되었던 자였다. 특히 성전 사람들은 지난 몇 년간 바라바 때문에 골머리를 앓았다. 반면에 선생은 그저 몇 차례 논쟁이나 했던 사람일 뿐이니, 굳이 한 사람을 택해야 한다면, 당연히 선생을 택할 것이라고 여긴 듯했다.

하지만 빌라도의 패는 유효하지 않았다. 여우 가야바는 빌라도의 마지막 패까지 읽고 있었다. 그는 이미 자신의 수하들에게 바라바의 석방을 요구하도록 지시해 두었다. 무리가 일제히 소리쳤다.

"바라바요! 바라바를 풀어 주시오!"

바라바는 석 달 전에 예루살렘 아랫구역에서 유대 여자를 겁탈하던 로마 군인 둘을 칼로 찔러 죽인 직후에 체포되었다. 가야바는 유대의 민중이 바라바를 향해 품고 있는 마음을 알았다. 바라바를 살려 낸다면 유대 민중의 마음을 얼마간 다독거릴 수 있을 것이다. 반면에 선생은 소문만 무성했을 뿐 유대인들에게는 별 의미가 없었다. 갈릴리에서라면 모를까, 유대에서 선생은 민중이 열망하는 대상이 아니었다.

빌라도는 머리 회전이 빠른 사람이었다. 그는 자신이 가야바에게 패했음을 알았다. 나갈 때와 물러설 때를 아는 것, 그것이 빌라도가 지금까지 승승장구해 온 비결 중 하나였다. 빌라도는 승패가 결정된 일에 더는 시간을 낭비하고 싶지 않은 듯했다. 그가 베란다 밑에 모인 무리를 향해 말했다.

"좋소. 당신들이 원하는 대로 하겠소."

빌라도가 곁에 서 있던 부관에게 명령했다.

"바라바는 석방하라! 예수는 십자가형에 처하라!"

빌라도는 그 말을 남기고 내실로 들어갔다.

선생은 총독 관저에서 안토니오 수비대로 이송되었고, 그곳 마당에서 채찍질을 당했다. 가죽 끝에 쇳조각이 달린 채찍이 선생의 몸 곳곳에서 살점을 뜯어냈다. 오른쪽 등에서는 어깨뼈가 드러날 정도였다.

채찍질이 끝난 후에는 마당에 놓여 있던 십자가의 가로대를 짊어지고 처형지인 예루살렘 북쪽의 황량한 언덕 골고다까지 올라가야 했다. 골고다에는 십자가의 세로대가 세워져 있었다. 처형을 집행하는 로마 병사들이 십자가 밑에서 선생을 완전하게 발가벗겠다. 고통과 함께 수치를 주기 위해서였다. 이어서 선생을 가로대에 눕혀 양쪽 팔목에 대못을 박았다. 못 박힌 양팔을 밧줄로 가로대에 묶었다. 십자가에 달리는 동안 몸무게 때문에 팔목 근육이 찢어져 몸이 떨어지는 일을 방지하기 위해서였다. 준비 작업을 마친 병사들은 가로대를 들어 올려 세로대에 고정했다. 마지막으로 두 발을 포갠 상태로 발등에 대못을 박아 세로대에 고정하고 발밑에 받침대를 부착했다. 그것 역시 몸이 십자가에서 떨어지지 않게 하는 장치였다.

로마 제국의 십자가형은 죄수를 가장 고통스럽게 죽이는 사형 방법이었다. 형의 목적은 단순히 죄수를 죽이는 것이 아니라, 사람들이 그 죽음의 고통을 지켜보며 로마에 저항할 의지를 갖지 못하게 하는 것이었다. 십자가형은 주로 로마에 맞서 반역을 일으킨 자들에게 적용되었다. 나는 갈릴리에서 몇 차례 십자가형을 목격했다. 채찍질을 당해 만신창이가 된 채 십자가에 달린 죄수들은 몸 안의 모든 체액을 쏟아 내며 죽음을 기다렸다. 죄수가 죽는 데는 하루나 이틀이 걸렸다. 죄수는 혼절했다 깨어나기를 거듭했다. 그러는 사이에 독수리나 들개가 몰려와 아직 살아 있는 죄수의 몸을 뜯어먹었다. 죄수는 결국 온갖 고통을 겪다가 탈진해서 죽었다.

그날 우리는 구경꾼 무리에 섞여 골고다 언덕까지 갔었다. 선생을 지키지는 못했으나 그의 마지막이라도 함께해야 한다는 생각 때문이었다. 그럼에도 우리는 선생이 달린 십자가에 가까이 다가가지 못했다. 무서워서였다. 우리는 선생의 죽음을 지켜보는 것이 무서웠다. 선생의 죽음과 함께 우리의 모든 꿈이 산산이 부서졌음을 확인하는 것이 무서웠다. 무엇보다도 누군가가 우리를 선생의 제자들이라고 알리지 않을까 두려웠다. 우리는 십자가에서 조금 떨어진 채 웅성거리는 구경꾼 무리에 섞여 있었을 뿐이다.

우리 중에 선생의 십자가 밑까지 갔던 이들은 막달라 마리아와 살로메 그리고 작은 야고보의 어머니 마리아, 그렇게 셋뿐이었다. 로마 병사들이 욕설을 퍼부으며 사람들을 밀어냈으나, 여자들은 꼼짝하지 않고 십자가 밑에 앉아 있었다. 그들의 초연함에 놀랐는 지 로마 병사들도 못 본 척 내버려두었다.

놀랍게도 그날 막달라 마리아는 소리 내어 울지 않았다. 그저 하염없이 눈물을 떨구며 십자가에 달린 선생을 바라보았을 뿐이 다. 극심한 고통 속에서 몸부림치며 고개를 젓던 선생이 몇 차례 마리아와 눈이 마주쳤다. 하지만 고통을 견디기 어려웠는지 이내 고개를 저으며 눈을 감았다. 선생은 혼절을 거듭했다.

제구시* 즈음에 선생이 하늘을 향해 무언가 알아듣기 어려운 소 리를 내지르더니 고개를 떨궜다. 그리고 다시는 움직이지 않았다.

57

선생이 절명하자 구경꾼들은 하나둘 자리를 떴다. 그들이 골고

---

*

예수가 살았던 후기 고대 세계에서는 낮 시간을 아침 여섯 시부터 저녁 여섯 시까지 열두 시간으로 나눴다. 제구시(마가복음 15:34)는 오늘날의 오후 세 시 정도로 볼 수 있다.

갈릴리

다를 떠날 때 우리도 그들과 함께 슬금슬금 자리를 떴다. 사람들이 떠난 자리에 남아 있다가 로마 군인들에게 붙잡혀 봉변당하지 않을까 두려워서였다. 골고다 언덕에는 십자가형을 집행한 로마 군인들, 대제사장의 수하들 몇, 그리고 갈릴리에서 온 여자들 셋만 남았다.

골고다에서 내려온 우리는 정신없이 걸어서 기드론 골짜기를 건넜다. 베다니의 여관에 이르니 선생의 처형 소식이 이미 그곳까지 전해져 있었다. 혼이 빠진 듯 휘적거리며 여관 안으로 들어서는 우리를 보더니 마르다와 마리아 자매가 비명을 질렀다. 그제야 우리도 서로 부둥켜안고 울었다. 울면서 알았다. 이제 선생이 우리 곁에 없다는 것을. 그가 다시는 우리와 함께할 수 없다는 것을.

우리는 저녁 늦게 여관 다락방에 모여 앉았다. 모여 앉기는 했는데 어제와 달리 자리가 듬성듬성했다. 우선 늘 선생이 앉던 식탁의 가운데 자리가 비어 있었다. 모인 이의 수도 적었다. 시몬, 나, 야고보, 요한, 나다나엘, 작은 시몬, 그리고 마르다와 마리아. 그렇게 여덟 명뿐이었다. 막달라 마리아, 살로메, 작은 야고보의 어머니 마리아는 아직 돌아오지 않았다. 그녀들의 안위가 걱정스럽기는 했으나 선생을 잃었다는 상실감이 걱정을 압도했다.

누구도 입을 열지 않았다. 슬픔과 두려움에 지치기도 했지만, 이 상황을 어떻게 이해해야 할지, 앞으로 무엇을 어떻게 해야 할지 헤아릴 수 없었기 때문이다. 방 안에 납덩이처럼 무거운 침묵이 흘렀다.

침묵 속에서 나는 선생과 함께했던 시간을 떠올렸다. 유대 광야에서의 첫 만남, 가버나움으로의 초대, 제자가 되기 전에 나눴던 대화, 선생이 병자들을 고치고 가난한 이들을 돌보며 보였던 열정, 현실적으로 느껴지지 않았음에도 끊임없이 사람들을 매료시켰던 하나님 나라에 대한 설명, 가버나움의 장로들 특히 요세와의 가파른 설전, 고단하지만 벅찼던 갈릴리 마을들로의 순회 여행, 안디바의 체포 명령, 도피, 가이사랴 빌립보에서 있었던 시몬의 고백, 자신의 죽음에 대한 선생의 예고, 데가볼리와 사마리아에서 겪었던 일들, 여리고 세관장 삭개오의 회심과 그가 보여 준 환대, 떠들썩했던 예루살렘 성전 입성, 산헤드린 의원들과의 논쟁, 유다의 안타까운 고집, 선생이 겟세마네에서 드러냈던 처절한 두려움과 외로움, 체포, 그리고 십자가……. 모든 게 잠시 왔다가 떠난 한순간의 꿈 같았다.

슬픔과 두려움을 넘어 허탈함이 밀려왔다. 우리의 결국이 이러하다면, 도대체 그동안 선생은 무엇을 위해 그렇게 애썼던 것일까? 많은 것을 포기하고 선생을 따랐던 우리는 어떻게 살아야 하는가? 세상의 쓰레기 취급을 받다가 선생에게서 느닷없는 희망을 찾았던 갈릴리의 가난한 자들은 다시 이전의 삶으로 돌아가야 하는가?

물론 선생은 떠나기 전에 누누이 강조했다. 우리가 세상에 뿌려진 하나님 나라의 씨앗이라고. 그러니 우리가 자신이 시작한 일을 계속해 나가야 한다고. 하지만 우리는 선생의 말을 단순한 격려로 여겼을 뿐 현실로 받아들이지 않았다. 우리 자신이 얼마나 형편없는 존재인지 너무도 잘 알았기 때문이다. 선생과 함께할 때 우리는 세상 무엇도 부럽거나 두렵지 않았다. 우리의 옆과 뒤에 선생이 있다는 믿음이 우리를 강하고 담대하게 만들었다. 그런데 우리 존재의 근거이자 보호막이었던 선생이 물거품처럼 터져서 사라졌다. 이런 상태에서 우리가 무엇을 할 수 있단 말인가?

숨이 막혔다. 방 안의 공기가 모두 사라진 듯한 느낌이었다. 창가에 앉았던 요한이 덧문을 들어 올렸다. 일순간 상쾌한 공기가 방 안으로 들어왔다. 감람산 등성이에서 울어 대는 밤새 소리와 여관 인근 올리브나무의 나뭇잎 냄새가 함께 섞여서 들어왔다. 그날 겪은 참혹한 일만 없었다면 더할 나위 없이 풍요롭고 고즈넉한 봄밤이었을 것이다.

창밖을 내다보던 요한이 말했다.

"여자들이 돌아왔어요."

잠시 후 막달라 마리아와 두 여자가 다락방 안으로 들어왔다. 마르다와 마리아 자매가 그들을 부둥켜안으며 다시 통곡했다. 이번에는 막달라 마리아도 목 놓아 울었다.

마리아는 탈진할 때까지 울고 난 뒤 우리가 떠난 이후의 상황을 전했다. 로마 군인들은 선생을 십자가에 매단 채 방치하려 했다. 사형수의 시신을 방치하는 것은 십자가형의 한 부분이었다. 시신은 며칠이고 십자가에 매달린 상태로 독수리와 들개, 벌레들의 먹이가 되었다. 절차상 선생의 시신도 같은 과정을 겪어야 했다.

한데 해가 질 무렵에 안토니오 요새에서 전령 하나가 말을 타고 달려왔다. 전령은 사형을 집행한 병사들의 우두머리인 백부장에게 상부의 지시를 전했다. 백부장은 병사들에게 무언가를 지시했다. 병사 하나가 창을 들어 올려 선생의 옆구리를 찔렀다. 아직 몸에 남아 있던 물과 피가 쏟아졌다. 선생은 물과 피를 모두 쏟으면서도 꿈쩍하지 않았다. 선생의 죽음을 확인한 병사들이 선생의 시신을 십자가에서 끌어 내렸다. 형장에 남아 있던 대제사장의 수하들이 항의했으나 백부장은 그들을 물리치고 지시 사항을 이행했다.

여자들이 십자가 밑에 눕혀진 선생의 시신에 다가가려 했으나 병사들이 가로막았다. 잠시 후 언덕 아래에서 사내 둘이 수레 하나를 밀고 올라왔다. 그들은 백부장의 허락을 받은 후 선생의 시신을 수레에 실었다. 수레는 로마 병사 다섯의 호위를 받으며 골고다 근처 동산에 있는 어느 무덤으로 이동했다. 대제사장의 수하들도 동행했다. 바위벽을 파서 만든 무덤은 아직 아무도 사용한 적이 없는 새것이었다. 사내들은 선생을 무덤에 넣은 후 돌을 굴려 입구를 막았다.

로마 말을 알아듣지 못하는 여자들은 상황을 이해할 수 없었다. 나중에 모든 일을 마치고 돌아가던 대제사장의 수하 중 하나가 여자들에게 상황을 설명해 주었다. 설명에 따르면, 아리마대 사람 요셉이라는 대산헤드린 의원이 빌라도에게 선생의 시신을 내어 달라고 요청했다. 해가 지면 안식일이 시작되는데 유대법상 안식일에 시신을 나무에 매달아 둘 수는 없다는 나름 타당한 이유를 들어서였다. 요셉은 매우 부유하고 유력한 자로 평소에도 빌라도와 교분이 있었다. 어떻게든 대제사장의 뜻에 어깃장을 놓고 싶어 했던 빌라도는 못 이기는 척 요셉의 청을 들어주었다. 요셉은 선생

  갈릴리

의 시신을 얼마 전에 마련한 자신의 가족묘에 매장하도록 종들에게 지시했다. 막달라 마리아와 두 여자는 선생이 매장되는 장면을 보고 베다니로 돌아왔다.

선생이 매장되었다는 소식은 우리에게 안도감과 허탈감을 동시에 안겨 주었다. 선생이 십자가형을 당한 다른 죄수들처럼 짐승들에게 뜯기지 않게 된 것은 안도할 일이었다. 하지만 선생이 돌무덤 안에 누워 있다는 것은 이제 정말로 모든 게 끝났음을 의미했다.

밤이 깊어져 가고 있었다. 깊은 슬픔과 두려움 속에서도, 놀랍게도, 잠이 몰려왔다. 하지만 그 누구도 자자는 말을 하지 못했다.

내가 몰려오는 졸음과 어떻게든 깨어 있어야 한다는 의지 사이에서 비몽사몽간에 있을 때였다. 누군가 다락방 문을 두드렸다. 방문을 열어 보니 어젯밤에 왔던 이, 비느하스가 보낸 사람이었다. 이번에도 그는 비느하스가 전하는 소식을 들고 왔다.

"유다가 죽었소."

그가 덤덤하게 말했다.

"골고다 근처에서 목을 맸다고 하오. 아마도 예수 선생의 처형을 지켜본 후 자책감을 이기지 못했던 것 같소."

"유다! 이 망할 놈! 너는 그렇게 죽으면 안 되는 거였어!"

시몬이 손바닥으로 얼굴을 감싸며 한 말이었다.

그러나 더는 아무도 그에 대해 말하지 않았다. 배신자의 죽음을 기뻐하기도, 동료의 죽음을 슬퍼하기도 어려웠다. 정말 우습게도 그 순간 나는 선생을 떠올렸다. 세상 모든 질문에 답을 갖고 있던 선생이라면 이럴 때 무슨 말을 했을까.

비느하스가 보낸 이가 말을 이었다.

"우리의 첩보에 의하면, 가야바가 당신들을 주시하고 있소."

다락방 안에 미묘한 긴장이 흘렀다.

시몬이 물었다.

"선생님도 안 계신데 왜 우리를 주시한다는 거요?"

"가야바도 저녁이 다 되어서야 소문을 들은 것 같소."

"소문이요?"

"예수 선생이 생전에 당신들에게 자신의 일을 위임했다는……."

"그게 뭐 어떻다는 거요? 선생이 제자를 가르치고 제자가 선생을 따르는 것은 어느 집단에서든 하는 일 아니오?"

"그렇기는 하나 예수 선생의 경우는 좀 특이하지요."

비느하스가 보낸 이가 우리를 둘러보며 말했다.

"가야바는 그동안 예수 선생이 줄곧 성전과 율법을 부정하고 비판해 왔음을 알고 있었는데, 그래서 기어이 선생을 죽인 것인데, 이제 제자들인 당신들이 같은 일을 하지 않을까 두려워하는 것이오."

"그게 두려웠다면 어째서 진작 우리를 붙잡지 않았단 말이오?"

요한의 질문이었다.

"성전 사람들은 지금껏 당신들에 대해서는 신경을 쓰지 않았소. 그들은 예수 선생만 처리하면 모든 문제가 끝나리라고 여겼소. 그러다가 어제 오후에야 비로소 당신들에 대한 정보를 얻은 것 같소. 생전에 선생이 당신들을 꽤 철저하게 가르치고 훈련했다는 사

　　　　　　　　　　　　　　　　　　갈릴리

실을 말이오. 하기야 우리가 듣기로도 당신들은 갈릴리 전역을 순
회하며 선생이 했던 것과 똑같은 방식으로 일했다고 하던데……."

"그렇기는 하지만…… 그런데 도대체 누가 가야바에게 그런 일
을 알린 것이오?"

"가버나움의 장로 요세라는 이가 그랬다고 하더군요. 어제 오
후에 갈릴리의 장로들 몇이 가야바와 만날 기회가 있었는데, 그때
요세가 당신들의 문제를 상세하게 거론했다고……."

야고보가 식탁을 치며 일어섰다.

"요세! 이 쥐새끼 같은 놈! 왜 그렇게 우리를 못 잡아먹어서 안
달인지……"

"흥분만 할 때가 아니오."

비느하스가 보낸 이가 큰 눈을 이리저리 굴리며 말했다.

"가야바는 자기와 자기 세력을 지키는 일에 철저한 인간이오.
정보를 접한 이상 당신들을 그냥 놔두지 않을 거요. 선생을 붙잡
아 간 것처럼 당신들도 붙잡으려 할 것이오. 물론 당신들 같은 피
라미를 빌라도에게 넘기지는 않을 거요. 하지만 잡아간다면 성전
경비대 감옥에 가둘 것이오. 적어도 빌라도가 가이사랴로 돌아갈
때까지만이라도 말이오."

비느하스가 보낸 이는 우리에게 도피를 권했다. 가야바와 빌라
도가 대립하는 명절 기간에 그들 부근에서 얼쩡거리는 것은 위험
하다는 말이었다. 그는 우리에게 훗날 무엇을 하든 지금은 도망칠
때라고 권한 후에 자리를 떴다.

조금 전까지 몰려왔던 졸음이 말끔히 사라졌다. 우리 자신의 안

전에 대한 두려움이 선생을 잃은 슬픔과 황망함을 순식간에 압도했다. 우리는 앞으로 어떻게 할지 논하기 위해 머리를 맞댔다. 가장 먼저 의견을 낸 사람은 요한이었다.

"생각해 보니, 선생님이 우리에게 그러셨어요. 갈릴리로 돌아가라고요."

나다나엘이 동조했다.

"나도 기억해요. 우리가 갈릴리에서 선생님을 다시 만나게 될 거라는 말씀도 하셨어요. 선생님이 무덤에 묻히셨으니 그 말씀이 실현되기는 불가능하겠지만, 분명히 선생님은 우리가 갈릴리로 돌아가기를 원하셨어요."

야고보도 거들었다.

"좋든 싫든 우리가 유대에 남아서 할 수 있는 일은 아무것도 없어. 그렇다면 서둘러 떠나는 게 옳지 않을까?"

나는 속으로 우리가 참 비겁하다고 느꼈다. 조금 전에 선생의 죽음을 목격한 이들이 이렇게 빨리 선생을 버려둔 채 도망칠 생각을 한단 말인가? 그러나 다른 이들의 말에 반대할 이유도 찾아낼 수 없었다. 이미 모든 게 끝나지 않았는가?

시몬이 결론을 내렸다.

"좋아. 다른 의견이 없다면 그렇게 하자. 서둘러 갈릴리로 돌아가자."

모두가 고개를 끄덕였다. 요한이 한발 더 나아갔다.

"그렇게 결정했으면 지체할 이유가 없어요. 오늘은 어차피 밤이 늦었으니, 날이 밝는 대로 떠납시다. 내일은 안식일이니 성전 사람들은 움직이려 하지 않을 거예요. 그 틈을 타 도망칩시다.”

다시 모두가 고개를 끄덕였다. 시몬이 잠시 침통한 표정을 짓더니 이내 결심이 선 듯 모두에게 떠날 준비를 하라고 지시했다.

그때였다. 막달라 마리아가 말했다.

“나는 가지 않겠어요.”

그녀의 음성에는 슬픔과 분노가 뒤섞여 있었다.

“나는 아직 선생님과 헤어질 준비가 되지 않았어요.”

시몬이 그녀를 설득했다.

“마리아! 당신의 뜻은 알겠는데, 아까 당신도 비느하스가 보낸 이의 말을 들었지 않소. 가야바가 우리를 주시하고 있다지 않소. 이곳에 머무는 것은 위험하오.”

“가야바가 주시하는 것은 당신들이지 나 같은 여자가 아니에요. 오늘도 우리는 십자가 밑에 머물렀지만 아무도 우리에게 신경 쓰지 않았어요. 그러니 내 걱정은 말고 당신들이나 떠나세요. 나는 선생님과 작별한 후에 가겠어요.”

그녀의 말을 듣던 살로메와 작은 야고보의 어머니 마리아도 그녀와 함께 남아 있겠다고 했다. 여자들 뜻이 확고했기에 만류할 방법이 없었다.

이튿날 새벽, 우리는 여자들을 남겨 둔 채 베다니를 떠났다. 안식일이어서인지 길 위에는 사람들이 거의 없었다. 도망치는 우리로서는 다행스러운 일이었다.

다시 가버나움

58

우리는 가버나움으로 돌아왔다. 안디바의 손아귀에서 벗어나기 위해 그곳을 떠난 지 두 달 만이었다.

갈릴리 바다는 여전했다. 몽돌 해변은 잔물결에 씻기고, 뭉게구름과 반짝이는 바다 물결 사이로 갈매기들이 날았다. 먼바다에는 고기잡이배들이 드문드문 떠 있었다. 마을 뒤편 구릉에서는 봄꽃의 향연이 벌어지고 있었다. 녹색 풀밭을 배경으로 빨갛고 노랗고 파란 꽃들이 피어오르고 있었다. 구릉 위로 펼쳐진 푸른 하늘은 깊고 고요했다. 유대와 예루살렘을 보고 와서야 알았다. 너무 익숙해서 하찮아 보였던 갈릴리가 얼마나 풍요로운 곳인지를.

마을 사람들 역시 변한 게 없었다. 해변에서 만난 어부들은 여전히 침울하고 사나웠다. 가깝게 지내던 몇 사람이 우리의 안부를 묻기는 했으나 대부분은 우리에게 관심이 없었다. 그저 그동안 어디서 뭐하다가 왔는가 하는 표정이었다. 회당 사람들도 마찬가지였다. 회당을 들락거리는 이들은 뭔가 비굴하거나 위선적으로 보였다. 이런저런 이유로 선생을 못마땅하게 여겼던 이들은 선생의 제자였던 우리를 싸늘하게 바라보았다. 간혹 우리 곁에 선생이 없음을 알아차리고 의아하게 여기는 이들이 있었으나 아무도 선생에 관해 묻지 않았다. 자기 삶이 버겁고 고달픈 이들에게 다른 이의 삶은 관심 밖의 일이었다.

변한 게 하나 있기는 했다. 우리가 가버나움을 떠나기 전 마을에 생기를 불어넣었던 이들, 즉 가난한 이들이 보이지 않았다. 우리가 선생과 함께 있었을 때, 마을 주민들은 떠들썩하게 몰려다니는 우리 무리에게 눈살을 찌푸리면서도 우리를 신기하게 여겼다. 모두가 삶에 지쳐서 즐거울 게 하나 없던 마을에서 그 하찮은 이들이 늘 웃고 떠들며 마을을 소란스럽게 했기 때문이다. 그 마을에서는 늘 가난한 이들의 잔치가 벌어졌다. 마른 빵 한 조각을 나눠 먹는 것에 불과했으나, 가난한 이들은 늘 함께 먹으며 즐거워했다. 한데 이제 그들이 보이지 않았다. 모두 어디로 간 것일까? 마을은 무덤 속처럼 고요했다.

보이지 않는 건 가난한 이들만이 아니었다. 지난 수개월 동안 늘 붙어 다니던 선생의 제자들도 보이지 않았다. 그들 중 일부는 여리고에서 선생의 곁을 떠났다. 끝까지 함께했던 이들은 가버나움에 와서 작별했다. 생전에 선생이 무엇이라고 했든, 선생이 없는 상태에서 우리가 할 수 있는 일은 없었다. 시몬의 제안으로 우리는 각자의 길을 가기로 했다.

가버나움으로 돌아온 후 사흘째 되던 날, 시몬과 나는 다시 바다로 나갔다. 어떻게든 살아야 했고, 살기 위해서는 일을 해야 했다. 야고보와 요한도 마찬가지였다. 같은 동네에 살기는 했으나 우리는 만나지 않았다. 어쩌다 바닷가에서 마주쳐도 외면했다. 아픈 과거를 되새기기가 싫어서였다.

시몬은 점점 말이 없어졌다. 내가 말을 붙여도 꼭 해야 할 말이 아니면 하지 않았다. 그런 사정은 나라고 해서 다르지 않았다. 죽을 수 없어서 살아갈 뿐, 살고 싶은 생각이 들지 않았다. 어떤 일에도 열의가 생기지 않았다. 때가 되면 먹고, 자고, 바다로 나갔을 뿐이다. 살아 있으나 죽은 삶이었다.

나는 종종 혼자서 마을 이곳저곳을 거닐었다. 내가 주로 찾아가는 곳은 선생이 병자들을 고치고 사람들에게 하나님 나라에 관해 설명하던 장소, 갈릴리 바다가 내려다보이는 산등성이였다. 한때 선생을 따르던 이들로 북적이던 산등성이는 적막했다.

어느 날, 그곳에 앉아 햇살이 반짝이는 바다를 내려다보고 있을 때였다. 어디선가 선생의 음성이 들려왔다. "안드레야!" 깜짝 놀라 사방을 둘러보았다. 아무도 없었다. 그날 그곳에 앉아서 한참을 꺼이꺼이 울었다. 아버지가 죽었을 때도 그렇게 울지는 않았었다.

갈릴리로 돌아오고 이레가 지났다. 그날도 나는 혼자서 산등성이에 앉아 있다가 집으로 돌아갔다. 시몬과 밤 고기잡이를 준비하기 위해서였다. 저녁을 먹은 후 배가 있는 곳으로 가기 위해 집을 나설 때, 마을 입구 쪽에서 여자 셋이 다가오는 모습이 보였다. 베다니에 남아 있던 여자들이었다.

가까이 다가온 여자들의 분위기가 이상했다. 셋 다 무언가에 홀

    갈릴리

린 것 같았다. 막달라 마리아가 목소리를 낮추면서, 그러나 아주 확신에 차서 말했다.

"시몬! 안드레! 선생님이 살아나셨어요!"

이게 뭔 소리인가 싶었다. 시몬도 나도 마리아의 말에 어떻게 대응해야 할지 몰랐다. 그냥 안타까웠을 뿐이다. 아, 이 여자들이 드디어 미쳤구나!

우리가 아무 말 않은 채 멀뚱거리자 세 여자가 우리를 집 안으로 잡아끌었다. 그리고 사람을 보내 세베대의 아들들을 불러왔다. 세 여자가 쏟아 내는 말은 어수선했으나 핵심은 분명했다. 십자가에 달려 죽은 선생이 살아났고, 그가 누웠던 무덤이 비어 있다는 것이었다.

세 여자는 안식일 다음 날 새벽에 선생이 묻힌 곳을 찾아갔다. 선생의 몸에 향품을 발라 드리기 위해서였다. 무거운 돌문을 어떻게 열어야 할지는 알지 못했으나 어떻게든 해보자는 심산이었다. 한데 무덤에 도착해 보니, 놀랍게도, 무덤 입구의 돌이 옮겨져 있었다. 깜짝 놀라서 안으로 뛰어 들어갔는데, 무덤 안에 선생이 없었다. 허둥거리며 밖으로 나오니 낯선 사내 하나가 떠오르는 햇살을 등지고 서 있었다. 그가 두려움에 떠는 여자들을 향해 말했다.

"어찌하여 산 자를 죽은 자 가운데서 찾느냐. 그분은 여기 계시지 않고 살아나셨다. 갈릴리로 돌아가거라. 가서 제자들에게 그분이 살아나셨다는 소식을 전하거라."

세 여자는 이 말을 전하면서도, 자기들이 하는 말의 뜻을 알지 못하는 듯했다. 하지만 그들 모두는 입을 모아 말했다. 선생님이 살아나셨고, 그분의 무덤이 비어 있었다고. 무덤이 빈 것을 자기들이 분명히 보았다고.

세 여자는 베다니 여관으로 돌아가 짐을 꾸렸다. 갈릴리로 돌아가 소식을 전하기 위해서였다. 막달라 마리아는 마르다와 마리아에게 자기들과 함께 떠나자고 제안했다. 처음에 자매는 그 제안에 동의했다. 그런데 잠시 후 마리아가 생각을 바꿨다.

"나는 이곳에 남겠어요. 정말로 선생님이 살아나셨다면, 갈릴리로 가시기 전에 이곳에 들르실 거예요. 들르신다면 나는 선생님을 치료해 드린 후 그분과 함께 가겠어요."

그 말에 마르다도 뜻을 바꿨다. 세 여자는 자매와 작별한 후 여리고로 향했다. 여리고에도 선생의 죽음에 관한 소식은 이미 퍼져 있었다. 하지만 그분이 살아나셨다는 소식은 아무도 듣지 못했다. 세 여자로부터 소식을 들은 삭개오는 하늘을 향해 두 손을 들어 올리며 말했다.

"오 주님! 영광 받으소서!"

삭개오는 선생이 여리고를 떠난 후 자신이 선생에게 했던 약속을 지켰다. 그는 자신이 축적한 재물을 가난한 이들에게 나눠 주었다. 남을 속여 빼앗은 것은 네 배씩 갚았다. 그의 집 마당에서는 늘 소박한 잔치가 벌어졌다. 그는 재산을 잃은 만큼 사람들을 얻었다. 여자들이 떠날 때 삭개오는 그들의 손에 제법 큰 돈을 쥐여 주었다.

"갈릴리에 가서 가난한 이들을 먹이는 데 쓰세요. 저는 이곳에서 선생님을 기다리겠습니다."

우리는 여자들의 말을 믿지 못했다. 그게 어디 믿을 만한 일인가! 우리는 여자들이 선생을 잃은 상실감이 너무 커서 헛것을 보고 헛말을 한다고 여겼다. 하지만 우리는 굳이 그들을 타일러 정신을 차리게 하고 싶지 않았다. 할 수만 있다면 우리도 그들처럼 미치고 싶었다. 그편이 오히려 나을 것 같았다.

그날 밤, 시몬과 나는 여자들을 남겨 둔 채 바다로 나갔다. 밤새 그물을 던졌으나 허탕이었다. 그다음 날에도 우리는 바다로 나갔다. 바다 위에서 역시 고기잡이를 나온 야고보와 요한을 만났다. 그들 역시 우리만큼이나 빈손이었고, 우리만큼이나 말이 없었다.

그렇게 며칠을 보낸 어느 날 아침, 고기잡이에 허탕 친 배를 선착장에 묶어 두고 마을로 돌아왔을 때, 시몬의 집 마당에 사람들이 모여 웅성거리고 있었다. 가까이 가서 보니 전에 선생을 따르던 이들이었다. 낯익은 얼굴들이 우리를 반갑게 맞았다. 부엌과 마당을 오가며 그들에게 보리빵을 나르던 막달라 마리아가 말했다.

"함께 먹는 일을 다시 시작했어요. 삭개오가 준 돈이 제법 커서 한동안은 걱정 없을 것 같아요."

사람들은 여자들에게서 선생의 소식을 들었다. 그들 역시 온전하게 믿지는 못했다. 하지만 삶의 밑바닥에 있는 그들에게 선생의 부활 소식은 옳고 그름을 따질 문제가 아니었다. 그들은 무엇이든 믿어야만 살아갈 수 있는 이들이었다. 아니, 그들에게 선생의 부활은 믿음이 아니라 바람의 문제였다. 그들은 선생이 부활했다고 믿었다기보다, 그랬기를 바랐다. 그래야만 봄날의 꽃처럼 피어올랐다가 순식간에 시들어 버린 그들의 삶이 계속될 수 있었기 때문이다. 그들은 그런 바람 속에서 다시 꿈틀거리며 일어나 하나가 되었다.

삭개오 덕분에 그들에게는 배고픔을 채워 줄 빵이 있었다. 하지만 늘 그들 곁에 있던 선생이 보이지 않았다. 그래서였는지 그들은 모여 앉아 빵을 씹다가 흘끔흘끔 주변을 살폈다. 선생의 부재를 확인할 때마다 표정이 급속히 어두워졌다.

누군가 그들에게 무언가를 말해 줄 필요가 있었다. 하지만 시몬도 나도 말재주가 없었다. 요한이 말이 많기는 했으나 그의 말에도 들어 줄 만한 게 별로 없었다. 무엇보다도 사람들에게 필요한 것은 선생이 했던 말과 같은 깊고 풍요로운 말이었다. 한때 우리가 선생에게서 그런 말을 듣고 그런 말을 하는 훈련을 받은 것은 사실이다. 하지만 예루살렘에서 겪은 일이 우리에게서 모든 것을 앗아 가고 말았다. 다른 이들은 고사하고 우리 자신을 다독이는 말조차 할 수 없었다.

사람들이 들을 만한 말을 하는 이는 막달라 마리아뿐이었다. 마리아는 마당에 모인 이들에게 보리빵과 물을 전하면서 말했다.

"선생님이 살아나셨어요. 그분이 여러분을 만나러 오실 거예요. 우리 함께 소망을 갖고 기다려요. 그분의 가르침 기억하시죠? 그분이 꿈꿨던 하나님 나라, 우리가 함께 만들어 갈 수 있어요. 힘내세요. 그분이 오고 계세요."

갈릴리

59

다시 며칠이 지나갔다.

시몬과 나는 그날 밤에도 고기를 잡으러 나갔다. 휘영청 달이 드리운 갈릴리 바다는 고요했다. 하지만 시몬도 나도 고기잡이에 열의가 없었다. 둘 다 다른 생각을 하면서 기계적으로 그물을 던졌다 올렸다 할 뿐이었다.

그물을 내린 후 뱃전에서 밤하늘을 올려다보던 시몬이 물었다.

"안드레, 네 생각은 어떠냐? 선생님이 정말로 살아나셨을까?"

나는 답하지 못했다. 여자들의 말을 듣고 여러 날 생각을 거듭해 보았으나 도무지 믿을 수가 없었다. 죽은 자가 살아났다고? 그게 가능해? 답 대신 되물었다.

"형님은 어떻게 생각해요?"

"솔직히 믿어지지는 않아. 그게 어떻게 가능하겠어?"

시몬이 멀리서 반짝이는 별들을 헤아렸다.

"그러나 여자들이 하는 말을 들으면 거짓말 같지는 않고……."

우리의 대화는 거기서 멈췄다. 무언가 더 말을 하고 싶었으나, 시몬도 나도 무엇을 어떻게 말해야 할지 몰랐다. 말의 방향을 알지 못했기에 우리의 대화는 중단되었다. 우리는 각자의 생각에 빠져들었다.

그날 밤 나는 내가 아는 선생의 삶을 돌이켜 보았다. 그리고 물었다. 선생은 왜 죽어야 했는가? 죽음 외에는 다른 길이 없었는가? 나의 결론은 선생은 죽을 수밖에 없었다는 것이었다. 선생이 죽게 된 원인은 총체적이었다. 선생의 모든 활동이 얽히고설켜 그를 점점 죽음으로 이끌어 갔다. 로마가, 안디바가, 성전이, 율법이 지배하는 세상에서 그렇게 살면, 누구라도 죽을 수밖에 없었다. 선생의 죽음은 그런 삶의 결과였다.

그러자 또 다른 의문이 생겼다. 만약에 그렇게 살다가 죽은 선생이 다시 살아났다면, 도대체 그것은 무엇을 의미하는가? 나의 둔한 머리로는 그 의미를 헤아릴 길이 없었다. 그래서 나만큼이나 자기 생각에 잠겨 있던 시몬에게 물었다.

"형님, 만약에, 정말 만약에, 말도 안 되는 소리이기는 하지만, 마리아의 말대로 선생님이 실제로 다시 살아나셨다면, 뭐가 어떻게 되는 거예요?"

무언가 그럴듯한 답을 기대하며 물은 것은 아니었다. 시몬도 나만큼이나 혼란스러워하고 있다는 걸 알았기 때문이다. 한데 시몬이 더듬거리면서 의외의 답을 했다.

"내가 뭘 알겠냐마는, 만약 선생님이 살아나셨다면, 아마도 그것은 선생님 자신이 아니라, 선생님이 늘 아버지라고 불렀던 하나님의 능력 때문이지 않겠니?"

"그렇겠죠. 죽은 사람이 자기 힘으로 살아나는 건 있을 수 없는 일이니……."

"그래. 그리고 만약 하나님이 선생님을 살려 내셨다면, 거기에는 그럴 만한 이유가 있을 거야."

"그 이유가 뭘까요?"

"내 생각에 그것은……."

 갈릴리

시몬이 잠시 생각에 잠겼다. 밤하늘을 우러르는 그의 얼굴이 달빛을 받아 빛났다.

"그분, 그러니까 선생님이 늘 아버지라고 불렀던 하나님이, 선생님의 삶이 옳았음을 세상에 알리고 싶어 하셨기 때문이 아닐까?"

나는 시몬이 그렇게 심오한 말을 하리라고는 예상하지 못했다. 그 말에 어떻게 반응해야 할지 모르겠기에 입을 다물었다. 시몬이 말을 이었다.

"세상의 힘 있는 자들이 선생님을 핍박하고 죽인 명목상의 이유가 그분의 삶이 옳지 않았다는 거잖아?"

"그랬죠. 어쨌거나 질서를 어지럽히고, 율법을 어기고, 권위에 도전하고 그랬으니까요."

"그런데 하나님이 죽었던 선생님을 살려 내셨다면, 그건 그분께서 선생님의 삶에 대한 세상의 판결을 뒤엎으셨다는 뜻 아니겠니?"

"……"

갑자기 시몬이 낯설게 느껴졌다.

그날 바다에서는 다른 배들이 보이지 않았다. 왜 이 넓은 바다에 우리만 있는 것일까? 어째서 우리는 유대에서 돌아온 후로 한 마리의 고기도 잡지 못하는 걸까? 가버나움에서도 으뜸가는 어부인 시몬은 어째서 이렇게 오랫동안 물고기들이 모인 곳을 찾아내지 못하는 걸까?

어느덧 어둠이 가시고 바다 동편 고원 쪽에서 희부연 빛이 나타나기 시작했다. 우리는 마지막 그물을 걷어 올렸다. 이번에도 그물에는 아무것도 들어 있지 않았다. 번번이 실패했건만 시몬도 나도 실망하지 않았다. 워낙 큰 상실을 겪어서였는지 그 정도의 실패는 아무것도 아닌 것 같았다.

시몬이 뱃머리를 가버나움 쪽으로 돌렸다. 돌아가기에는 이른 시각이었으나 더 머물러 봤자 별 소득이 없다고 판단한 듯했다. 급할 게 없는 배는 천천히 해변 쪽으로 나아갔다.

그때 우리 배 오른쪽에서 다른 배 한 척이 다가왔다. 세베대의 아들들의 배였다. 그들은 우리보다 멀리 나갔던 것 같았다. 가까이 온 그들의 배를 살펴보니 그쪽 사정도 우리와 마찬가지였다. 나와 눈이 마주친 요한이 아침 인사를 겸해 투덜거렸다.

"어찌 된 건지 바다에 고기가 없어. 어부 노릇도 틀린 것 같아."

나는 굳이 대꾸하지 않았다.

배 두 척이 나란히 해변을 향해 나아갔다. 잔잔한 바다에서는 노 젓는 소리만 들렸다. 어디선가 갈매기들이 모여들었다. 갈매기들은 잠시 뱃전을 맴돌더니 이물 쪽으로 날아갔다. 달아나는 갈매기들을 따라가던 나의 눈길이 해변에 이르렀다. 새벽안개 때문에 희부옇고 멀었으나 가버나움 앞 해변은 익숙했다.

그때, 익숙한 해변에 어떤 이가 서 있는 게 보였다. 이리저리 몇 걸음 걷기는 했으나 그는 서 있는 자리에서 크게 벗어나지 않았다. 배의 움직임에 따라 점점 가까워지는 그 사람의 모습이 어딘지 모르게 익숙했다. 나뿐만 아니라, 시몬도, 세베대의 아들들도 그렇게 느끼는 것 같았다. 우리는 묘한 긴장감을 느끼며 천천히 해변을 향해 노를 저었다. 그리고 어느 순간에 우리 배와 세베대의 아들들의 배 양쪽에서 모두 노질이 멈췄다. 배가 멈춰 선 바다 위에 침묵보다 무거운 고요가 찾아왔다.

해변에 서 있는 이가 우리를 향해 손짓했다. 심장이 터질 것 같았다. 간신히 호흡을 가다듬은 내가 다시 노를 젓기 시작했다. 뱃머리로 올라선 시몬이 눈을 동그랗게 뜨고 해변을 쏘아보았다. 갑자기 그의 두 다리가 사시나무처럼 떨렸다. 우리 배가 움직이자 세베대의 아들들의 배도 따라 움직였다. 두 배 모두 술에 취한 듯 비틀거리며 나아갔다.

배가 해변에 선 이의 얼굴을 알아볼 정도로 가까워졌을 때, 뱃머리에 서 있던 시몬이 넋이 빠진 듯 중얼거렸다.

"선생님이시다!"

나도 알아차렸다. 해변에 선 이는 분명히 선생이었다! 온몸에서 힘이 빠져 더는 노를 저을 수가 없었다. 배가 멈추자 시몬이 바다로 뛰어들었다. 그러고는 해변을 향해 헤엄을 쳤다. 나는 그러지 못했다. 아무것도 할 수 없었다. 엉금엉금 기어서 겨우 뱃머리로 이동해 해변 쪽을 바라보았을 뿐이다.

헤엄을 치던 시몬이 해변에 도달했다. 물이 허리춤까지 차는 곳에서 일어서더니 얕은 파도를 헤치며 선생을 향해 걸었다. 선생은 제자리에 서 있었다. 물에서 빠져나와 해변에 이른 시몬은 감히 선생에게 다가가지 못했다. 갑자기 그의 무릎이 꺾였다. 그가 주저앉은 채 움직이지 못하자 선생이 걸어왔다. 시몬이 고개를 들어 선생을 바라보았다. 선생이 다가가더니 털이 수북한 시몬의 뺨을 두 손으로 어루만졌다. 이윽고 선생이 무릎을 꿇더니 시몬을 와락 끌어안았다.

동편 고원 위로 아침 해가 떠올랐다. 두 사람이 부둥켜안고 있는 해변과 내가 넋을 놓고 앉아 있는 배 사이에서 물비늘이 눈부시게 반짝거렸다. 해변으로 날아갔던 갈매기 몇 마리가 두 사람 위를 선회하더니 배를 향해 날아왔다. 갈매기들과 함께 해변 너머 구릉지 능선 쪽에서 바람이 불어왔다. 따스한 봄바람이었다.

에필로그

60

그로부터 사십 년이 흘렀다.

그동안 많은 일이 있었다. 십자가 처형 후에 선생은 여러 사람에게 여러 모양으로 나타났다. 그 사람들 대부분은 이전부터 선생을 알았던 이들이다. 그러나 선생을 다시 만난 이들은 더는 이전과 같을 수 없었다. 어떻게 같을 수 있었겠는가?

선생은 얼마 후에 다시 우리를 떠났다. 선생과 우리의 이별은 우리가 늘 함께하던 가버나움의 한적한 언덕 위에서 이루어졌다. 우리는 그것이 선생과 이 세상에서 영원히 이별하는 것임을 알았다. 그러나 우리 중 누구도 그 이별을 두려워하지 않았다. 선생은 세상 끝날까지 우리와 함께하리라고 약속했고 우리는 그 약속이 지켜지리라고 믿었기 때문이다.

선생이 떠난 후 우리 중 몇 사람이 예루살렘으로 내려갔다. 그것은 선생의 뜻에 따른 것이었다. "온 유대와 사마리아와 땅끝까지 가서 내 증인이 되어라!" 약속대로 선생이 함께해서였는지, 우리의 증언을 믿는 이들이 나타났다. 우리는 그들과 함께 모여 선생의 가르침을 되새기고 실천하면서 공동체를 이뤘다. 사람들은 우리의 공동체를 '교회'라고 불렀다. 예루살렘 성전의 그늘에서 세상 최초의 교회가 나타난 것이다. 겨자풀처럼 작고 약한 교회는 선생이 말했던 하나님 나라의 현실태였다.

교회는 점차 유대 밖으로 나갔다. 불과 사십 년 사이에 교회는 동쪽으로는 메소보다미아, 북쪽으로는 본도 연안, 남쪽으로는 애굽, 서쪽으로는 제국의 수도인 로마까지 퍼져 나갔다. 가이사는 제국 안에서 교회가 퍼져 나가는 속도 때문에 두려움을 느꼈다. 그 두려움 때문에 많은 이들이 죽었다. 안디바가 세례자 요한을 두려워하다가 죽였던 것처럼, 가야바가 선생을 두려워하다가 죽였던 것처럼, 가이사는 선생의 제자인 우리를 두려워하다가 죽였다. 가이사는 우리 동료들을 툭하면 십자가에 매달았다. 시몬도 몇 해 전에 로마에서 죽었다. 십자가에 달릴 때 시몬은 자신이 감히 선생처럼 죽을 수 없다며 자청해서 거꾸로 매달렸다.

흥미롭게도, 시간이 흐르면서 선생을 직접 만난 적이 없는 이들까지 선생의 이야기를 전하기 시작했다. 시몬과 같은 시기에 로마에서 목이 잘려 죽은 바울이 대표적인 사람이다. 바울은 생전에 선생을 만난 적이 없었다. 그뿐 아니라 한때 그는 우리를 핍박하는 일에 누구보다도 앞장섰다. 그러던 그가 어느 때부턴가 자기가 그분을 만났다고 주장하기 시작했다. 그리고 선생의 직계 제자인 우리보다 더 열심히 선생을 소개하고 다니며 제국 곳곳에 교회를 세웠다. 바울은 세상의 끝으로 알려졌던 서바나까지 갈 계획을 세웠으나 안타깝게도 뜻을 이루지 못하고 죽었다. 하지만 그가 세운 교회를 통해 선생을 알게 된 많은 이들이 다시 다른 곳으로 달려가서 선생을 전하고 있다. 이런 모양새라면, 가이사는 제국의 군대를 모두 동원하더라도 교회의 확장을 막지 못할 것이다.

삼 년 전, 가이사는 세 개 군단 6만여 명의 병력을 유대로 보냈다. 바리새파와 열심당이 주축이 되어 일으킨 폭동 때문이었다. 유대-로마 전쟁은 아직도 계속되고 있는데, 지금 유대는 거의 폐허가 되었다. 아직 예루살렘 성벽이 무너지지는 않았으나 전쟁의 추세로 보면 조만간 무너질 것이다. 성벽이 무너지면 그 안에서 살아가는 이들은 모두 죽거나 포로가 될 것이다.

돌이켜 보면, 생전에 선생은 무력 투쟁에 대한 유혹을 자주 받았다. 하지만 그때마다 그 모든 유혹을 뿌리쳤다. 무력 투쟁은 문제의 해결이기보다는 파국의 시작이라고 여겨서였다. 선생은 세상의 온갖 억압에 반대했다. 그러면서도 억압에 폭력으로 맞서지 않았다. 선생의 비폭력주의는 자신을 파멸시킬 만큼 철저했다. 내가 아는 한, 선생은 자신에 대한 로마의 폭력을 막아 내거나 피할 수 있었다. 하지만 선생은 그렇게 하지 않았다. 받아들이되 되치지 않았다. 그것이 선생이 짊어졌던 십자가였다. 선생에게 십자가는 세상의 모든 억압과 폭력을 종식하는 강력하고 완전한 무기였다.

나의 마지막 말 역시 십자가가 될 듯하다. 예루살렘 교회에 대한 박해가 일어났을 때 나는 도망쳤다. 죽음이 무서워서가 아니라 아직 해야 할 일이 남아서였다. 나는 먼저 에베소로 갔다. 그곳에서 교회의 파송을 받아 본도 연안 너머 스구디아로 갔다. 이후 비잔티움을 거쳐 마게도냐에 이르렀다. 그곳에서 아가야 지방의 고린도로 내려갔다가 다시 북서 방향으로 올라갔다. 지금은 펠로 폰네소스 반도 북부 연안에 있는 파트라스 지하 감옥에 붙잡혀 있다.

내가 이 지역들을 떠돌면서 한 일은 오직 하나, 선생과 하나님 나라를 소개하는 일이었다. 갈릴리 바다에서 고기나 잡던 내가 어떻게 그 일을 할 수 있었는지는 잘 모르겠다. 그러나 놀랍게도 그 동안 내가 한 말을 통해 많은 이들이 선생과 하나님 나라를 받아들였다. 우리는 그런 이들을 형제 혹은 자매라고 불렀다.

그렇게 자매가 된 이들 중에 파트라스 총독 에게아테스의 아내 막시밀라가 있다. 내가 파트라스에 이르렀을 때 막시밀라는 중병에 걸려 있었다. 내가 안수기도로 병을 고쳐 준 일이 계기가 되어 막시밀라가 복음을 받아들였다. 막시밀라 덕분에 파트라스에서 복음이 널리 전파되었다.

그러나 가이사를 신처럼 여기는 에게아테스는 이 상황을 마땅치 않게 여겼다. 그는 나에게 사람을 보내어 더는 복음을 전하지 말라고 협박했다. 내가 거역하자 그는 나를 가두고 고문했다. 하지만 나는 굴복하지 않았다. 에게아테스는 결국 나에게 십자가형을 선고했다. 선고 즉시 죽어야 했으나 막시밀라가 간청해서 형 집행을 며칠 늦출 수 있었다. 덕분에 내가 선생에 관한 이 긴 이야기를 남길 수 있었다.

감옥 밖이 어수선하다. 십자가에 달릴 시간이 온 것 같다. 겟세

 갈릴리

마네에서 기도하던 선생의 마음이 이해가 간다. 솔직히 무섭다. 숨이 가빠지고 온몸이 후들거린다. 그러나 한편으로 기쁘기도 하다. 나는 이제야 비로소 그분이 갔던 길을 간다. 확신하건대, 그 길 끝에 선생이 있을 것이다. 선생을 다시 만날 수 있다면, 다시 그분과 더불어 먹고 마시고 웃을 수 있다면, 나에게 남아 있는 고통스러운 마지막 한 걸음쯤은 기꺼이 내디딜 수 있다.

무장한 병사들이 다가온다. 마지막으로 이 말을 남겨야 할 것 같다. 이 이야기에서 나는 그분을 줄곧 선생이라고 칭했다. 그러나 언젠가부터 그분은 나에게 단순한 선생이 아니었다. 나에게 그분은 주님이었다. 그분을 위해서라면 나의 생명조차 기꺼이 바칠 수 있는 나의 주님!

빨리 주님을 다시 뵐 수 있으면 좋겠다. 그분을 다시 뵙는 곳이 우리가 늘 함께 거닐던 갈릴리의 어느 한적한 언덕이거나 파도가 찰싹거리는 몽돌 해변 어디쯤이면 좋겠다.

몇 해 전 환갑을 지내면서 그런 생각이 들었다. 태어나 지금까지 예수쟁이로 살았는데 나에게 예수는 어떤 존재인가?

돌이켜 보니, 그동안 나의 예수상은 큰 변화를 겪었다. 울퉁불퉁하기는 했으나 변화의 방향은 분명했다. 하나님 예수에서 인간 예수로. 하나님 예수를 부정하는 것은 아니지만, 아무리 애를 써도 그 예수에 관해서는 말할 게 거의 없었다. 반면에 인간 예수의 모습은 점점 더 뚜렷해졌다. 질문이 생겼다. 나는 하나님이 아닌 인간 예수를 나의 주님으로 받아들일 수 있을까? 오랜 숙고 끝에 가능하다는 결론에 이르렀다.

그 예수, 즉 인간 예수의 모습을 그리고 싶었다. 오랜 세월 교회 언저리에서 기자, 편집자, 번역가, 작가로 살면서 예수에 관해 많이 생각하고 많이 읽었기에 할 말이 꽤 있을 것 같았다. 해서 호기롭게 쓰기 시작했다. 한데 이상하게 진도가 나가지 않았다. 간신히 쓴 원고를 들여다봐도 도무지 마음에 들지가 않았다. 나의 예수가 기독교 신학의 틀 안에 옹색하게 갇혀 있는 것처럼 보였다. 회의가 들었다. 신학자들이 이미 다 한 얘기를 내가 반복할 필요가 있는가?

한동안 집필을 중단하고 독서에 몰입했다. 대학 시절에 한창 빠져들었다가 오래도록 손을 놓았던 소설들을 찾아 읽기 시작했다. 그러던 중에 문득 엉뚱한 생각이 들었다. 예수를 신학이 아닌 문학의 언어로 그려 보면 어떨까? 신학의 논리 대신 문학의 상상을 사용하면 예수의 모습을 좀 더 풍요롭게 그려 낼 수 있지 않을까?

미친 듯 쓰기 시작했다. 복음서의 행간을 살피고 상상을 통해 빈 자리를 채우는 작업은 지금껏 해왔던 어떤 일보다도 흥미로웠다. 작업을 마치자 1세기 갈릴리에서 순박한 청년들과 어울리며 세상의 변화를 꿈꿨던 젊은 혁명가 예수의 모습이 한 폭의 그림처럼 다가왔다. 내가 평생 따라다녔던 예수를 비로소 붙잡은 것이다.

글을 쓰는 동안 이스라엘의 역사와 지도를 자주 살폈다. 살펴보면 볼수록 갈릴리와 유대는 역사적으로, 지리적으로, 그리고 특히 심리적으로 거리가 멀었다. 다윗 이후 유대는 이스라엘 역사의 중심지였으나 갈릴리는 늘 변방이었다. 유대인의 입장에서도 사마리아 너머에 있는 갈릴리는 이스라엘이기보다는 이방이었다. 그리고 나사렛 산골 출신 예수의 '삶의 자리'(Sitz im Leben)는 유대가 아닌 갈릴리였다(마태복음 4:12-16).

예수를 유대인이 아니라 갈릴리인으로 규정하자 복음서 이야기의 많은 부분이 새롭게 보였다. 새롭게 보이는 만큼 해석도 달라졌다. 그동안 우리는 예수를 끊임없이 이스라엘의 전통, 특히 유대인들이 그들의 문서를 통해 보존해 온 유대교의 전통과 연관 지어 해석해 왔다. 그러나 갈릴리의 청년 예수는 그런 낡은 전통에 갇힌 인물이 아니었다. 오히려 그는 출애굽을 이끌었던 모세만큼이나, 아니 더 멀리는 훗날 이스라엘 민족의 조상이 된 이방인 아브라함만큼이나 전통의 틀에서 벗어나 하나님과 직접 교제하면서 그분의 뜻을 따라 살았던 인물이었다. 그렇게 보고 나니 비로소 예수가 공생애 내내 유대인들과 갈등하다가 결국 그들에 의해 죽임을 당한 까닭을 헤아릴 수 있었다. 갈릴리라는 지명이 예수 이야기를 다루는 이 소설의 제목이 된 이유다.

오랜 노력 끝에 탈고는 했으나 책을 내기가 쉽지 않았다. 출판사 몇 곳에 투고해 보았으나 모두 퇴짜를 맞았다. 한국 기독교 출판계에는 "기독교 문학은 안 된다"라는 의식이 팽배해 있었다. 쓰라린 실패 경험에서 나온 현실적 판단이니 출판사들을 원망할 수는 없었다. 게다가 나는 문단에 데뷔한 적도 없는 생초짜 작가였다.

출판에 대한 꿈을 거의 포기했을 즈음에 다른 일로 비전북 옥명호 주간과 대화할 기회가 있었다. 그때 《갈릴리》 원고에 대해 슬쩍 언급했더니 옥 주간이 관심을 보였다. "원고 한번 보내 주세요." 이른 봄에 원고를 보냈는데 여름이 끝나 갈 즈음에야 연락이 왔다. 박종태 대표와 긴 논의를 한 끝에 책을 출판하기로 했다고, 실패하더라도 한번 해보기로 했다고. 세상은 그렇게 무모하게 일

 　　　　　　　　　　　　　　　　　　　　　　　갈릴리

하는 이들을 통해 조금씩 그러나 분명하게 앞으로 나아간다. 내가 아는 한, 그렇게 무모한 일을 했던 대표적인 인물이 예수였다.

소설이랍시고 쓰기는 했는데, 나의 사고와 언어는 어쩔 수 없이 문학적이기보다는 신학적이었다. 내가 봐도 원고 곳곳에서 딱딱한 신학적 주장과 표현과 용어들이 불쑥불쑥 튀어나왔다. 옥 주간은 문학적 글쓰기에 능한 〈복음과상황〉 강동석 기자에게 원고 교정을 맡겼다. 강 기자의 치밀한 교정 덕분에 나의 어설픈 원고가 제법 소설다운 모습을 갖출 수 있었다.

한국의 출판 상황에서 작가 노릇은 번역자 노릇보다 훨씬 더 맹랑하다. 아무런 수입 없이 몇 개월 혹은 몇 년을 버티지 못하면, 이만한 분량의 글을 쓰는 것은 불가능하다. 아내가 버텨 주지 않았다면, 나는 이 소설을 쓰지 못했을 것이다. 그 어려운 시기를 군소리 한번 없이 버티며 격려해 준 아내 김은혜에게 감사한다. 아내는 하나님이 나에게 베푸신 가장 큰 은혜다.

2026년 짙은 봄

김광남

갈릴리

초판 1쇄 펴낸날 2026년 4월 27일

지은이 김광남
펴낸이 박종태

편집 강동석 옥명호
디자인 스튜디오 아홉
제작처 예림인쇄 예림바인딩

펴낸곳 비전북
출판등록 2011년 2월 22일 (제 2022-000002호)
주소 10849 경기도 파주시 월롱산로 64 1층(야동동)
전화 031-907-3927 | **팩스** 031-905-3927
이메일 visionbooks@hanmail.net
페이스북 @visionbooks **인스타그램** vision_books_

마케팅 강한덕 박상진 박다혜 권희령
관리 정광석 박현석 이용주 고준영 박한성
경영지원 김태영 최영주

공급처 (주)비전북
        T.031-907-3927 F.031-905-3927

ⓒ 김광남, 2026

ISBN 979-11-86387-69-6 03230